“十三五”应用型本科经济管理学院特色教材规划系列
湖南省“十二五”教育科学规划项目“探究式教学在《宏观经济学》课程中的应用研究”（项目编号 XJK013CGD004）成果

宏观经济学

主　编　曾广录　郭红卫
副主编　汤进华　李梅芳

中国财富出版社

图书在版编目（CIP）数据

宏观经济学/曾广录，郭红卫主编．—北京：中国财富出版社，2016.1
（“十三五”应用型本科经济管理学院特色教材规划系列）
ISBN 978-7-5047-5915-3

Ⅰ.①宏…　Ⅱ.①曾…②郭…　Ⅲ.①宏观经济学—高等学校—教材　Ⅳ.①F015

中国版本图书馆 CIP 数据核字（2015）第 242562 号

策划编辑　王淑珍　　**责任编辑**　王淑珍
责任印制　何崇杭　　**责任校对**　饶莉莉　　**责任发行**　斯　琴

出版发行　中国财富出版社
社　　址　北京市丰台区南四环西路 188 号 5 区 20 楼　　**邮政编码**　100070
电　　话　010-52227568（发行部）　　010-52227588 转 307（总编室）
　　　　　010-68589540（读者服务部）　　010-52227588 转 305（质检部）
网　　址　http://www.cfpress.com.cn
经　　销　新华书店
印　　刷　中国农业出版社印刷厂
书　　号　ISBN 978-7-5047-5915-3/F·2491
开　　本　787mm×1092mm　1/16　　**版　　次**　2016 年 1 月第 1 版
印　　张　11.75　　**印　　次**　2016 年 1 月第 1 次印刷
字　　数　257 千字　　**定　　价**　28.00 元

前　言

宏观经济学是高等院校经济和管理类专业学生的专业基础课之一。现代大学教学的趋势是教师引导、启发学生通过自主性、探究性学习来达到学生掌握知识，培养学生学习能力、分析能力、解决问题能力及研究能力的目标。编写本教材的教师在教学实践中都有一个共同感觉，现有的教材基本上是围绕宏观经济学的基础知识来编写的，无论是教师的“教”还是学生的“学”，都不能很好地让学生适应现代大学教学发展的趋势，使得我们的教学常常难以实现现代教育发展的目标。

宏观经济学课程基本原理的科学性源于经济学家们在寻找、发现经济学基本规律时运用了科学的方法。而还原这个过程就是教育理论中的探究式教学方法。为了使学生们真正掌握这些经济学原理，教师应该使用探究式教学方法，引导学生将自己“模拟”成经济学家，按照经济学家们获得基本原理的科学路径，自己亲自去“探求”基本原理，重现理论的形成过程，这样学生才能够真正掌握理论、学以致用、形成创新意识。正是基于这样的理念，本编写组的老师才下定决心编写一本能让教师启发、引导学生去探究宏观经济学基本原理的教材。

本教材根据编写老师们多年的教学经验和体会，以实实在在需要完成的宏观经济学教学内容为基础，将每一任务的教学内容以教学目标为先导，分为新课导入、知识解读、知识应用和知识拓展四大模块，引导教师进行模块化教学、启发学生进行模块化学习，以实现教师引导、启发学生通过自主性、探究性学习来达到学生掌握理论知识、培养学生学习能力、分析能力、解决问题能力及研究能力的目标。因此，我们建议每一项目的每一任务的教学或学习路径为：

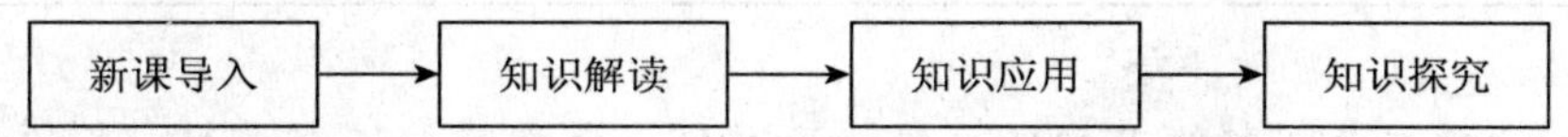

本教材提供了中国经济发展过程中的许多现实案例和最新数据。目的是让教师和学生紧密结合现实，运用现代宏观经济学理论体系探究中国经济的运行现状、政府宏观经济政策的合理性及其政策走向。

基于以上特点，本教材既可作为一般高职院校经济管理类专业的宏观经济学教材，也可作为本科院校经济管理类专业本科和研究生的宏观经济学教材，还可作读者研究宏观经济学问题的参考书用。

根据多年的教学经验，编写组建议使用启发、讲授、研讨、探究紧密结合的方法使用全教材教学，并建议课堂教学总课时量为54课时，各项目的课堂教学课时量（不包括课外辅导）如下表所示。

课堂教学建议课时量

<table>
<tr><th>项目及标题</th><th>每项目课时量</th><th>任务及标题</th><th>每任务课时量</th></tr>
<tr><td rowspan="3">项目一　国民收入核算理论</td><td rowspan="3">8 课时</td><td>任务一　国内生产总值及其核算方法</td><td>4 课时</td></tr>
<tr><td>任务二　国民收入核算的其他指标</td><td>2 课时</td></tr>
<tr><td>任务三　名义 GDP 与实际 GDP</td><td>2 课时</td></tr>
<tr><td rowspan="3">项目二　国民收入决定理论</td><td rowspan="3">16 课时</td><td>任务一　收入支出模型</td><td>6 课时</td></tr>
<tr><td>任务二　IS-LM 模型</td><td>6 课时</td></tr>
<tr><td>任务三　总需求-总供给模型</td><td>4 课时</td></tr>
<tr><td rowspan="3">项目三　失业与通货膨胀理论</td><td rowspan="3">6 课时</td><td>任务一　失业理论</td><td>2 课时</td></tr>
<tr><td>任务二　通货膨胀理论</td><td>2 课时</td></tr>
<tr><td>任务三　失业与通货膨胀的关系：菲利普斯曲线</td><td>2 课时</td></tr>
<tr><td rowspan="4">项目四　宏观经济政策</td><td rowspan="4">8 课时</td><td>任务一　宏观经济政策的目标</td><td>2 课时</td></tr>
<tr><td>任务二　财政政策</td><td>2 课时</td></tr>
<tr><td>任务三　货币政策</td><td>2 课时</td></tr>
<tr><td>任务四　两种政策的混合使用</td><td>2 课时</td></tr>
<tr><td rowspan="3">项目五　经济增长理论</td><td rowspan="3">8 课时</td><td>任务一　经济增长的决定因素</td><td>2 课时</td></tr>
<tr><td>任务二　经济增长模型</td><td>4 课时</td></tr>
<tr><td>任务三　如何促进经济增长</td><td>2 课时</td></tr>
<tr><td rowspan="3">项目六　国际贸易与汇率</td><td rowspan="3">8 课时</td><td>任务一　国际贸易概述</td><td>2 课时</td></tr>
<tr><td>任务二　汇率</td><td>2 课时</td></tr>
<tr><td>任务三　蒙代尔-弗莱明模型</td><td>4 课时</td></tr>
</table>

本教材由曾广录、郭红卫担任主编，汤进华、李梅芳担任副主编，各项目编写分工如下：项目一由汤进华编写，项目二、项目三、项目六由曾广录编写，项目四由李梅芳编写，项目五由郭红卫编写。本教材在编写过程中参阅了有关专家的著作和研究成果，得到了相关专家的大力支持，在此一并表示感谢。

受编写人员知识水平和教学经验的限制，本教材的缺点和疏漏之处不可避免，恳请广大读者多提宝贵意见。

编　者

2015 年 6 月

目　　录

项目一　国民收入核算理论 …… (1)
任务一　国内生产总值及其核算方法 …… (1)
任务二　国民收入核算的其他指标 …… (13)
任务三　名义 GDP 与实际 GDP …… (20)

项目二　国民收入决定理论 …… (25)
任务一　收入支出模型 …… (25)
任务二　IS - LM 模型 …… (39)
任务三　总需求-总供给模型 …… (54)

项目三　失业与通货膨胀理论 …… (65)
任务一　失业理论 …… (65)
任务二　通货膨胀理论 …… (73)
任务三　失业与通货膨胀的关系：菲利普斯曲线 …… (83)

项目四　宏观经济政策 …… (91)
任务一　宏观经济政策的目标 …… (91)
任务二　财政政策 …… (98)
任务三　货币政策 …… (111)
任务四　两种政策的混合使用 …… (127)

项目五　经济增长理论 …… (132)
任务一　经济增长的决定因素 …… (132)
任务二　经济增长模型 …… (139)
任务三　如何促进经济增长 …… (148)

项目六　国际贸易与汇率 …… (154)
任务一　国际贸易概述 …… (154)
任务二　汇率 …… (162)
任务三　蒙代尔-弗莱明模型 …… (171)

参考文献 …… (180)

项目一 国民收入核算理论

任务一 国内生产总值及其核算方法

知识目标

1. 了解宏观经济学的研究对象和研究方法，理解宏观经济学与微观经济学的异同；

2. 了解核算国民经济活动的核心指标，理解并掌握国内生产总值的概念，理解国民经济中流量和存量的联系与区别；

3. 了解国民经济核算的基本原理及两部门、三部门和四部门经济收入流量模型；

4. 理解并熟练掌握使用增加值法、支出法、收入法核算国民经济。

应用目标

能运用国民收入核算原理分析现实中一些国家国民经济统计的合理性。

探究目标

根据相关数据资料，探讨国家统计局现使用的国民收入核算方法的利弊。

新课导入

材料1：联合国统计委员会及相关机构曾向世界各国推荐过4个核算体系：国民经济核算体系（System of National Accounts，SNA）、物质产品平衡表体系（System of Material Products Balances，MPS）、社会和人口统计体系（System of Social Demographic Statistics，SSDS）和环境和经济综合核算体系（Integrated Environmental and Economic Accounting，SEEA），用以指导世界各国的经济核算、社会核算和环境核算。4个核算体系为协调各国的核算实践，推动统计和经济分析数据的国际对比发挥了重要作用。

资料来源：李金华．中国国民经济核算体系的扩展与延伸［J］．经济研究，2008（3）．

材料2：国民账户体系（Systemof National Accounts，SNA）是由联合国国际货币基金组织、世界银行经济合作与发展组织、欧盟委员会等国际组织制定并颁布的宏观经济统计工具。第一个正式版本的SNA形成于1953年，之后经历了若干次改进和修订，其中比较重大的修订有三次，分别形成了1968年SNA、1993年SNA和2008年SNA。中国国民经济核算体系（2002）是中国第一个官方正式的国民经济核算体系，该体系以1993年SNA为基础，同时根据中国实际情况在某些方面做了灵活处理，自2002年该体系颁布以来，中国的国民经济核算方法已经过2004年和2008年两个经济普查年度的改进，大大提高了中国国民经济核算体系与SNA体系的衔接程度。

资料来源：SNA的修订与中国国民经济核算体系改革课题组．SNA的修订及对中国国民经济核算体系改革的启示［J］．统计研究，2012，29（6）．

材料3： SNA（2008）虽然已经正式出版，但从发展的角度看，它仍然是一个阶段性成果，有些问题并没有完全解决。例如，为了遏制全球气候变暖而推行的可交易的碳排放许可如何记录的问题。再比如，为了反映与日俱增的服务外包，SNA改变了对货物加工的核算方法，对于所有权没有发生变更的来料加工贸易，不按货物总额记录货物的进口和出口，只记录加工费，作为服务的进口和出口处理。但是，全球化进程的加快，还有很多形式的问题没有解决，如网络贸易、境外第二套住所、国际劳动力转移、全球制造业、知识产权产品的国际贸易等。

资料来源：蒋萍，等．SNA研究的最新进展：中心框架卫星账户和扩展研究［J］．统计研究，2013，30（3）．

那么：

中国的国内生产总值是如何核算的，这种核算方法合不合理？

知识解读

一、宏观经济学的研究对象与研究方法

“宏观”与“微观”相对，其词义是“大”“整体”，宏观经济学从某种程度上说是大经济学，总体经济学，由此可见，宏观经济学的研究就是把整个经济总体（区域或一个国家）作为考察对象，研究其经济活动的总过程及规律，以求为治理整个社会经济体的各类问题提供理论与方法的一门学科。

首先，宏观经济学研究的是一国带有总量性质的经济变量如国民收入、国内生产总值、一国的货币供给和就业等经济发展变量及这些变量变动的原因、后果及对策。国民经济总量变动的因素有很多，如全社会的消费、投资、储蓄、对外贸易及政策制度等，它们的波动都会直接影响一国经济发展的速度和质量。

其次，宏观经济学还研究一些经济现象和经济发展规律，以及依据这些现象和规律采取的调控手段。如通货膨胀、经济增长、经济周期、财政赤字、市场萎缩、社会失业等，了解这些现象发展的规律及其产生的原因，针对这些原因采取诸如货币、财政、利率、土地等调控政策，来促进经济社会健康可持续发展。

宏观经济学研究的是社会总体经济行为，故而采取的研究方法是不同于微观经济学的个量分析法的总量分析法。即从个量分析中加总抽象出总量的分析方法，对宏观经济运行总量指标的影响因素及其变动规律进行分析。

宏观经济学采用总量分析法，研究一国经济的整体运行情况，着重讨论总体经济运行中的两大问题：一是一国的总产出、失业率和一般价格水平的短期波动，即商业循环；二是一国的总产出和居民生活水平的长期变动趋势，即经济增长。这与主要研究单个经济主体的经济行为的微观经济学所采用的个量分析法明显不同。尽管总量是由众多的个量组成的，总量分析应该以个量分析为基础。但总量不是个量简单机械地相加而得的总和，对于某种经济现象，总量分析和个量分析所得到的结论不尽相同。例如，在一个国家中，某位经济主体获得更多的货币，他的生活境况肯定会改善。但如果所有的经济主体都获得更多的货币，整个社会就会发生通货膨胀，各个经济主体的境况不仅得不到改善，甚至将变得更糟。在经济学中，常常将那种认为既然整体是由众多个体组成的，那么有利于个体或局部的事情，也一定有利于整体的思维所犯的错误，称为合成谬误。

总量分析主要是一种动态分析，因为它主要研究总量指标的变动规律。同时，也包括静态分析，因为总量分析包括考察同一时期内各总量指标的相互关系，如投资额、消费额和国民生产总值的关系等。

总量分析方法把制度因素及其变动的原因及后果和个量都看成是不变或已知的前提下，以经济发展的总体或总量为研究主体，研究宏观经济总量及其相互关系。如，在研究消费时，只着眼于社会总消费与总收入、总投资、总储蓄的相互关系，对个体的消费行为及其变动则不予关注。这种研究方法由于抓住经济运动的总体状况及总体结构，因而其研究结果对把握国民经济全局具有重要作用。但这种研究方法也有局限性：主要是往往忽视个量对总量的影响。

二、国内生产总值

宏观经济的研究对象是整个社会经济活动的总量变动，这些总量包括国内生产总值、国民生产总值、国内生产净值、国民收入、个人可支配收入等。整个国民经济的运行状态主要是通过上述指标来表征的。研究通货紧缩、经济增长、社会失业等重大宏观经济现象都离不开这些宏观总量概念。

国内生产总值（Gross Domestic Product，GDP）是进行宏观分析的关键，核算体系中一个重要的综合性统计指标，也是中国新国民经济核算体系中的核心指标。它反映一国（或地区）的经济实力和市场规模。

国内生产总值（GDP）为一国或地区在一定时期内（通常为一年）所有常住单位生产经营活动的全部最终产品（物品和劳务）的市场价值。我们可以从以下几个方面来理解这个概念：

第一，国内生产总值计量的是最终产品和服务，即最终产品和服务在该时期的最终出售价值。一般根据产品的实际用途，可以把产品分为中间产品和最终产品。

所谓最终产品，是指在一定时期内生产的可供人们直接消费或者使用的物品和服务。这部分产品已经到达生产的最后阶段，不能再作为原料或半成品投入其他产品和劳务的生产过程中去，如消费品、资本品等，一般在最终消费品市场上进行销售。中间产品是指为了再加工或者转卖用于供别种产品生产使用的物品和劳务，如原材料、燃料等。GDP 必须按当期最终产品计算，中间产品不能计入，否则会造成重复计算。但如果它被摆到货架上直接销售，被最终消费者购买并直接使用了，自然要计入。

第二，国内生产总值是一个市场价值的概念。各种最终产品的市场价值是在市场上达成交换的价值，都是用货币来加以衡量的，通过市场交换体现出来。一种产品的市场价值就是用这种最终产品的单价乘以其产量获得的。那些非生产性活动以及地下交易、黑市交易等不计入 GDP 中，如家务劳动、自给自足性生产、赌博和毒品的非法交易等。

第三，国内生产总值是一定时期内一地区所生产而不是售卖的最终产品的价值。例如，某制鞋厂 2015 年生产了 10 万美元的产品，卖掉了 8 万美元，所剩的 2 万美元虽未卖出，但可看成是该制鞋厂自己买下的存货投资，同样要计入 GDP。不过，该年虽只生产了 10 万美元的产品，却卖掉了 12 万美元的产品，则计入 GDP 的也只能是当年生产的产值，即 10 万美元，剩余的 2 万美元是原来的库存，可以理解为去年生产的已被计入去年 GDP 的产值。

第四，GDP 是计算期内生产的最终产品价值，因而是流量而不是存量。所谓流量，就是某段时期内发生的变量，即新增量。而存量是某一时点内已经存在的变量。比如，某家庭 2015 年 7 月 30 日花了 20 万元买了一辆二手车，包括 19.8 万元的旧车价值和 0.2 万元的税收和经纪人费用，其中 19.8 万元在当年生产这台车时作为流量已计入当年 GDP，但 0.2 万元要作为流量计入 2015 年的 GDP 中，因为这笔费用是经纪人在买卖过程中发生的劳务报酬。

第五，GDP 是评价一定地区范围内经济总量、规模、发展状况的综合性指标，是国土概念，而与此相联系的 GNP 则是一个国民概念，即指某国国民所拥有的全部生产要素在一定时期内所生产的最终产品的市场价值。因此，一个在中国工作的美国公民的收入要计入美国的 GNP，不计入美国的 GDP，却要计入中国的 GDP。同理，一个在美国工作的中国公民的收入要计入中国的 GNP，不计入美国的 GNP，但要计入美国的 GDP。在 1991 年之前，美国均是采用 GNP 作为经济总产出的基本测量指标，后来因为大多数国家都采用 GDP，加之国外净收入数据不足，GDP 相对于 GNP 来说是衡量国内就业潜力的更好指标，易于测量，所以美国才改用 GDP。

三、国内生产总值的核算方法

国内生产总值（GDP）是按市场价格计算的国内生产总值的简称，它是一个国家

（地区）所有常住单位在一定时期内生产活动的最终成果。国内生产总值有三种表现形态，即价值形态、收入形态和产品形态。从价值形态看，它是所有常住单位在一定时期内所生产的全部货物和服务价值超过同期投入的全部非固定资产货物和服务价值的差额，即所有常住单位的增加值之和；从收入形态看，它是所有常住单位在一定时期内所创造并分配给常住单位和非常住单位的初次分配收入之和；从产品形态看，它是最终使用的货物和服务减去进口货物和服务。在实际核算中，国内生产总值的三种表现形态表现为三种计算方法，即生产法、收入法和支出法，三种方法分别从不同的方面反映国内生产总值及其构成。

生产法是从生产的角度衡量常住单位在核算期内新创造价值的一种方法，即从国民经济各个部门在核算期内生产的总产品价值中，扣除生产过程中投入的中间产品价值，得到增加值。核算公式为：增加值＝总产出－中间投入。收入法是从生产过程创造收入的角度，根据生产要素在生产过程中应得的收入份额反映最终成果的一种核算方法。按照这种核算方法，增加值由劳动者报酬、生产税净额、固定资产折旧和营业盈余四部分相加得到。支出法是从最终使用的角度衡量核算期内产品和服务的最终去向，包括最终消费支出、资本形成总额和货物与服务净出口三个部分。

1. 支出法

支出法核算 GDP，就是从产品的使用出发，把一年内购买的各项最终产品的支出加总而计算出的该年内生产的最终产品的市场价值。这种方法又称最终产品法、产品流动法。从支出法来看，国内生产总值包括一个国家（或地区）所有常住单位在一定时期内用于最终消费、资本形成总额，以及货物和服务的净出口总额，它反映本期生产的国内生产总值的使用及构成。

如果用 Q_1，Q_2，…，Q_n 代表各种最终产品的产量，P_1，P_2，…，P_n 代表各种最终产品的价格，则使用支出法核算 GDP 的公式是：

$$Q_1P_1+Q_2P_2+\cdots+Q_nP_n=\mathrm{GDP}$$

在现实生活中，产品和劳务的最后使用，主要是居民消费、企业投资、政府购买和出口。因此，用支出法核算 GDP，就是核算一个国家或地区在一定时期内居民消费、企业投资、政府购买和净出口这几方面支出的总和。

（1）居民消费（用字母 C 表示），包括购买冰箱、彩电、洗衣机、小汽车等耐用消费品的支出，服装、食品等非耐用消费品的支出及用于医疗保健、旅游、理发等劳务的支出。建造住宅的支出不属于消费。

（2）企业投资（用字母 I 表示），是指增加或更新资本资产（包括厂房、机器设备、住宅及存货）的支出。投资包括固定资产投资和存货投资两大类。固定资产投资指新造厂房、购买新设备、建筑新住宅的投资。为什么住宅建筑属于投资而不属于消费呢？因为住宅像别的固定资产一样是长期使用、慢慢地被消耗的。存货投资是企业掌握的存货（或称为库存）的增加或减少。如果年初全国企业存货为 2000 亿美元而年末为2200亿美元，则存货投资为200亿美元。存货投资可能是正值，也可能是负值，因为年末存货价值可能大于也可能小于年初存货。企业存货之所以被视为投资，是因为它能产生收入。从国民经济统计的角度看，生产出来但没有卖出去的产品只能作为企业的存货投资处理，这样使从生产角度统计的GDP和从支出角度统计的GDP相一致。

计入GDP中的投资是指总投资，即重置投资与净投资之和，重置投资也就是折旧。

投资和消费的划分不是绝对的，具体的分类则取决于实际统计中的规定。

（3）政府购买（用字母G来表示），是指各级政府购买物品和劳务的支出，它包括政府购买军火、军队和警察的服务、政府机关办公用品与办公设施，投资诸如道路等公共工程、开办学校等方面的支出。政府支付给政府雇员的工资也属于政府购买。政府购买是一种实质性的支出，表现出商品、劳务与货币的双向运动，直接形成社会需求，成为国内生产总值的组成部分。政府购买只是政府支出的一部分，政府支出的另一部分如政府转移支付、公债利息等都不计入GDP。政府转移支付是政府不以取得该年生产出来的商品与劳务的作为报偿的支出，包括政府在社会福利、社会保险、失业救济、贫困补助、老年保障、卫生保健、对农业的补贴等方面的支出。政府转移支付是政府通过其职能将收入在不同的社会成员间进行转移和重新分配，将一部分人的收入转移到另一部分人手中，其实质是一种财富的再分配。有政府转移支付发生时，即政府付出这些支出时，并不相应得到什么商品与劳务，政府转移支付是一种货币性支出，整个社会的总收入并没有发生改变。因此，政府转移支付不计入国内生产总值中。

（4）净出口（用字母$X-M$表示，X表示出口，M表示进口），是指进出口的差额。进口应从本国总购买中减去，因为进口表示收入流到国外，同时，也不是用于购买本国产品的支出；出口则应加进本国总购买量之中，因为出口表示收入从外国流入，是用于购买本国产品的支出，因此，净出口应计入总支出。净出口可能是正值，也可能是负值。

把上述四个项目加起来，就是用支出法计算GDP的公式：

$$\text{GDP}=C+I+G+(X-M)$$

在中国的统计实践中，支出法计算的是国内生产总值划分为最终消费、资本形成总额及货物和服务的净出口总额，它反映了本期生产的国内生产总值的使用及构成。

最终消费分为居民消费和政府消费。居民消费除了直接以货币形式购买货物和服务的消费外，还包括以其他方式获得的货物和服务的消费支出，即所谓的虚拟消费支出。居民虚拟消费支出包括以下几种类型：单位以实物报酬及实物转移的形式提供给劳动者的货物和服务；金融机构提供的金融媒介服务；保险公司提供的保险服务。

通过支出法计算的GDP，我们可以计算出最终消费率和资本形成率。所谓最终消费率就是最终消费占GDP的比率，而资本形成率是指资本形成总额占GDP的比率，

又称为投资率。按照有关统计资料，最近5年以来，中国的消费率出现了比较明显的上升趋势，2014年中国的消费率为51. 2%，投资率为46.1%。但同世界水平相比，中国的消费率仍旧偏低。因此，当前和今后一段时期，宏观经济调控的一个重要内容就是要调整投资和消费的比例关系，扩大消费需求是扩大内需的重点。

2. 生产法

用生产法核算GDP，是指按提供物质产品与劳务的各个部门的产值来计算国内生产总值。生产法又叫部门法。这种计算方法反映了国内生产总值的来源。

运用这种方法进行计算时，各生产部门要把使用的中间产品的产值扣除，只计算所增加的价值。商业和服务等部门也按增值法计算。卫生、教育、行政、家庭服务等部门无法计算其增值，就按工资收入来计算其服务的价值。

按生产法核算国内生产总值，可以分为下列部门：农林渔业；矿业；建筑业；制造业；运输业；邮电和公用事业；电、煤气、自来水业；批发、零售商业；金融、保险、不动产；服务业；政府服务和政府企业。把以上部门生产的国内生产总值加总，再与国外要素净收入相加，考虑统计误差项，就可以得到用生产法计算的GDP了。

在中国的统计实践中，生产法计算GDP分为四项：

GDP＝劳动者报酬＋生产税净额＋固定资产折旧＋营业盈余

第一项为劳动者报酬，指劳动者因从事生产活动所获得全部报酬。包括劳动者获得的各种形式的工资、奖金和津贴，既包括货币形式的，也包括实物形式的；还包括劳动者所享受的公费医疗和医药卫生费、上下班交通补贴和单位支付的社会保险费等。

第二项为生产税净额，指生产税减生产补贴后的余额。生产税指政府对生产单位生产、销售和从事经营活动，以及因从事生产活动使用某些生产要素（如固定资产、土地、劳动力）所征收的各种税、附加费和规划费。生产补贴与生产税相反，是指政府对生产单位的单方面的收入转移，因此视为负生产税，包括政策亏损补贴、粮食系统价格补贴、外贸企业出口退税等。

第三项为固定资产折旧，指一定时期内为弥补固定资产损耗按照核定的固定资产折旧率提取的固定资产折旧。它反映了固定资产在当期生产中的转移价值。

第四项为营业盈余，指常驻单位创造的增加值扣除劳动报酬、生产税净额和固定资产折旧后的余额。它相当于企业的营业利润加上生产补贴。

3. 收入法

收入法核算GDP，就是从收入的角度，把生产要素在生产中所得到的各种收入相加来计算的GDP，即把劳动所得到的工资、土地所有者得到的地租、资本所得到的利息以及企业家才能得到的利润相加来计算GDP。这种方法又叫要素支付法、要素成本法。

在没有政府的简单经济中，企业的增加值即其创造的国内生产总值，就等于要素收入加上折旧，但当政府介入后，政府往往征收间接税，这时的GDP还应包括间接税和企业转移支付。间接税是对产品销售征收的税，它包括货物税、周转税。这种税收名义上是对企业征收，但企业可以把它打入生产成本之中，最终转嫁到消费者身上，故也应视为成本。同样，还有企业转移支付（即企业对非营利组织的社会慈善捐款和消费者呆账），它也不是生产要素创造的收入，但要通过产品价格转移给消费者，故也应看作成本。

资本折旧也应计入GDP。因为它虽不是要素收入，但包括在应回收的投资成本中。

还有，非公司企业主收入也应计入GDP中。非公司企业主收入，是指医生、律师、小店铺主、农民等的收入。他们使用自己的资金，自我雇用，其工资、利息、租金很难像公司的账目那样，分成其自己经营应得的工资、自有资金的利息、自有房子的租金等，其工资、利息、利润、租金常混在一起作为非公司企业主收入。

这样，按收入法计算的公式就是：

GDP＝工资＋利息＋利润＋租金＋间接税和企业转移支付＋折旧

也可看成是GDP＝生产要素的收入＋非生产要素的收入

从理论上讲，用收入法计算出的GDP与用支出法计算出的GDP在量上是相等的。

上述三种方法计算出来的GDP理论上结果是相同的。为了弄懂这点，以下从一个企业的生产谈起。

以生产衬衫为例，一件衬衫从生产到最终消费者使用要经过5个阶段：种棉、纺纱、织布、制衣、销售。假设棉农共生产120万元棉花，并假定这120万元就是新增价值，则按照西方学者的说法，这120万元价值就是生产棉花所投入的生产要素（劳动、资本、土地）共同创造的。这120万元棉花卖给纺纱产加工成纱卖140万元，增值20万元，那怎么会增值呢？因为纺纱厂把棉花纺成纱需要投入劳动、资本、土地等生产要素，这20万元的增值被认为是这些要素共同创造的。由于企业使用要素必须支付代价，雇用工人要支付薪水，使用资本要付利息，使用土地要付租金，这些要素报酬都被认为是这些要素在生产工程中作出的贡献，因此，这20万元的增值要转化成要素提供者的收入。假定工资10万元，利息是8.5万元，地租是0.5万元，剩余1万元则是企业利润。

这之后，织布厂将这140万元纱织成布卖出170万元，增值30万元（这30万元也是通过劳动、资本、土地等要素创造的，花费工资12万元、利息15万元、地租0.8万元，利润2.2万元）。以此类推，制衣厂将这170万元布匹制成衬衣向批发零售商卖出210万元，又增值40万元（这40万元也是通过劳动、资本、土地等要素创造的，花费工资16万元、利息20万元、地租1.2万元，利润2.8万元）；批发零售商最后把衣服全部卖给最终消费者，获得250万元销售收入，新增40万元（这40万元也是通过劳动、资本、土地等要素创造的，累计花费工资16万元、利息10万元、地租1万元，利润3万元）。上述情况可参见表1－1。

通过表1－1，我们可以计算这个只有企业与消费者两个部门的经济体的GDP，从支出法看，最终产品只有全部销售出去的成衣价值250万元，为最终消费者的支出额；

从生产法来看，该经济体GDP就是各个生产过程的产出，即新增价值，即120＋20＋30＋40＋40＝250（万元）。由此可见，生产部门的总产出等于最终消费者的总支出。从收入法来看，该经济体GDP就是各部门通过要素提供者（劳动者、土地租赁者、资本提供者）和经营者（企业）的收入，即所有工资收入＋利息收入＋地租收入＋利润＝250万元，这些要素报酬收入均被认为是通过这些要素在生产过程中作出的贡献，故而，该经济体总产出也就等于其总收入。可见，理论上说，生产法、收入法和支出法获得GDP数值是相等的。但实际核算中常有误差，因而还要加上一个统计误差，使其达到一致。实际统计中，一般以国民经济核算体系的支出法为基本方法，即以支出法所计算出的国内生产总值为标准。

然而，由于GDP是一个市场概念，是用市场价格来评价物品与劳务，并未把几乎所有在市场之外进行的活动的价值包括进来。特别是，GDP漏掉了在家庭中生产的物品与劳务的价值。并且GDP没有包括环境质量。假定政府废除了所有环境管制，那么企业就可以不考虑它们所引起的污染而生产更多物品与劳务。在这种情况下，GDP会增加，但空气、土地和水质量的恶化要大于更多生产所带来的福利利益。因此，对于GDP的核算还需加强研究。

表1-1　　**衬衫制作各过程的年产出和收入**　　（单位：万元）

过程	收入（支）		产出（收）	
种棉		120	棉花	120
纺纱	工资	10	生产出纱	140
	利息	8.5	减：购买原料棉花	120
	地租	0.5		
	利润	1		
纺纱厂合计		20		20
织布	工资	12	生产出布	170
	利息	15	减：购买纱	140
	地租	0.8		
	利润	2.2		
织布厂合计		30		30
成衣	工资	16	生产出衣	210
	利息	20	减：购买布	170
	地租	1.2		
	利润	2.8		
成衣厂合计		40		40

续 表

过程	收入（支）		产出（收）	
零售	工资	16	全部销售	250
	利息	10	减：批发成本	210
	地租	1		
	利润	3		
零售商合计		40		40
整个过程合计		250		250

四、国民收入的恒等式

透过上述支出法、收入法与生产法所得出的国民生产总值的一致性，可以从国民生产总值的核算方法中可以得出这样一个恒等式：投资储蓄恒等式。

为了弄清这个恒等式，我们从最简单的经济体——两部门经济入手进行分析，进而研究三部门与四部门经济。

1. 两部门经济的收入构成及“储蓄—投资”恒等式

假设一个经济社会仅由消费者和企业这两种经济单位所组成。在这个经济体中，消费者向企业提供各种生产要素而获得收入，并用收入来购买产品和服务。企业则向消费者购买各种生产要素，并制造出产品和服务，提供给消费者而获得收益。由于没有政府和外贸关系，就不必考虑税收和进出口贸易。故这种消费者与企业之间的经济联系，就是最简单的收入流量循环模型（如图 1 - 1 所示）。为使分析简化，设备折旧忽略不计，假设消费者获得收入全部用来购买企业生产的所有产品和服务，则国内生产总值在量上等于国民生产净值和国民收入，该经济体就会以不变的规模持续下去。

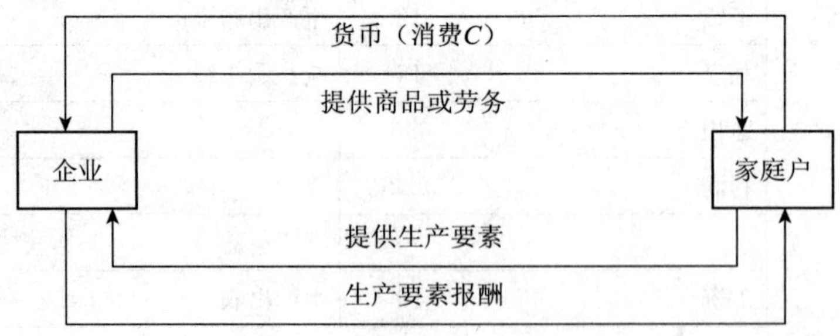

图 1 - 1 两部门经济收入流量模型图

若消费者将其中一部分用来购买产品，另一部分收入当作储蓄，则会导致企业部分产品卖不出，我们把这部分未卖出的产品，称为企业的存货投资。若用 Y 表示国民

收入，在这种情况下，国民收入的构成为：

从支出角度看，国内生产总值总等于消费加投资，即 $Y=C+I$。

从收入角度看，国内生产总值总等于总收入，总收入一部分用作消费（C），其余部分则当作储蓄（S）。

从供给方面看，国民收入＝工资＋利息＋租金＋利润＝消费＋储蓄，即 $Y=C+S$。

由于 $C+I=Y=C+S$，就得到 $I=S$，这就是“储蓄－投资恒等式”。

这里必须要说明的是，这个恒等式是从国民收入的会计学角度分析的，是事后的储蓄与投资的相等。实际上，储蓄是由消费者进行的，投资则是由企业掌控的，消费者储蓄多少，并不见得就是企业投资多少，故而导致计划储蓄与计划投资的不一致，当然总需求和总供给也就不一致，进而引起经济的扩张和收缩。这就要求政府发挥积极的作用，对经济活动进行干预，使经济达到均衡。只有当计划储蓄等于计划投资时，总需求也就等于总供给，产生了经济上的均衡关系。

2. 三部门经济的收入构成及“储蓄－投资”恒等式

三部门经济就是在企业和消费者的基础上把政府部门引进来，政府的经济职能是通过税收（向企业和消费者征税）与政府支出（政府购买产品和劳务，以及向消费者的转移支付）来实现的。用 T 表示政府的净收入（总税收减去转移支付），用 G 表示政府购买产品和劳务的支出，国民收入的构成为：

从总需求（支出）角度看，国内生产总值等于居民消费、企业投资和政府购买的总和，即：$Y=C+I+G$。

从总供给（收入）角度看，国内生产总值除了居民提供的所有生产要素获得的收入总和，即工资、利息、租金和利润的总和，还有政府为整个社会生产提供了国防、立法、基础设施等“公共物品”而得到相应的收入——税收。然而，居民一方面要纳税，一方面又得到政府的转移支付收入，税金扣除了转移支付才是政府的净收入。这样，从收入方面看，国民收入的构成是：$Y=C+S+T$。

三部门经济中总需求与总供给的恒等就是：

$$C+I+G=Y=C+S+T$$

公式两边消去 C，把 G 移到右边，就得到：

$$I=S+(T-G)$$

以上等式中的（$T-G$）为政府储蓄，因为 T 是政府净收入，G 是政府购买性支出，二者差额即政府储蓄，它可以是正值（预算盈余），也可以是负值（财政赤字）。这样，$I=S+(T-G)$ 表示三部门经济中储蓄（私人储蓄和政府储蓄的总和）和投资的恒等。

3. 四部门经济的收入构成及“储蓄－投资”恒等式

四部门经济是指由企业、消费者、政府和国外等四种经济单位所组成的经济。国外的作用是：向国内进口国外生产要素（用字母 M），向国外出口国内产品与劳务（用

字母 X）。

从总需求的角度，四部门经济中的总需求不仅包括居民户的消费需求、厂商的投资需求与政府的购买需求，还包括国外的需求。国外的需求对国内来说就是出口。则总需求：

$$Y=C+I+G+X$$

从总供给的角度看，除了居民户供给的各种生产要素和政府的供给外，还有国外的供给。国外的供给对国内来说就是进口。则总供给可写成：

$$Y=C+S+T+M$$

四部门经济中总需求与总供给的恒等就是：

$$C+I+G+X=y=C+S+T+M$$

公式两边消去 C，则得到：

$$I+G+(X-M)=S+T$$

这一等式可以转化为：

$$I=S+(T-G)+(M-X)$$

等式里的 S 代表居民私人储蓄，$(T-G)$ 代表政府储蓄，而 $(M-X)$ 则可代表本国用于对外国消费和投资的那部分储蓄。这样，$I=S+(T-G)+(M-X)$ 表示四部门经济中储蓄和投资的恒等。

当然，像对外国遭受灾害时的救济性捐款，这种转移支付是来自生产要素的收入，变成了外国人的储蓄，用 Kr 代表本国居民对外国人的转移支付，则表达式为：

$$I=S+(T-G)+(M-X+Kr)$$

知识应用

1. 下列项目中是否计入 GDP，为什么？

（1）购买国库券获得利息；（2）政府发给灾区人民的救济；（3）企业捐献给困难群体的善款；（4）购买一套二手房。

2. 假定某国某年发生了以下经济活动：

（1）某农业企业出售一批当年生产的玉米给玉米油制造商，售价 30 万元。为了生产这些玉米，该企业共支付工人 16 万元作为工资。

（2）玉米油制造商用这批玉米制造成玉米油出售，销售收入为 50 万元，为此支付的工人工资为 12 万元。

假定在玉米和玉米油的生产过程中不发生其他费用，回答：

① 用最终产品生产法计算 GDP；

②在生产过程中产生的工资和利润分别是多少？用收入法计算 GDP。

3. 已知某一经济社会的如下数据：（单位：亿元）

工资 120　利息 15　租金 35　消费支出 100　利润 28　投资支出 60

政府购买支出 30　政府转移支付 5　所得税 40　出口额 65　进口额 70

试求：(1) 按收入法计算 GDP。(2) 按支出法计算 GDP。

(3) 政府预算赤字。(4) 储蓄额。(5) 净出口。

4. 运用国民收入核算原理，分析中国改革开放以来所采取的国民经济统计的合理性。

5. 查阅《中国统计年鉴(2015)》中的下列相关数据：(1) 支出法 GDP；(2) 最终消费总额；(3) 资本形成总额；(4) 存货变动；(5) 货物和服务净出口总额；(6) 政府消费总额；(7) 居民消费总额；(8) 城镇居民消费总额；(9) 农村居民消费总额。分析：

(1) 支出法 GDP 是通过上述哪几个指标计算的？

(2) 最终消费与哪几个变量相关？

(3) 计算消费率和投资率。

1. 课文中在分析投资储蓄恒等式时，撇开了折旧和间接税，以三部门经济为例，试写出含有折旧和间接税的投资储蓄恒等式。

2. 搜集相关文献，从环境角度撰写一篇关于如何真正意义上 GDP 核算的讨论稿。

3. 依照两部门经济收入流量模型图，试绘出三部门经济、四部门经济的收入流量模型。

4. 搜集相关数据资料，探讨中国国家统计局现使用的国民收入核算方法的利弊。

任务二　国民收入核算的其他指标

知识目标

1. 了解核算国民经济活动的其他指标，弄清它们之间的联系与区别；

2. 学会运用这些指标评价经济体的经济发展状况。

应用目标

能依据国民收入各指标的关系，综合描述一经济体中国民经济的联系和结构的全貌。

探究目标

根据国民收入核算指标的概念及他们之间的联系，评价国家或地区国民经济运行状况，并依据现有数据探讨其未来经济发展趋势。

新课导入

材料1：2014年，中国国民经济稳定增长。初步核算，全年国内生产总值636463亿元，比上年增长7.4%。劳动生产率稳步提高，全年国家全员劳动生产率为72313元/人，比上年提高7%。城乡居民收入继续增加，全年全国居民人均可支配收入20167元，比上年增长10.1%，扣除价格因素，实际增长8%。按常住地分，城镇居民人均可支配收入28844元，比上年增长9.0%，扣除价格因素，实际增长6.8%；农村居民人均可支配收入10489元，比上年增长11.2%，扣除价格因素，实际增长9.2%。

资料来源：中国统计局．2014年国民经济和社会发展统计公报．

材料2：克强指数（Li Keqiang Index），是英国著名政经杂志《经济学人》创造的用于评估中国GDP增长量的指标，以中国国务院总理李克强的名字命名。克强指数有三种经济指标：工业用电量、铁路运货量和银行中长期贷款余额。其表达式为：克强指数＝工业用电量增速×40%＋中长期贷款余额增速×35%＋铁路货运量增速×25%。“克强指数”能精确地反映经济现状——现代工业生产与能源消耗密切相关，故而“耗电量”的多少，可以准确反映我国工业生产的活跃度以及工厂的开工率；铁路作为承担我国货运的最大载体，故而“铁路货运量”的多少，既能反映经济运行现状，又可反映经济运行效率；而对于间接融资占社会融资总量高达84%的我国而言（银行贷款又占到我国间接融资的绝对大头），故而“贷款发放量”的多少，既可反映市场对当前经济的信心，又可判断未来经济的风险度。

从上述两个材料中可以看出，除了GDP外，反映国民经济运行和发展情况的经济指标还有很多，下面就来探讨这些指标。

知识解读

宏观经济学的研究对象是整个社会经济活动的总量变动，这些总量除了前面介绍的国内生产总值和国民生产总值外，在西方国民经济核算体系中，还有国内生产净值、国民生产净值、国民收入、个人收入、个人可支配收入等；核算总量变化方面，还有GDP增长率、劳动生产率等。

一、描述经济规模的指标

1. 国内生产总值（GDP）

依据国土原则，按照当年市场价格计算的一个国家（或地区）所有常驻单位在一

定时期（通常一年）内生产的最终成果——所创造的增加值（总产值－中间消耗值）的总和。

2. 国民生产总值（GNP）

依据国民原则，核算一个国家或地区一定时期内由本地区（本国籍）公民所生产的全部最终产品和劳务的价值总和。不仅包括本地区公民和法人企业在境内创造的所有价值，还包括其在海外所创造的一切最终产品的市场价值总和。

GDP 与 GNP 的关系是：$GDP = GNP$－本国公民在国外生产的最终产品和劳务的价值＋外国公民在本国生产的最终产品和劳务的价值

3. 国内生产净值（NDP）与国民生产净值（NNP）

国内生产净值是指一国在一年内的国内生产总值减去生产过程中所消耗掉的成本（折旧费）所得出的净增长值，即

$$NDP = GDP - \text{折旧费}$$

类似的，国民生产净值是指 GNP 扣除折旧以后的余额，即

$$NNP = GNP - \text{折旧费}$$

4. 国民收入（NI）

国民收入是指一国生产要素（包括土地、劳动、资本、企业家才能等）所有者在一定时期内提供生产要素所得的报酬，即工资、利息、租金和利润等的总和。也就是从国内生产净值中扣除间接税和企业转移支付加上政府补助金。

间接税指能够转嫁税负即可以通过提高商品和劳务的售价把税负转嫁给购买者的税收，即纳税人与负税人不一致。这类税收一般在生产和流通环节征收，如增值税、营业税、关税等。

直接税指不能转嫁税负即只能由纳税人自己承担税负的税收。这类税收一般在收入环节征收，如所得税。

间接税和直接税以及企业转移支付，都来自于生产产出，故构成产品价格，但不构成要素收入。企业转移支付中，受款者没有付出劳务，所以这种收入不能计入国民收入中；相反，政府给予企业的补贴虽不构成产品价格，但要成为要素收入。故而，前者应扣除，后者应加上。其表达式为：

$$NI = NDP - \text{间接税} - \text{企业转移支付} + \text{政府补助金}$$

5. 个人收入（PI）

个人收入是指一个国家或地区一定时期内个人所得的全部收入。它是国民收入经一些必要的调整后形成的一个指标，包括工资、租金收入、股利股息及社会福利等所收取得来的收入。一个国家或地区之内所有个人的收入的总和与该国国民收入应当是一致的。但是，实际经济运行中存在的一些因素导致了个人收入与国民收入数量上的不同。这些因素同时也是个人收入构成中的重要因素，具体包括：

扣减项有：公司未分配利润、公司所得税、社会保障支付等；

增加项有：政府对个人的转移支付，如失业救济、退休金、医疗补助等。

其表达式为：

PI（个人收入）$=NI$（国民收入）$-$企业未分配利润$-$公司所得税$-$社会保险税费$+$转移支付

6. 个人可支配收入（DPI）

个人可支配收入指一个国家一年内个人可以支配的累加，个人收入减去个人所得税的余额，它反映了该国个人的实际购买力水平和消费能力，预示了未来消费者对于商品、服务等需求的变化。是评估经济情况的好坏的一个有效指标。它可以分为消费与储蓄两部分，公式表示为：

$$DPI=PI-\text{个人所得税}=\text{消费}+\text{收入}$$

综上所述，国民经济核算体系（SNA）各级指标之间的关系是：

GNP 或 GDP 减折旧，等于 NNP 或 NDP；

NNP 或 NDP 减间接税，等于 NI；

NI 减公司未分配利润、社会保障支付，加转移支付，等于 PI；

PI 减个人所得税，等于 DPI。

二、描述经济增长的指标

1. 经济增长幅度

经济增长幅度又称之为绝对增长幅度，它是指目标期经济指标减去基期经济指标的差，描述的是该指标增加的幅度。用相对增长幅度，也就是经济增长速度，即增加的幅度与基期指标之比测算经济运行情况更具意义。

2. 经济增长速度

经济增长速度也可称为经济增长率，是指目标期经济指标与基期经济指标的差除以基期经济指标。以末期现行价格计算末期 GDP，得出的增长率是名义经济增长率，以不变价格（即基期价格）计算末期 GDP，得出的增长率是实际经济增长率。在量度经济增长时，一般都采用实际经济增长率。它是反映一定时期经济发展水平变化程度的动态指标。

比如我国 2010 年的 GDP 是 401512.8 亿元（按 2010 年价格计算，以下同），而 2011 年的 GDP 是 438853.0 亿元，因此，2011 年的实际经济增长率就是 0.093，用百分数来表示就是 9.3%。

按照时间间隔长短，经济增长速度又分为当年增长速度和若干年平均增长速度。上例计算的就是当年增长速度。若干年平均增长速度是一定年限内，平均每年增长的速度。其表达式为：

$$m=\sqrt[n]{\frac{B}{A}}$$

其中，B 为末年 GDP，A 为基年 GDP，n 为时间间隔。事实上，考虑 $B=A(1+m)n$，那么就是一个解 m 的过程。

比如我国 2010 年的 GDP 指数是 401512.8 亿元（按 2010 年价格计算，以下同），而 2012 年的 GDP 是 472436.5 亿元，2010—2012 年间 GDP 实际年均增长速度 $m=\sqrt{\frac{472436.2}{401512.8}}-1=0.08473$，用百分数表示为 8.473%。

3. 劳动生产率（Labor Productivity）

劳动生产率是指劳动者在一定时期内创造的劳动成果与其相适应的劳动消耗量的比值。它是衡量一个国家经济发展水平和生产力发展水平的核心指标，劳动生产率水平可以用同一劳动在单位时间内生产某种产品的数量来表示，单位时间内生产的产品数量越多，劳动生产率就越高；也可以用生产单位产品所耗费的劳动时间来表示，生产单位产品所需要的劳动时间越少，劳动生产率就越高。一般来说，一国劳动生产率越高，该国经济发展水平就越发达，工资增长率就越快，人民生活质量也就越高；反之则越低。

知识应用

1. 假设国内生产总值 10000，个人可支配收入 8500，政府预算赤字 1200，消费支出 7600，贸易赤字 500（单位：亿元），请计算：（1）储蓄；（2）投资；（3）政府支出。

2. 已知下列资料，国内生产总值 6000 亿元，总投资 800 亿元，净投资 300 亿元，消费 4000 亿元，政府购买 1100 亿元，政府顶算盈余 300 亿元。试计算：（1）国内生产净值；（2）净出口；（3）政府税收减去政府转移支付后的收入；（4）个人可支配收入；（5）个人储蓄。

3. 已知某经济社会有如下表数据（单位：亿元）

居民个人消费支出	70906	政府转移支付	716
政府购买	26012	间接税净额	16658
总投资	79560	社会保险金	6969
出口额	68495	公司未分配利润	38624
进口额	58272	公司所得税	5344
资本折旧	28010	个人所得税	838

请根据上述资料，计算（1）国内生产总值；（2）国内生产净值；（3）国民收入；（4）个人收入；（5）个人可支配收入。

4. 依据国民收入各指标的关系，综合描述中国国民经济的联系和结构的全貌。

思考题 1:

材料 1: 现行的基于名义 GDP 的国民经济核算体系存在严重缺陷，核算过程中不仅没有扣除自然资产损失，而且将其中过度开采资源和能源，特别是不可再生资源，按照附加值统计计算在 GDP 总量之中。这就人为地夸大了经济收益，它是以资源的急剧消耗和环境的严重退化为代价的，必将导致真实的国民福利大为减少，因而必须要对现有的国民经济核算体系进行校正。另外，在以 GDP 为主要指标的国民经济核算体系中，由于自然资源和生态环境都是“免费商品”，这样的 GDP 就给决策者提供了错误的信息，使得决策者通过对自然资源的过度消耗来获得经济的高速增长。在 GDP 核算存在种种缺陷的情况下，单纯使用 GDP 评估一个地区的发展成果，考核领导班子的政绩，必然有失偏颇，容易导致一些地方不惜代价片面追求增长速度，忽视结构、质量、效益，忽视生态建设和环境保护。在这样的背景下，将传统 GDP 进行绿化，进行绿色 GDP（GGDP）的核算工作就显得势在必行。1993 年联合国经济和社会事务部把绿色 GDP 定义为可持续发展的国内生产总值（Sustainable Gross Domestic Product，SGDP），是从 GDP 中扣除自然资源的耗减成本与环境污染损失成本后的国内生产总值。与此同时，联合国统计署在发布的《综合环境与经济核算手册》中首次正式提出了绿色 GDP 的概念：将经济活动对环境的利用作为追加投入看待，从原有的经济总量中予以扣除，得到的经过环境因素调整的产出指标，即生态国内产出（environmental domestic product，EDP）。

资料来源：雷敏等：资源型城市绿色 GDP 核算研究［J］. 自然资源学报，2009，24（12）.

材料 2: 长期以来，GDP 作为政府对国家经济运行进行宏观计量与诊断的一项重要指标，曾被一代经济学大师凯恩斯推崇有加，特别是在战后全球经济普遍复苏的背景之下，GDP 逐渐演化成为衡量一个国家经济与社会是否真正进步的最重要的指标。

然而，从 20 世纪 60 年代之后，随着全球性资源短缺、生态环境恶化的问题日益严重，人类遇到了空前的挑战，一些经济学家和有识之士开始意识到使用 GDP 来表达一个国家或地区经济与社会的增长和发展存在着明显的缺陷。人们开始质疑传统的 GDP。一位当代欧洲学者说：“一条公路上两辆汽车对驶，擦肩而过相安无事，几乎对 GDP 没有任何影响。但如果相撞，GDP 马上会说 Very good，因为撞车以后伴随而来的是警察处理交通事故、修理汽车或新购置汽车、新闻媒体报道、医院救护，等等，这些都可刺激 GDP 的增长，难道这样的增长是人类所追求的吗?”

资料来源：吴殿廷. 区域经济学［M］. 北京：科学出版社，2003.

材料 3: 2010 年中国 GDP 达到 39.8 万亿元人民币（合约 6.04 万亿美元），超过日本 2010 年 GDP 的预估值 5.4 万亿美元，位居世界第二位。这似乎是一个值得中国人兴奋的日子。因为这是自 1968 年日本超越联邦德国成为世界第二大经济体以来首次被

超越。从世界经济格局以及政治格局来说，中国新晋世界第二大经济体，显示了中国力量的成长。然而事实上，中国绝大多数老百姓对此并没有深刻的体会和认同感。他们认为，中国GDP世界第二除了带来名次上的改变外，自身并没有特别明显的感受。尤其是最近几年里，物价和房价的飞涨，导致公众普遍缺乏拥有感、幸福感。……近年来，随着中国GDP的不断粗放式增长，国人的幸福感指数却无法与GDP同步提升。……而中国现在的社会状况是，贫富差距进一步扩大。据世界银行的统计，中国的基尼系数已经从改革开放之初的0.28上升至2009年的超过0.5。按国际通常标准认为，一旦基尼系数超过0.4，就表明财富过度的紧中，社会处于“不稳定”状态。这一数据标志着中国已经成为世界上贫富差距最大的国家之一，而这种贫富差距还有进一步扩大之势。……“GDP健康增长非常重要，但如何让普通老百姓切实感受到GDP增长对于生活福祉的改善，更为重要，这才是增加GDP的根本目的。”中国社会科学院经济研究所研究员袁钢明认为，中国经济需要加快收入分配改革、转变经济增长方式。

资料来源：徐思佳．民生幸福应与GDP同增长［N］．中华工商时报，2011-03-14.

根据上述材料，讨论以下问题：

(1) 结合材料1～3，试分析传统GDP核算体系存在哪些弊端?

(2) 结合材料1，列出绿色GDP核算表达式。

(3) 结合材料2，分析传统GDP核算主要关注哪些方面?

(4) 结合材料3，分析传统GDP数值并不能表达国民的幸福感的原因。

思考题2：

搜集相关文献，查找下列概念：(1) 国民幸福指数；(2) 基尼系数；(3) 恩格尔系数；(4) 森贫困指数；(5) 企业家信心指数；(6) 消费者信心指数。然后探讨这些指数的合理性。

思考题3：

搜索相关文献，探讨绿色GDP的核算方法和核算难点。

思考题4：

查阅《中国统计年鉴》中国内生产总值、居民可支配收入数据，评析改革开放以来中国国民经济运行态势，并依据现有数据探讨未来经济发展趋势。

任务三　名义 GDP 与实际 GDP

教学与学习目标

知识目标

1. 了解名义 GDP、实际 GDP 和潜在 GDP 的概念，掌握名义 GDP 和实际 GDP 的计算方法；

2. 了解生产者价格指数和消费者价格指数；

3. 了解通货膨胀率概念及计算方法，区分通货膨胀率与 GDP 折算指数。

应用目标

学会运用名义 GDP、实际 GDP 与 GDP 折算指数的关系，纵向比较经济体中的国民经济真实变化情况。

探究目标

根据相关数据资料，探讨 2014 年年底中国 GDP 成为世界第二大经济体的原因。

新课导入

案例 1：“10 年前，我月收入不到 2000 元，当时花 20 万元能在市区不错的地段买套 100 平方米的房子。现在，我月收入近 6000 元，是 10 年前的 3 倍，但如果拿 60 万元在同样地段买套 100 平方米的房子几乎不太可能。”2002 年大学毕业后，李淑在长春找了一份工作，目前已是单位中层干部，虽然收入已涨不止一倍，但她总感觉“钱不抗花。”

资料来源：新文化报，2012 年 11 月 26 日.

案例 2：近年来，我国平均收入水平有了不小的增长，然而收入增长的同时，生活成本也在不断上升，生活压力感增大。很多人感叹：月收入过万元生活仍然不轻松。“以前到菜市场，10 元钱能买不少蔬菜，现在到菜市场随便逛逛，随便买点就要二三十元钱。”电力公司退休职工刘阿姨说，“蔬菜瓜果价格都在涨，每个月老两口将近 4000 多元的工资存不下，甚至还有些拮据。”

资料来源：人民日报，2012 年 4 月 12 日。

那么，

什么是消费者价格指数？什么叫通货膨胀？名义 GDP 和实际 GDP 有什么不同？现实生活中如何衡量居民生活水平的提高？

知识解读

我们知道，国内生产总值是一个国家（国界范围内）所有常住单位在一定时期内生产的所有最终产品和服务的市场价格。所以，国内生产总值的变动由最终产品和劳务的数量及其价格的变化而变化。至于国内生产总值到底由谁引起变化的，有必要区分名义 GDP 和实际 GDP。

一、名义 GDP 和实际 GDP

名义 GDP 是指一国境内所有企业与居民一年内所生产的最终产品与劳务的数量按当年价格计算出来的货币价值，又称为货币 GDP。由于市场价格每年都不同，故而影响了名义 GDP 的统计结果，每年的产品和劳务数量也不同，因此，名义 GDP 的变动既反映了实际产量变动的情况，又反映了价格变动的情况。但为了便于纵向对比分析国内生产总值中产出数量的真实变化，有必要设定参照价格，以参照价格计算出来的 GDP 就是实际 GDP。可见，实际 GDP 是一国境内所有企业与居民一年内所生产的最终产品与劳务的数量按参照年份的价格计算出来的货币价值，是扣除了价格变动的名义 GDP。参照价格，亦即可比价格，它是为了计算不同时期的价值指标而采用的某一固定时间的价格。又称“固定价格”或“不变价格”。

为了反应名义 GDP 和实际 GDP 的内在联系，必须去除价格变动的影响，引出了 GDP 折算指数的概念。它是名义 GDP 和实际 GDP 的比率，即：

GDP 折算指数＝名义 GDP÷实际 GDP

表 1－2　　名义 GDP 和实际 GDP

	2010 年名义 GDP		2014 年名义 GDP		2014 年实际 GDP	
	产量	价格	产量	价格	产量	价格（2010 年）
猪肉	10 万单位	24 元	20 万单位	30 元	20 万单位	24 元
服装	5 万单位	300 元	6 万单位	400 元	6 万单位	300 元
合计	10×24＋5×300＝1740 万元		20×30＋6×400＝3000 万元		20×24＋6×300＝2280 万元	

假定一经济体最终产品是猪肉和服装。这两种物品在 2010 年（基期）和 2014 年（现期）的价格和产量分别如表 1－2 所示，则以 2010 年价格计算 2014 年的实际国内生产总值为 2280 万元，而 2014 年名义 GDP 为 3000 万元。由此可计算出 2010—2014 年 GDP 的折算指数＝3000÷2280＝131.58%，说明从 2010 年到 2014 年该经济体价格水平上涨了 31.58%。2010—2014 年，GDP 名义上从 1740 万元增加到 3000 万元，名义 GDP 增长了 1260 万元，而实际只增加了 540 万元，即在扣除物价变动的情形下，2014

年GDP比2010年实际只增长了31.03%（540÷1740=31.03%），而名义上却增长了72.41%（1260÷1740=72.41%）。可见，名义GDP的增长一般快于实际GDP的增长，名义GDP的增长既有来自总产出的增加，又有来自价格水平的上涨，而实际GDP的增长却只是总产出的增加。在进行经济分析时，大多使用实际GDP来解释各种经济问题。

GDP折算指数的计算中包含了产品和劳务的数量与价格信息，很多国家用它来分析总体物价水平的变动状况。除了GDP折算指数外，衡量总体物价水平的指标还有居民消费价格指数（CPI）和生产者价格指数（PPI）。居民消费价格指数是用来反映居民家庭一般所购买的消费商品和服务价格水平变动情况的宏观经济指标，其变动率在一定程度上反映了通货膨胀或紧缩的程度。其表达式：

$$CPI=\frac{\text{一组固定商品按当期价格计算的价值}}{\text{一组固定商品按基期价格计算的价值}}\times 100\%$$

而生产价格指数（Producer Price Index，PPI）则是衡量工业企业产品出厂价格变动趋势和变动程度的指数，是反映某一时期生产领域价格变动情况的重要经济指标。然而，不论是CPI还是PPI它们所涉及的范围比GDP折算指数要狭小，CPI强调的是消费品的价格变动，PPI则关注的是生产资料的市场价格变化，而GDP折算指数是所有产品和劳务数量的价格加权平均指数，既包括消费品，也包括投资品。

在日常生活中我们更关心的是通货膨胀率，它被定义为从一个时期到另一个时期价格水平变动的百分比，公式为：

$$T=\frac{P_t-P_0}{p_0}\times 100\% \frac{\sum P_{ti}Q_{ti}-\sum P_{0i}Q_{ti}}{\sum P_{0i}Q_{ti}}\times 100\%$$

式中：T为t时期的通货膨胀率，P_{ti}和P_{0i}分别表示t时期（代表报告期）和0时期（代表基期）的第i种物品的价格水平，Q_{ti}代表的是末期第i种物品的数量。

上面例子中，该经济体的通货膨胀率为：

$$T=\frac{\sum P_{ti}Q_{ti}-\sum P_{0i}Q_{ti}}{\sum P_{0i}Q_{ti}}\times 100\%=\frac{(30\times 20+400\times 6)-(24\times 20+300\times 6)}{24\times 20+300\times 6}\times 100\%=31.58\%$$

如果用上面介绍的消费价格指数来衡量价格水平，则通货膨胀率就是不同时期的消费价格指数变动的百分比。

假定一个经济体的消费价格指数从2014年的100增加到2015年的108，那么这一时期的通货膨胀率为$T=(108-100)/100\times 100\%=8\%$，表现为物价上涨8%。

至于通货膨胀产生的原因和经济效应等内容在后面的章节中将会学习到，在此不一一赘述。

二、潜在GDP

潜在GDP是指一个经济社会的生产要素或经济资源，在被充分利用的条件下所实

现的产出，表现为充分就业状态下所产生的国内生产总值，所以也叫“充分就业的GDP”，反映的是一个经济体的经济潜力。

它和实际GDP的差别在于：潜在GDP是一个国家资源（包括劳动力、土地等）得到充分利用时能实现的GDP，它表明一个经济的潜力。实际GDP是实际上所生产出来的GDP，是以前某年为基期价格计算的GDP。如果潜在GDP与实际GDP相等，表明一个经济的潜力得到了充分发挥，经济处于理想的正常运行状态。如果潜在GDP大于实际GDP，经济潜力没有发挥出来，资源处于闲置状态，那就是经济紧缩。但如果潜在GDP小于实际GDP，经济的发展超出了潜力，资源超利用，就会引发经济过热。一般认为，各年度的实际GDP总是围绕着潜在GDP上下波动的。

当然，潜在的国内生产总值并不是一成不变的，而是随人口的自然增长、资本要素的不断积累、技术的不断进步而不断增长的。从长期来看，潜在的国内生产总值是一条具有正斜率的曲线，这条曲线代表了该国理论上的经济增长曲线。

至于潜在GDP与失业率、通货膨胀率的关系，我们将在以后的章节中会学习到。

知识应用

1. 某经济社会生产四种产品，它们在2010年和2014年的产量和价格如下表所示。

产品	2010年产量	2010年价格	2014年产量	2014年价格
A	3000	2.50	3800	3.00
B	2500	6.50	3000	8.50
C	4500	8.00	5000	9.50
D	3500	4.00	4500	5.00

试求：

(1) 2010年和2014年的名义GDP。

(2) 以2010年为基年，2014年的实际GDP以及该期间的年平均经济增长率。

(3) 2014年的GDP折算指数以及该期间的通货膨胀率。

2. 下表是2013年和2014年中国GDP的有关数据，请据此解答问题。

年份	名义GDP（亿元）	GDP指数（1978年为基年）
2014	636462.7	2825.4
2013	588018.8	2631.9

(1) 2013—2014年间，中国名义GDP增长率是多少？

(2) 2013—2014 年间，GDP 平减指数的增长率是多少？

(3) 按照 1978 年的价格衡量，2013 年和 2014 年的实际 GDP 是多少？

(4) 2013—2014 年，实际 GDP 增长率是多少？

(5) 比较名义 GDP 和实际 GDP 的大小，并解释二者之间存在差异的原因。

3. 根据名义 GDP、实际 GDP 与 GDP 折算指数的关系，纵向比较中国国民经济真实变化情况。

1. 为什么统计局发布的 CPI 涨幅那么低，而我们日常生活中很多东西的涨幅都很高，比如猪肉的价格涨得很快，是什么原因呢？

2. 国家统计局今天发布的 2014 年 12 月全国居民消费价格指数（CPI）和工业生产者出厂价格指数（PPI）数据显示，CPI 环比上涨 0.3%，同比上涨 1.5%；PPI 环比下降 0.6%，同比下降 3.3%。试问：

(1) 材料中的“同比”和“环比”是什么意思？

(2) CPI 上涨，PPI 下跌，意味着什么？

3. 据国际货币基金组织（IMF）最新发布《世界经济展望》报告，测算显示，到 2014 年年底，中国占购买力平价法得出的全球 GDP 总量的 16.48%，达 17.632 万亿美元。而美国则占 16.28%，总量为 17.416 万亿美元，而且未来这一差距还将进一步扩大。IMF 估算，到 2019 年，中国经济总量预计将比美国高 20%。但以名义 GDP 总值计算，世界银行的数字显示，2013 年，美国 GDP 为 16.8 万亿美元，远远超过中国的 9.24 万亿美元，美国经济规模仍比中国大 1/3 左右。试问：

(1) 何谓购买力平价？

(2) 为什么 IMF 测算的中国 GDP 数值比世界银行的要大得多？

4. 搜集数据资料，分析 2014 年年底中国 GDP 成为世界第二大经济体的原因。

项目二 国民收入决定理论

任务一 收入支出模型

知识目标

1. 了解凯恩斯国民收入决定理论中的假设条件，乘数的概念及其作用过程；

2. 理解两部门、三部门和四部门经济中基本经济关系，总支出变动对均衡国民收入的影响；

3. 掌握均衡国民收入的决定条件和计算国民收入的两种方法，各类乘数的具体表达式。

应用目标

根据国民收入决定理论和乘数原理，分析一些国家或地区宏观调控政策的合理性。

探究目标

运用凯恩斯边际消费倾向理论探讨中国政府“扩大内需”政策的效果，并以此为依据探究这一政策改进的举措。

新课导入

案例1：1929—1933年资本主义爆发了空前的大危机。3000多万人失业，1/3的工厂停产，经济退回到第一次世界大战的水平。传统的经济学无法解释和解决这一经济现象。这时，一则古老的寓言故事启发了英国的经济学家凯恩斯：从前有一群蜜蜂过着甜蜜、奢华的生活，整个蜂群兴旺发达，百业昌兴。后来，它们改变了原来的生活习惯，变得节俭和朴素，结果社会凋零，经济衰落，最后被敌人打败。这一寓言告诉了凯恩斯需求的重要性。此后他建立了以需求为中心的国民收入决定理论。

案例2：20世纪80年代美国国防开支急剧扩张。1979年美国的国防预算为2710万美元，1981年则迅速增长到4090万美元，相当于国民生产总值（GDP）的7.5%。此后国防开支开始下降。从1990年开始，由于冷战结束，布什和克林顿总统时期都进一步削减预算中的国防开支，20世纪90年代中期，国防开支占GDP的比例低于5%的水平。

根据乘数理论，美国20世纪80年代初期国防支出的增长应该大大刺激了经济。事实的确如此。美国走出了1981—1982年的经济衰退，实现了80年代中期的经济繁荣；但冷战结束后，乘数作用就相反了。国防开支的减少拖累了经济。国防开支的减少导致了20世纪90年代初产出的缓慢增长。如1900—1993年，飞机制造业至少损失了170000年工作机会。

案例3：2008年11月5日，国务院总理温家宝主持召开国务院常务会议，研究部署进一步扩大内需促进经济平稳较快增长的措施。

会议认为，近两个月来，世界经济金融危机日趋严峻，为抵御国际经济环境对我国的不利影响，必须采取灵活审慎的宏观经济政策，以应对复杂多变的形势。当前要实行积极的财政政策和适度宽松的货币政策，出台更加有力的扩大国内需求的措施，加快民生工程、基础设施、生态环境建设和灾后重建，提高城乡居民特别是低收入群体的收入水平，促进经济平稳较快增长。

会议确定了当前进一步扩大内需、促进经济增长的十项措施：

一是加快建设保障性安居工程。

二是加快农村基础设施建设。

三是加快铁路、公路和机场等重大基础设施建设。

四是加快医疗卫生、文化教育事业发展。

五是加强生态环境建设。

六是加快自主创新和结构调整。

七是加快地震灾区灾后重建各项工作。

八是提高城乡居民收入。

九是在全国所有地区、所有行业全面实施增值税转型改革，鼓励企业技术改造，减轻企业负担1200亿元。

十是加大金融对经济增长的支持力度。

资料来源：http：//news. xinhuanet. com/fortune/2008－11/10/content _ 10333530. htm.

那么：

(1) 凯恩斯国民收入决定理论的内容是什么？

(2) 什么是乘数，它对经济有着怎样的影响？

(3) 中国政府2008年出台的扩大内需的政策有效果吗？

知识解读

一、均衡产出

仅包括产品市场的国民收入决定理论称为简单国民收入决定理论。凯恩斯的国民

收入决定理论是从最简单的经济关系开始的。为了分析这一简单的经济关系，先作如下假设：

（1）假设经济中只有两个市场主体：居民户和企业，没有政府，经济是封闭的，没有对外的经济关系。投资是自发的或外生的，不随利率和产量的变动而变动。

（2）整个经济的生产是由需求决定的。无论需求多少，社会均能以不变价格提供相应的供给量，也就是说，社会总需求的变动时，只会引起产量变动，不会引起价格变动。换句话说，假设经济中价格水平不变。

（3）折旧和公司未分配利润为零。这样，GNP，NNP，NI和PI都相等。

1. 什么是均衡产出或均衡国民收入

在简单经济关系中，经济社会的产量国民收入由总需求决定。和总需求相等的产出就是均衡产出或均衡国民收入。均衡产出指一种相对稳定或不再变动的产出。当经济中产出水平等于总需求水平时，企业生产就会稳定。因为，如果生产超过需求，企业不愿意有过多的存货就会减产；如果产出低于需求，企业库存减少就会增加生产，只有在产出等于需求时，企业产出处于稳定状态。如企业生产1000亿元钢材，居民对该产品的购买支出也是1000亿元，则这1000亿元就是均衡产出。

因此，社会经济要处于均衡收入水平上，就有必要使实际收入水平引起一个相等的计划支出量。只有这样才能使这一收入水平继续维持下去。若用AE代表总支出，y代表总收入，则经济均衡的条件是：

$$AE=y$$

图2-1中，纵轴表示支出，横轴表示收入，从原点出发的45°线上的每点都表示支出和收入相等。如A点表示支出和收入各为100亿元。

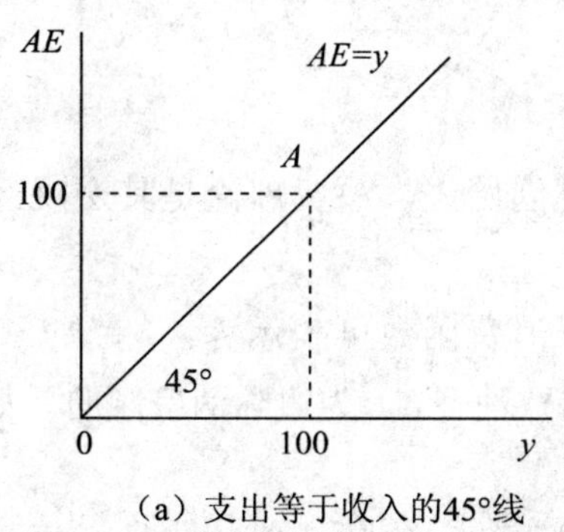

（a）支出等于收入的45°线

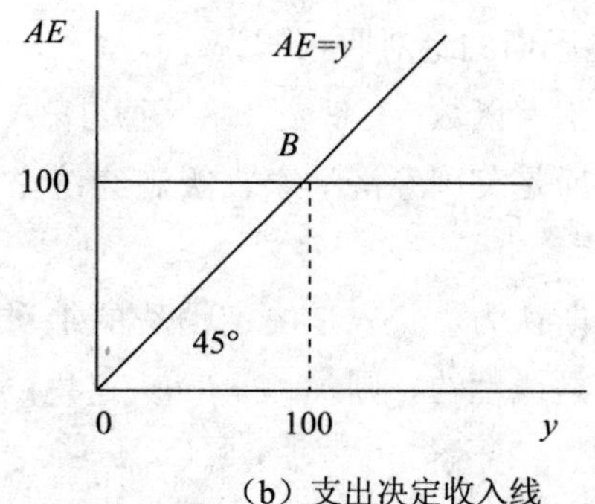

（b）支出决定收入线

图2-1　经济均衡

由于支出包括居民购买消费品支出（消费c）和企业购买投资品支出（投资i），因此，$AE=c+i$，经济均衡的条件又可表示为：

$$y=c+i$$

这里 y，c，i 分别代表剔除了实际价格变动的实际产出或收入、居民和企业的实际消费和实际投资，不是项目一中的名义产出、消费和投资，而是居民和企业的实际想要的消费和实际投资，即意愿消费和投资。如企业部门错误估计生产形式，生产了1200 亿美元产品，但市场实际需要的只是 1000 亿美元的产品，于是就有 200 亿美元产品成为企业的非意愿存货投资或计划存货投资。在国民收入核算中，实际产出等于计划支出或计划需求加非计划投资，但在国民收入决定理论中，均衡产出指与计划需求相一致的产出，因此，在均衡产出水平上，计划支出与计划产出正好相等。因此，非计划存货投资等于零。

均衡产出是和总需求相一致的产出，也就是经济社会的收入正好等于全体居民和企业想要有的产出。$AE=y$ 表示收入支出和收入相等。如 A 点表示支出和收入各为 100 亿美元。B 点的总支出或总需求为 100 亿美元，则总产出或总收入为 100 亿美元就是均衡产出。生产额正好等于支出额。产出大于 100 亿美元，非意愿存货大于 0，企业要减产；反之企业扩大生产。因此，要增加均衡产出，关键在于增加总需求。

2. 均衡产出的条件：投资等于储蓄（$i=s$）

均衡产出的实现条件 $AE=y$ 还可以用 $i=s$ 表示，其推导过程如下：

因为，$AE=y$，$AE=c+i$，$y=c+s$ 所以 $i=s$。

这里表示经济要达到均衡，计划投资必须等于计划储蓄。这与国民收入核算中的恒等式 $I=S$ 不同，前者为均衡条件，即计划投资不一定等于计划储蓄，只有两者相等时，收入才会处于均衡状态；后者指实际投资和实际储蓄，是根据定义而得到的实际数字，从而必然相等。

二、凯恩斯的消费理论

1. 凯恩斯的绝对收入假说

（1）消费函数

凯恩斯是英国经济学家，宏观经济学的主要创始人，消费理论是其宏观经济理论的基础。

凯恩斯认为，收入是决定消费的绝对因素，消费函数可表示为：$c=c(y)$。如果消费函数是线性的，则 $c=\alpha+\beta y$，这里的 α 为引致消费，β 为边际消费倾向。如图2-2 中消费函数。

凯恩斯认为，人们的边际消费倾向具有递减规律。边际消费倾向是指每一收入增量中消费增量所占的比重。即：$MPC=\Delta c/\Delta y=dc/dy$。

凯恩斯认为，当人们收入增加时，消费也会随之增加，但增加的幅度却不断下降。即随着收入的上升，在增加的单位收入中，消费所占的比重越来越小，储蓄所占的比重却越来越大（$MPC'<0$），如表 2-1 中的 MPC 是逐渐变小的。凯恩斯把边际消费倾向递减看成是经济危机的根源之一。由于收入增加时增加的消费所占比例逐步减少，

故经济扩张会带来消费需求不足，从而形成生产过剩的经济危机。

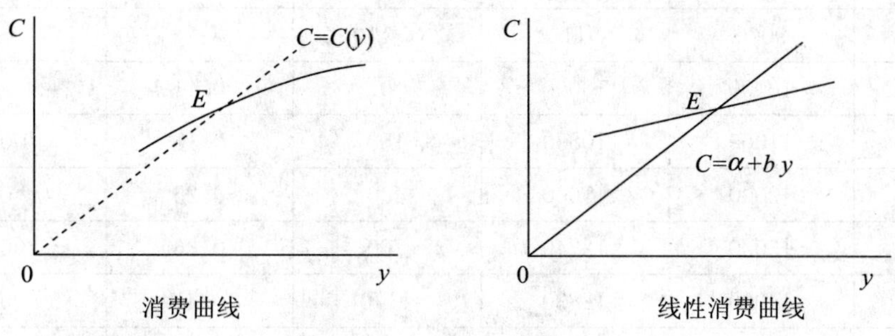

图 2-2　消费函数曲线

在消费理论中，还有一个重要概念就是平均消费倾向。平均消费倾向是指平均每个单位收入中消费所占的比重。即：$APC=c/y>PC$。

表 2-1　某家庭的消费表

情形	收入（y）	消费（c）	MPC	APC
A	9000	9110	—	1.01
B	10000	10000	0.89	1
C	11000	10850	0.85	0.99
D	12000	11600	0.75	0.97
E	13000	12240	0.64	0.94
F	14000	12830	0.59	0.92
G	15000	13360	0.53	0.89

（2）储蓄函数

储蓄是收入中未被消费的部分，也是收入的函数：$s=s(y)$。储蓄函数是描述储蓄与决定储蓄的各种因素之间关系的函数。这里只表示在其他条件不变的情况下，储蓄与收入之间的关系。即：$s=f(y)$，由于 $y=c+s$，所以，$s=y-c$，在线性条件下，$s=y-(a+by)=-a+(1-b)y$。如图 2-3 所示。

边际储蓄倾向是指每一收入增量中储蓄增量所占的比重。由于边际消费倾向递减，因而边际储蓄倾向递增，即 $MPS'>0$。如表 2-2 中的 MPS。

平均储蓄倾向是指任一收入水平上储蓄在收入中所占的比率：$APS=s/y$。

表 2-2　　某家户的储蓄表

情形	收入（y）	消费（c）	s	MPS	APS
A	9000	9110	－110	—	－0.01
B	10000	10000	0	0.11	0
C	11000	10850	150	0.15	0.01
D	12000	11600	400	0.25	0.03
E	13000	12240	760	0.36	0.06
F	14000	12830	1170	0.41	0.08
G	15000	13360	1640	0.47	0.11

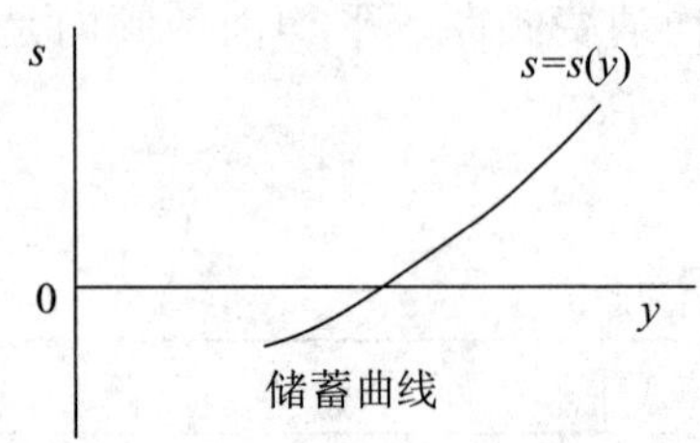

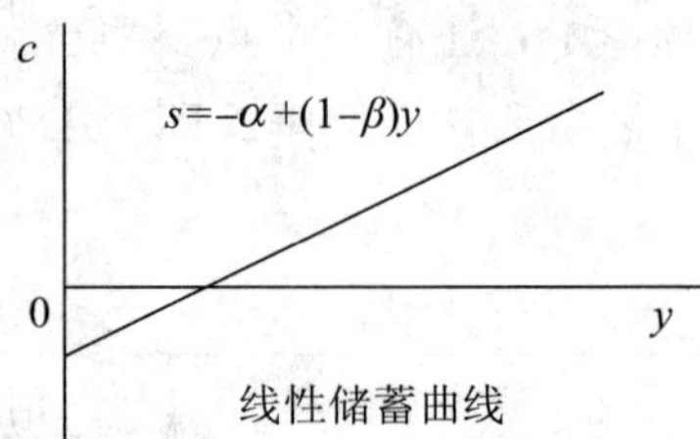

图 2-3　储蓄函数曲线

（3）消费函数与储蓄函数的关系

储蓄是收入和消费的差，因此消费函数与储蓄函数存在下列关系：

①两者互为补函数，两者之和等于收入，从公式看：

$$c=a+by$$

$$s=-a+(1-b)y$$

$$c+s=a+by-a+(1-b)y=y$$

②如 APC 和 MPC 都随收入的增加而减少，且 $APC>MPC$，则 $APS<MPS$，且 APS 和 MPS 都随收入增加而增加；

③APC 和 APS 之和恒等于 1，MPC 和 MPS 之和恒等于 1，即 $APC+APS=1$；$MPC+MPS=1$。

（4）家户消费函数和社会消费函数

社会消费函数由家户消费函数加总得到。但受下列条件限制，这种加总并不是简单加总：一是受国民收入分配影响，富人的边际消费倾向低，穷人的高，财富分配起不均，社会消费曲线越是向下移动；二是受政府税收政策影响，累进税可使社会消费曲线上升；三是受公司未分配利润在利润中所占比例影响，公司未分配利润越大，消费就越小。但两者函数图像的形状是类似的。

2. 凯恩斯消费函数的局限

(1) 绝对收入假说的补充和修改

衡量一个理论是是否正确，关键在于它是否与现实相符。美国一个学者通过实证研究发现，1929—1941 年美国消费函数为 $c=47.6+0.73y$，1948—1988 年美国的消费函数为 $c=0.917y$。可以说，第二次世界大战前，凯恩斯的绝对收入假说与现实是吻合的，但第二次世界大战后经验数据表明，它与现实并不吻合，因而杜森贝利提出了相对收入假说，弗里德曼提出了永久收入假说，莫迪利安尼提出了生命周期假说，相继对凯恩斯的消费函数进行了补充和修改。这些理论同学们可在课外去学习。

(2) 影响消费的其他因素

凯恩斯的绝对收入假说还有一个局限，它只分析了影响消费的重要因素之一就是收入，而没有提到其他因素对消费的影响。那么，还会有哪些因素影响消费呢？事实上，价格、利率、收入分配、偏好、财产、消费信贷、年龄、社会保障制度、风俗习惯等因素都会影响消费，这是我们在学习这一理论时必须注意的，也是对这一理论进行进一步完善的研究方向。

三、两部门经济中国民收入的决定及其变动

两部门经济是指只有家庭和厂商两个部门的经济体。在投资为外生变量的假设下，两部门的均衡国民收入可用消费函数或储蓄函数得到。

1. 根据消费函数来决定国民收入

在简单经济体中，投资不受利率的影响，为常，用 i_0 表示；假设税收为零，则个人可支配收入就是国民收入，消费可直接表示为国民收入的函数。这样可得到两部门经济模型：

$$y=c+i_0 \qquad \text{(收入恒等式)}$$

$$c=a+\beta y \qquad \text{(消费函数)}$$

解联立方程得均衡国民收入为：

$$y_e=(a+i_0)/(1-\beta)$$

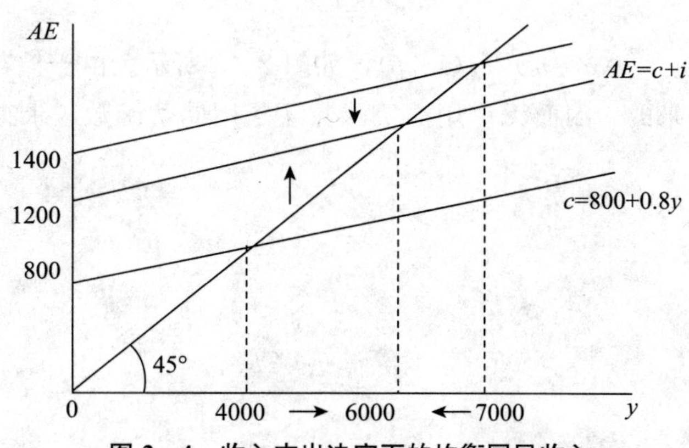

图 2-4　收入支出决定下的均衡国民收入

案例分析：假定消费函数 $c=800+0.8y$，自发的计划投资始终为 400 亿美元，则均衡收入，$y=(800+400)/(1-0.8)=6000$（亿美元），如图 2-4 所示。

从表 2-3 中可看出，当现实的国民收入小于 6000 亿美元时，如表中的 4000 亿美元，总支出大于总收入，此时扩大生产是有利的，于是企业增加产量使收入趋向于均衡收入，国民收入扩张；当现实国民收入小于 6000 亿美元时，如表中的 7000 亿美元，总支出小于总收入，此时产量大于销售量，存货增加，企业会减少生产，收入趋向于均衡收入，国民收入收缩；只有当国民收入等于 6000 亿美元时，国民收入才实现均衡，此时产量正好与销量相等。

表 2-3　　均衡国民收入的决定

y	c	s	i	$c+i$	过度支出	结果
4000	4000	0	400	4400	400	国民收入扩张
5000	4800	200	400	5200	200	国民收入扩张
6000	5600	400	400	6000	0	国民收入均衡
7000	6400	600	400	6800	−200	国民收入收缩
8000	7200	800	400	7600	−400	国民收入收缩

均衡收入的决定也可用图 2-4 来说明。总支出曲线 $AE=c+i$，和 45°线的交点为均衡点，它决定了均衡国民收入，此时家庭部门想要有的消费支出为企业部门想要有的投资支出的总和，正好等于收入，即产量。如果经济离开了均衡点，会引起生产的扩大或收缩（如 4000 亿美元和 7000 亿美元时），直到回到均衡点。

2. 根据储蓄函数来决定国民收入

由经济均衡条件和储蓄函数可得到国民收入决定模型：

$$i=s;$$
$$s=-a+(1-\beta)y;$$
$$i=i_0$$

解方程组得：$y_e=(a+i_0)/(1-\beta)$，如图 2-5 所示。由于储蓄函数本来就是从消费函数中派生出来的。因而无论用消费函数还是用储蓄函数，求得的均衡国民收入都一样。

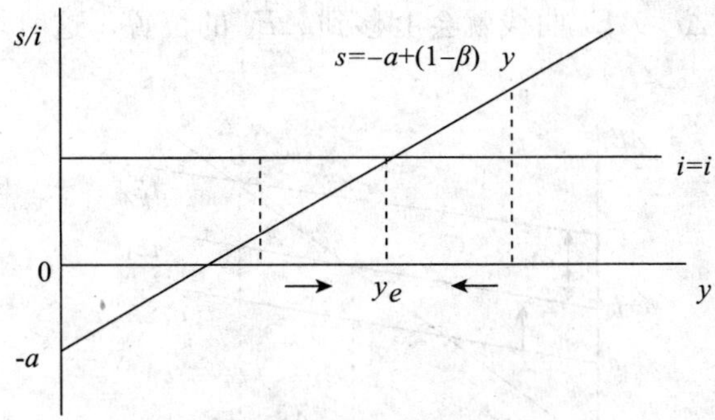

图 2-5 储蓄和投资决定下的均衡国民收入

四、乘数理论

乘数是指因变量的变动量与引起这种变动的自变量的变动量之比。如：

$$K_c=\Delta y/\Delta c；K_i=\Delta y/\Delta i；K_g=\Delta y/\Delta g$$

总需求的变动，会引起宏观经济的连锁反应，从而引起比初始需求量更大的国民收入的变动，这就是乘数原理。

例如，在两部门经济中，假定总需求方程：$AD=c+i=a+0.8y+i$，现在增加100元投资，会使要素所有者收入增加100元；由于MPC是0.8，意味着消费者会把这100元收入中的80元用于购买消费品，于是这80元又以要素所有者收入的形式流入生产这些消费品的其他部门要素所有者手中，其他部门消费者又拿出80元中的64元用于消费……那么这样继续下去，增加100元投资使得国民收入增加多少呢？用数列工具可以解决这个问题：

$$\begin{aligned}\Delta y &= 100+100\times 0.8+100\times 0.8\times 0.8+\cdots+100\times 0.8^n\\ &=100(1+0.8+0.8^2+\cdots 0.8^n)\\ &=\frac{1}{1-0.8}\times 100\\ &=500\text{元}\end{aligned}$$

当然，乘数发挥作用是有条件的，即只有当经济社会存在着闲置资源时，乘数才能发挥作用。两部门经济中的乘数主要有两种：

(1) 投资乘数，是指国民收入的变动量与引起这种变动的投资变动量之比。即

$$K_i=\Delta y/\Delta i$$

根据$\Delta y=\Delta i+\Delta c$；$\Delta i=\Delta y-\Delta c$；

得：$K_i=\Delta y/\Delta i=\Delta y/(\Delta y-\Delta c)$。

上下同除Δy得：$K_i=1/(1-\Delta c/\Delta y)=1/(1-MPC)=1/MPS$。

可见乘数效应的大小与边际消费倾向有关。投资乘数还可用图2-6得到说明：增加自发投资量会使消费曲线上移至AE_1，此时均衡国民收入为y_1。如果在原有的投资

i_0 的基础上增加投资 Δi，AE_1 曲线就会上移到 AE_2 的位置，这时均衡国民收入就增加到 y_2。

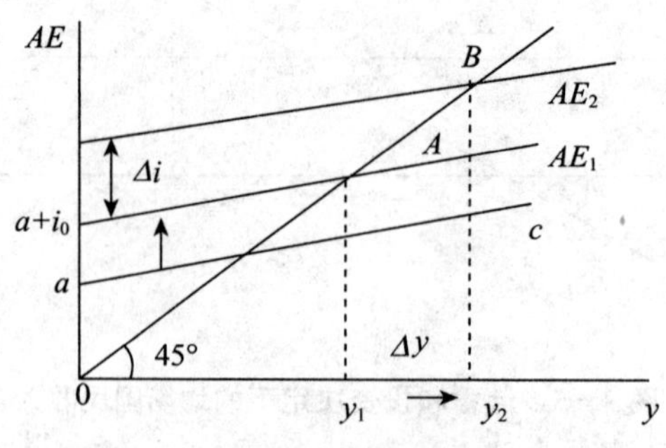

图 2-6　投资乘数

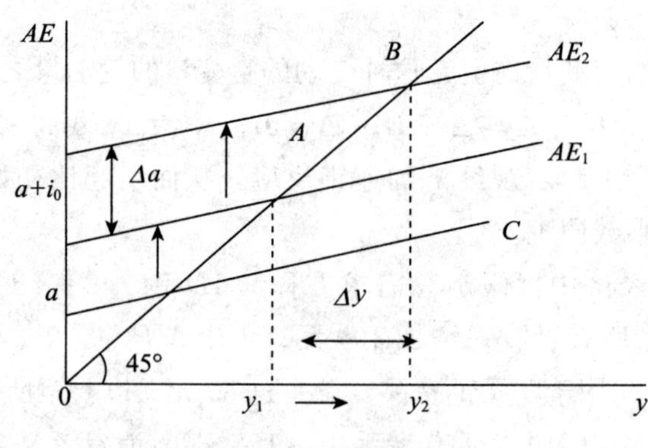

图 2-7　自发消费乘数

(2) 自发消费乘数，是指自发消费引起的国民收入增加的倍数。

根据：$y_e=(a+i_0)/(1-b)$；

得：$Ka_0=dy_e/da_0=1/(1-b)$。

如图 2-7，增加自发消费量会使 AE_1 曲线就会上移到 AE_2 的位置，这时均衡国民收入就增加到 y_2。

实际上消费的变动、政府支出的变动、税收的变动、净出口的变动等都会引起收入的若干变动，这在后面三部门和四部门经济中会介绍。当然乘数是一把“双刃剑”，既能拉动经济又会阻碍经济的发展，如图 2-7 所示，自发消费减少，会使 AE_2 移动到 AE_1，从而国民收入由 y_2 减少到 y_1。

五、三部门经济中国民收入的决定

1. 三部门经济中均衡国民收入的决定

三部门经济是指在居民户和企业以外，加上政府部门的经济活动。加入政府部门后，就有了政府的财政收支，即政府支出和税收。因此，总需求（总支出）应表示为：

$y=c+i+g$，其中，g 为政府支出；总供给（总收入）应表示为：$y=c+s+t$，其中 t 为政府税收，且为总税收减去政府转移支付后所得的净税收。税收可分为定量税和比例税，前者不随收入的变动而变动，后者随收入的变动而变动，简化起见，这里只分析定量税收的情形。

根据国民收入均衡的条件：

总需求（总支出）＝总供给（总收入）

得：
$$c+i+g=y=c+s+t$$

即：
$$i+g=s+t$$

也就是说，当计划储蓄与计划税收的和等于计划投资与计划政府支出的和时，即 $i+g=s+t$ 时，国民收入处于均衡状态；而当 $i+g > s+t$ 时，国民收入处于扩张状态；当 $i+g < s+t$ 时，国民收入处于紧缩状态。

用收入－支出法将消费函数代入均衡产出的条件可求得均衡国民收入，即：

由
$$c=a+by,\ y=c+i+g$$

得：
$$y_e=(a+i+g-bt)/(1-b)$$

图 2－8 所示，横坐标表示总产出（或总收入），纵坐标表示总支出，假设投资和政府购买都是外生变量，则由消费曲线、投资曲线和政府支出曲线垂直相加得到的总支出曲线为 $AE=c+i+g$，它同 45°线相交于 E 点，其所决定的收入水平 y_e 为均衡国民收入水平。

这一均衡国民收入水平也可通过均衡收入条件 $i+g=s+t$ 得到，读者可自己去推导。

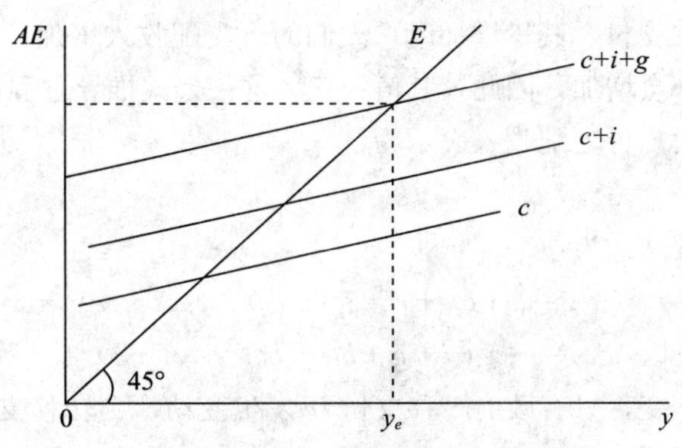

图 2－8　三部门经济的收入决定

2. 三部门经济中的各种乘数

通过对均衡国民收入公式分别求偏导及其相应的推演，即可分别得出相关的乘数：

（1）投资乘数和自发消费乘数与二部门经济中相关乘数一致，即

$$K_i=\Delta y/\Delta i=1/(1-b)；K_a=\Delta y/\Delta a=1/(1-b)$$

（2）政府购买乘数

政府购买乘数又称为政府支出乘数，是指收入变动对引起这种变动的政府购买支出变动的比率，以 Δg 表示政府购买支出变动，Δy 表示收入变动，K_g 表示政府购买乘数。根据推导投资乘数的方法，可求得政府购买乘数：

$$K_g=\Delta y/\Delta g=1/(1-b)$$

式中，b 为边际消费倾向，政府购买乘数与投资乘数相等，且为正数。政府购买乘数也可通过 $y_e=(a+i+g-bt)/(1-b)$ 求 y 对 g 的偏导得到，读者可自己推导。

（3）税收乘数

税收乘数是指税收变动与引起这种变动的税收变动的比率。用 Δt 表示政府税收变动量，Δy 表示国民收入变动量，k_t 表示税收乘数，则：

$$k_t=\Delta y/\Delta t=-b/(1-b)$$

政府税收乘数为负，表示国民收入随着税收的增加而减少，随着税收的减少而增加。因为政府税收意味着国民的可支配收入减少，从而消费支出相应减少，在其他条件不变的情况下，会导致经济社会的总支出减少，使得产出或收入减少，这种减少是以倍数的形式实现的。如 $b=0.8$，则 $k_t=-0.8/(1-0.8)=-4$，也就是说政府税收增加 100 万元，国民收入减少 400 万元；反之，政府税收减少 100 万元，国民收入增加 400 万元。

（4）政府转移支付乘数

政府转移支付乘数是指收入变动与引起这种收入变动的政府转移支付变动的比率。用公式表示为：

$$k_{tr}=\Delta y/\Delta tr=b/(1-b)$$

tr 表示政府转移支付，其量增加时，人们的可支配收入增加，从而引起消费增加，总支出和国民收入都会增加，因此，其值为正。这一公式推导过程如下：

政府转移支付后，可支配收入表示为：

$$y_d=y-t+tr$$

则国民收入的表达式为：

$$y=t+i+g=a+by+i+g=a+b(y-t+tr)+i+g$$

化简后得：
$$y=(a+i+g+btr-bt)/(1-b)$$

如果其他条件不变，只有政府转移支付 tr 发生变动，则转移支付为 tr_1 和 tr_2 时的国民收入分别为：

$$y_1=(a_1+i_1+g_1+btr_1-bt_1)/(1-b)$$
$$y_2=(a_1+i_1+g_1+btr_2-bt_1)/(1-b)$$

则有：
$$y_2-y_1=\Delta y=b(tr_2-tr_1)/(1-b)=b\Delta tr/(1-b)$$
$$k_{tr}=\Delta y/\Delta tr=b/(1-b)$$

（5）平衡预算乘数

平衡预算乘数指政府收入和支出同时以等值变化时，国民收入变动对政府收支变动的比率。如果用 k_b 表示平衡预算乘数，用 Δy 表示政府购买和税收各增加同一数量时的收入的变动量，则：

$$\Delta y = k_g \Delta g + k_t \Delta t = \Delta g\ (k_g + k_t) = (1-b)\ \Delta g\ /\ (1-b) = \Delta g$$

所以平衡预算乘数为：

$$k_b = \Delta y / \Delta g = \Delta y / \Delta t = 1$$

这表明，在定量税条件下，平衡预算乘数为 1。其含义是：政府预算扩大或收缩，即使在平衡预算的条件下，对国民经济也有影响，其影响程度正好等于改变的预算额。比如政府购买和税收同时增加 100 亿元时，从政府预算来看是平衡的，但国民收入增加了 100 亿元，即国民收入增加了一个与政府支出和税收变动相等的数量。

六、四部门经济中国民收入的决定

1. 四部门经济中国民收入的决定

当今，世界经济一体化趋势越来越明显，任何一个国家闭关自守都是没有出路的。开放经济成为一国经济必不可少的一个重要组成部分，而在开放经济中，一国的均衡国民收入不仅取决于国内消费、投资和政府支出，还取决于净出口，即：

$$y = c + i + g + nx$$

公式中，$nx = x - m$ 为净出口，是总需求的一部分，其中，x 表示出口，m 表示进口。进出口的变动也会像消费、投资、税收和政府购买一样影响国民收入。由于出口 x 取决于国外的购买力和需求，本国是难以左右的，因此 x 是一个外生变量，是既定的。而进口 m 则取决于本国的收入水平和汇率等因素，是内生的。这里假定汇率不变，因而可把进口 m 写成是国民收入的函数，即 $m = m_0 + ry$。

有了净出口后，完整的国民收入决定模型可表示为：

$$y = c + i + g + x - m$$

$$c = a + by_d$$

$$y_d = y - t + tr$$

$$m = m_0 + ry$$

求解这一方程组可得：

$$y = (a + i + g - bt + btr + x - m_0)\ /\ (1 - b + r)$$

四部门经济中国民收入的决定可用图 2-9 来表示。

2. 四部门经济中的乘数

根据四部门经济中的均衡国民收入公式可得对外贸易乘数：

$$k_x = \Delta y / \Delta x = 1\ /\ (1 - b + r)$$

与三部门乘数 $1\ /\ (1-b)$ 相比这一乘数变小了。原因是增加的收入一部分现在要用到进口国外商品上去了。

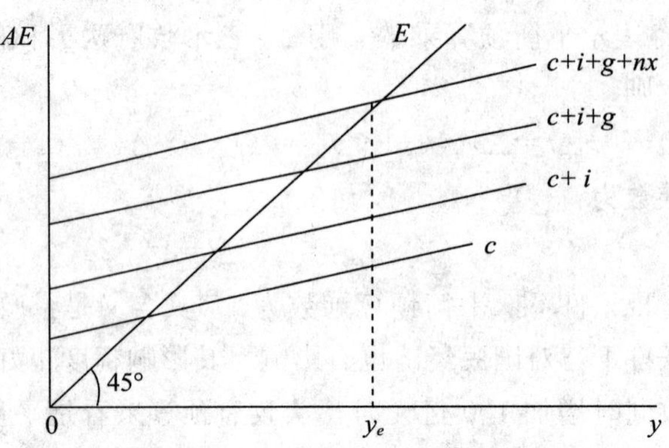

图 2-9　四部门经济中均衡国民收入的决定

1. 已知：$c=1600+0.75y_d$，$i=1000$，$g=2000$，定量税收 $t=800$，求：(1) y_e；(2) 增加 1 单位政府支出，能增加国民收入量；(3) 要使国民收入达到 20000，需要增加政府支出量；(4) 税收从 800 增加到 1200 时的 y_e。

2. 假定某经济社会的消费函数 $c=100+0.8y_d$，投资支出为 50，政府购买为 200，政府转移支付为 62.5，税收为 250（单位：亿美元）。试求：(1) 均衡国民收入；(2) 投资乘数、政府购买乘数、税收乘数、转移支付乘数和平衡预算乘数；(3) 假定社会达到充分就业所需要的国民收入为 1200，试问：①增加政府购买；②减少税收；③以同一数额同时增加政府购买和税收（以便预算平衡）实现充分就业，各需要多少数额？

3. 结合图示说明下列情况变动对经济均衡的影响：(1) 消费者信心提升导致自主消费提高；(2) 生产者信心下降导致对厂房扩建的减缓；(3) 减少政府开支；(4) 消费者边际消费倾向提高。

4. 根据国民收入决定理论和乘数原理，分析中国改革开放以来所采取的宏观调控政策的合理性。

知识探究

材料 1：背景知识

(1) 近年来，中国 GDP 持续增长，但国内消费的贡献率不高（结合案例讲解：1995—2011 最终消费的贡献率）；数据显示，我国多年来投资对于经济增长的贡献率一直高于消费，最高的时候在 2009 年，投资对于经济增长的贡献率达到 90%左右，消费对于经济的贡献率则不到 50%。2011 年，投资对 GDP 增长的贡献率是 54.2%，高于

最终消费对GDP增长的51.6%贡献率，货物和服务净出口对GDP增长的贡献率是－5.8%。2012年最终消费对经济增长的贡献率为51.8%。考虑到我国最终消费占GDP比重与不少发达国家相比尚有20个百分点以上的差距，消费增长无疑还有巨大空间。

（2）中美边际消费倾向的比较。据估算，美国的边际消费倾向现在约为0.68，中国的边际消费倾向约为0.48。也许这种估算不一定十分准确，但是一个不争的事实是，中国的边际消费倾向低于美国。为什么中美边际消费倾向有这种差别呢？

一些人认为，这种差别在于中美两国的消费观念不同，美国人崇尚享受，今天敢花明天的钱。中国人有节俭的传统，一分钱要掰成两半花。但在经济学家看来，这并不是最重要的。消费观念属于伦理道德范畴，由经济基础决定。不同的消费观来自不同的经济基础。还要用经济与制度因素来解释中美边际消费倾向的这种差别。首先来看收入。美国是一个成熟的市场经济国家，尽管也经常发生经济周期性波动，但经济总体上是稳定的。经济的稳定决定了收入的稳定性。当收入稳定时，人们就敢于消费，甚至敢于借贷消费了。中国是一个转型中的国家，正在从计划经济转向市场经济，尽管经济增长速度快，但就每个人而言有下岗的危险，收入并不稳定。这样，人们就不得不节制消费，以预防可能出现的下岗及其他风险。其次来看制度。人们敢不敢花钱，还取决于社会保障制度的完善性。美国的社会保障体系较为完善，覆盖面广而且水平较高。失业有失业津贴，老年人有养老金，低于贫困线有帮助，上大学又可以得到贷款。

（3）近年来，虽然中国经济高速发展，但贫富差距却在不断扩大，据2012年政府公布的统计结果，中国吉尼系数为0.47，已经超过了国际公认的警戒线水平。

材料2：2014年1月，中央相继出台了“八项规定”“六项禁令”，其中六项禁令中有一条规定：“严禁用公款搞相互走访、送礼、宴请等拜年活动”，此后，各地星级酒店“不约而同”地出现人气急剧缩水的现象。

根据以上材料和新课导入中的案例3分析：

①材料2中现象说明了什么？

②怎样才能从真正意义上扩大内需？

③搜集相关文献，从消费角度撰写一篇关于如何真正意义上扩大内需问题的讨论稿。

任务二　IS－LM模型

知识目标

1. 理解IS曲线、LM曲线的含义，利率与均衡国民收入间的关系，产品市场与货币市场同时均衡的调整过程；

2. 掌握产品市场与货币市场各自均衡的基本条件及相互关系，IS 曲线和 LM 曲线的推导过程。

应用目标

能够根据 IS－LM 模型进行产品市场和货币市场均衡分析。

探究目标

依据相关数据资料，探究中国改革开放以来产品市场上存在的 IS 曲线和货币市场上存在的 LM 曲线。

新课导入

案例： 自改革开放以来，中国经济一直保持着高速增长的势头。表 2－4 是 1994—2014 年中国 GDP、居民消费水平、政府财政支出狭义货币供给增长率数据。从表中可知，自 1994 年以来，消费增长率低于 GDP 增长率，而政府财政支出增长率和狭义货币供给增长率一直高于 GDP 的增长率，这表明，政府的宏观经济政策推动 IS 曲线和 LM 曲线向右移动从而推动了 GDP 的增长。

表 2－4　1994—2014 年中国 GDP、居民消费水平、政府财政支出、狭义货币供给增长率

年份	GDP 增长率	消费增长率	财政支出增长率	狭义货币供给增长率
2014	0.0740			0.049947
2013	0.0770	0.0797		0.103758
2012	0.0770	0.0940	0.240271	0.048225
2011	0.0950	0.1028	0.185615	0.122124
2010	0.1060	0.0823	0.108808	0.261514
2009	0.0920	0.1033	0.254154	0.233885
2008	0.0960	0.0899	0.306808	0.135993
2007	0.1420	0.1089	0.212165	0.209919
2006	0.1270	0.0978	0.189687	0.145032
2005	0.1130	0.0820	0.204956	0.116819
2004	0.1010	0.0810	0.129497	0.164296
2003	0.1000	0.0705	0.122514	0.191486
2002	0.0910	0.0699	0.216305	0.160221
2001	0.0830	0.0613	0.146805	0.139509
2000	0.0840	0.0860	0.200104	0.197179

续　表

年份	GDP 增长率	消费增长率	财政支出增长率	狭义货币供给增长率
1999	0.0760	0.0830	0.243378	0.145369
1998	0.0780	0.0590	0.131105	0.124397
1997	0.0920	0.0450		0.220704
1996	0.0990	0.0940		0.198735
1995	0.1100	0.0780		0.248928
1994	0.1310	0.0460		0.217774

资料来源：根据同花顺数据库提供的资料整理而得。

那么：

1. 什么是 IS 和 LM 曲线？

2. 为什么说中国政府的宏观经济政策推动 IS 曲线和 LM 曲线向右移动从而推动了 GDP 的增长？

一、投资的决定

1. 经济学中的投资

现实中，人们购买土地、房产、证券和其他资产，都被说成是投资，但在经济学里，这些都不能算是投资。经济学中的投资指资本的形成，实际资本的增加，如厂房、设备和存货的增加等。决定投资的因素主要有实际利率水平、预期收益率和投资风险。

2. 实际利率与投资

企业主是否要购买新的厂房、机器和设备等生产资料，取决于这些新投资项目的预期利润率与银行货款利率的比较。如果前者大于后者，投资就会发生，否则投资会亏本。因此，决定投资的重要因素就是利率。这里的利率是指实际利率，也就是名义利率减去通货膨胀率。如某年的名义利率为 10%，通货膨胀率为 4%，实际利率是 6%。当投资的预期利润率既定时，企业的投资首先决定于利率：利率上升，投资需求量就会减少；利率下降时，投资需求量就会增加。也就是说，投资是利率的减函数，其数学表达式为：

$$i=i\ (r)$$

如果把其写成线性形式 $i=e-dr$，则 e 为自主投资，$-dr$ 为利率变化引发的投资。如 $i=1000-200r$，图 2-10 就是这种形式的投资函数。

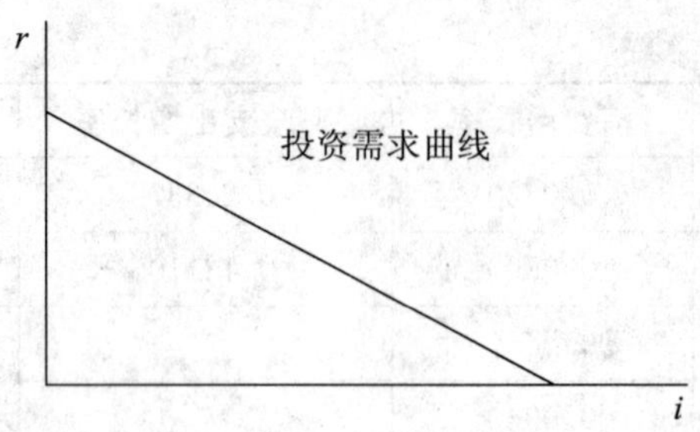

图 2－10　投资函数

3. 资本的边际效率及曲线

凯恩斯认为，资本的边际效率是一种贴现率，它正好使资本品的使用期内各项预期收益的现值之和等于其供给价格或重置成本。

那么，什么是贴现率和现值呢？比如，在银行存入本金 100 美元，年利率 5%，则：第 1 年的本利和为 100（1＋5%）＝105；第 2 年的本利和为 105（1＋5%）＝110.25；第 3 年的本利和为 100（1＋5%）＝115.76；一般：$R_n=R_0(1+r)^n$，则 $R_0=R_n/(1+r)^n$，R_n 就是第 n 年的现值，r 为贴现率。

假定某企业投资 3000 万美元购买一台机器，使用期限 3 年后全部耗损。在扣除所有要素成本后各年的预期收益分别是 1100 万美元、1210 万美元和 1331 万美元。

如果贴现率为 10%，则 3 年内全部预期收益的现值为：

$R_0=1100/(1+0.1)+1210/(1+0.1)^2+1331/(1+0.1)^3=3000$（万美元）

由此可得资本的边际效率公式：

$$R=\frac{R_1}{1+r}+\frac{R_2}{(1+r)^2}+\cdots+\frac{R_n}{(1+r)^n}+\frac{J}{(1+r)^n}$$

其中，R 为资本品的价格，R 为第年的预期收益，J 代表该资本品在年末的残值，就是资本边际效率，它取决于资本品的供给价格 R 和预期收益 R_n。预期收益是指投资项目在未来各期估计可得到的收益。影响预期收益的因素：产出的需求预期（加速理论）、产品成本、政府税收政策，如投资税抵免政策：投资厂商可从它们的所得税单中扣除其投资总值的百分比。

4. 投资的边际效率曲线

由于每个企业都增加投资，资本品的价格会上涨，供给成本 R 会增加，在相同预期收益 R_n 下，资本的边际效率必然会缩小。因此，由于 R 值上升而被缩小了 r 的数值被就是投资的边际效率（*MEI*）。在图形上表现为 *MEI* 较 *MEC* 更陡峭（$MEI<MEC$），如图 2－11 所示。

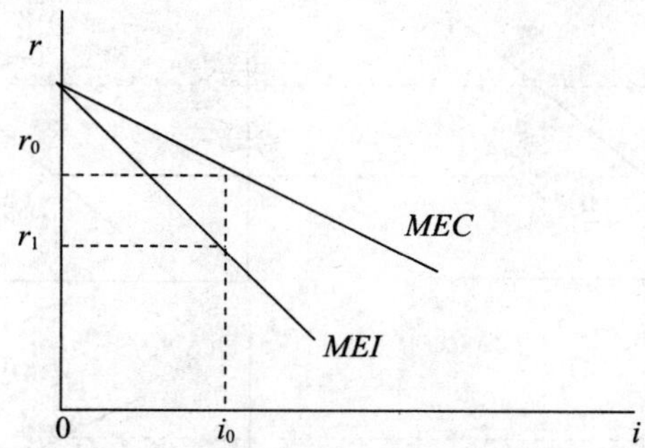

图 2-11 资本边际效率和投资边际效率曲线

二、IS 曲线

1. IS 曲线的含义及其推导

IS 曲线是反映商品市场实现均衡时，国民收入与利率之间负相关的关系曲线。商品市场均衡是指商品市场上总供给与总需求相等的状态。

IS 曲线可用数学和几何两种方法来推导。

首先来看数学推导，根据本项目第一节中两部门经济中商品市场均衡的条件 $i=s$ 可知：

$$y=(a+i)/(1-b)$$

$$i=e-dr$$

可得：$y=(a+e-dr)/(1-b)$

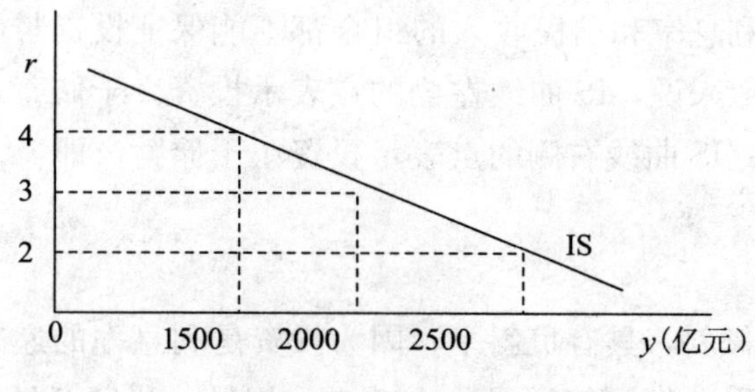

图 2-12 IS 曲线

这就是反映利率与收入间相互关系的函数。将其画在坐标轴上可得到相应的曲线，这条曲线上任何一点都代表一定的利率和收入的组合，在这些组合下，投资等于储蓄，即 $i=s$，从而产品市场是均衡的，因此将这条反映利率与收入间关系的曲线称为 IS 曲线。

如，$i=1250-250r$，$c=500+0.5y$，则 $y=3500-500r$，根据描点法可得图 2-12中的图像。

其次来看 IS 曲线的几何推导。

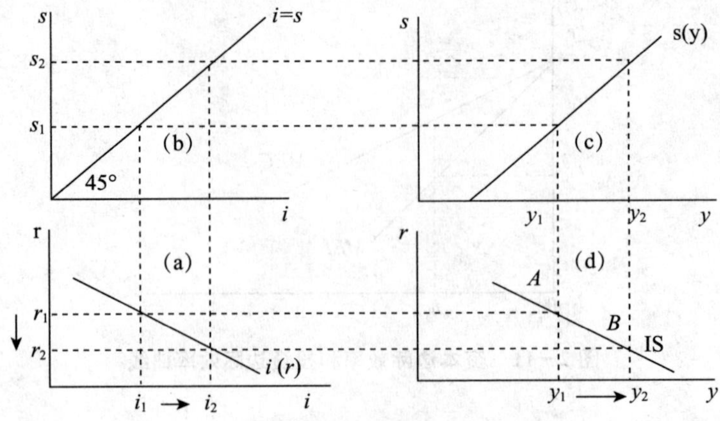

图 2-13　IS 曲线的几何推导

如图 2-13 所示，用 i 表示投资，s 表示储蓄。图 2-13 分为四部分：(a) 部分纵轴表示利息率 r，横轴表示投资量 i，因为投资量与利息率负相关，所以投资曲 i (r) 线向右下方倾斜；(b) 中 $i=s$ 曲线体现了产品市场的均衡，在曲线上任何一点都表示储蓄等于投资；(c) 中的 s (y) 是储蓄曲线，由于储蓄是国民收入的增函数，因此它是一条向右上方倾斜的曲线；(d) 中纵轴表示利息率 r，横轴表示国民收入 y，其 IS 曲线形成过程为：(a) 中当利息率为 r_1 时，投资量为 i_1，则由 (b) 部分可知储蓄为 s_1，根据 (c) 部分则国民收入为 y_1，由于此时的利息率为 r_1，因此在 (d) 得到利息率和国民收入的坐标点 A；类似可得出坐标点 B，把所有这些点连起来就可得到反映产品市场均衡状态下的国民收入和利率之间关系的 IS 曲线。

IS 曲线上的任何一点都表示投资等于储蓄，此时产品市场处于均衡状态；而 IS 曲线以外的任何一点的利息率和国民收入的组合都不能保证投资与储蓄相等，产品市场处于非均衡状态。一般来说，IS 曲线左侧的点表示投资大于储蓄，即 $i>s$，因为国民收入较低，储蓄较少；IS 曲线右侧的点表示投资小于储蓄，即 $i<s$，因为国民收入水平较高，储蓄较多。

2. IS 曲线的斜率

IS 曲线向右下方倾斜，具有负斜率，因为投资是利息率的递减函数。利息率上升投资减少，从而通过乘数作用使国民收入减少；相反，利息率降低，投资量增加，国民收入增加。

由 $y=(a+e-dr)/(1-b)$ 得

$r=(a+e)/d-(1-b)/d\times y$ 为 IS 曲线的代数表达式，其中 $(1-b)/d$ 为曲线斜率绝对值，它取决于 b 和 d。

如果 d 值较大，即投资对于利率变化较敏感，其斜率小，曲线较平缓；反之亦然。如果 b 较大，其斜率也较小，曲线较平缓；反之亦然。

3. IS 曲线的移动

由于三部门国民收入均衡条件为：$i+g=s+t$，这使得 i，g，s，t 中任何变动都会引起 IS 曲线的移动。因为 $y=(a+e+g-bt)/(1-b)-dr/(1-b)$。

i 的变动引起的 IS 曲线移动：当 $\Delta i>0$，也即 $i(r)$ 曲线右移，IS 曲线也右移；当 $\Delta i<0$，也即 i 曲线左移，IS 曲线也左移。

s 的变动引起的 IS 曲线移动：当 Δa 大于 0，S 曲线下移（储蓄减少），IS 曲线右移；当 Δa 小于 0，$s(y)$ 曲线上移（储蓄增加），IS 曲线左移。

g 的变动引起的 IS 曲线移动：$\Delta g>0$，IS 曲线右移；$\Delta g<0$，IS 曲线左移；$\Delta g=k_g \cdot \Delta g$。

t 的变动引起的 IS 曲线移动：$\Delta t>0$，IS 曲线左移；$\Delta t<0$，IS 曲线右移；$\Delta t=k_t \cdot \Delta t$。

三、利率的决定

1. 利率决定于货币供给与需求

与古典学派不同，凯恩斯则认为利率不是由投资和储蓄的对比关系决定的，而是由货币的供给量与需求量决定的。货币的供给是由国民经济的决策部门通过对货币需求量的判断而实际供应的货币量，是外生变量，与利率高低无关。因此，利率的决定由主要货币需求来决定。

2. 流动性偏好与货币需求动机

货币的需求是指人们偏好以货币形式保存一定数量资产的愿望和动机。它是由人们对货币的流动性偏好引起的。流动偏好（或灵活偏好）是指因货币使用上的灵活性，人们宁愿牺牲利息收入而储存不生息的货币以保持财富的心理倾向。

流动性偏好是因人们的交易动机、预防性动机和投机动机而产生的。

货币的交易动机，指个人和企业需要货币是为了进行正常的交易活动。由货币的交易动机而产生的货币需求，称为货币的交易需求。货币的交易需求由国民收入决定，并随着国民收入的增加而增加，是国民收入的增函数。

货币的谨慎动机，指为了预防意外支出而持有一部分货币的动机，如个人或企业为应付事故、失业、疾病等意外事件而需要事先持有一定数量货币。由货币的谨慎动机（预防动机）而产生的货币需求，称为货币的谨慎需求（预防需求）。货币的预防需求也随着国民收入的增加而增加，是国民收入的增函数。货币的交易需求和预防需求合称为“广义的货币交易需求”，用 L_1 表示，即 $L_1=L_1(y)$。

货币的投机动机，指人们为了抓住有利的购买生息资产（如股票和其他有价证券）的机会而持有一部分货币的动机。因投机动机而产生的对货币的需求，称为货币的投机需求，也称货币的资产需求。货币的投机需求同货币市场的利率水平呈反方向变化关系，是利率的减函数，即 $L_2=L_2(r)$。

3. 流动偏好陷阱

利率的预期是调节货币和债券配置比例的重要依据，利率越高对货币需求量越小，当利率极高时，对货币需求量为零；当利率极低时，人们会认为这时的利率不大可能再下降，或者有价证券的价格不大可能再上升而只会跌落，这时会将全部有价证券换成货币，从而形成流动偏好陷阱，即人们不管有多少货币都愿意持在手中的情形。在流动偏好陷阱中，即使银行增加货币供给，利率也不会下降。

4. 货币需求函数

根据人们对货币需求的交易动机、预防性动机和投机动机，货币需求函数形式可设为：$L=L_1(y)+L_2(r)=ky-hr$，式中 k 和 h 为常数，k 为货币的交易需求的收入弹性（边际持币倾向），h 为货币的投机需求的利率弹性。这里的 L_1，L_2 都是对货币的实际需求，即具有不变购买力的实际货币需求量。名义货币量 M、实际货币量 m 和价格 P 之间的关系如下：$M=Pm$，名义货币需求函数为：$L=(ky-hr)P$。

货币需求函数如图 2－14 所示。

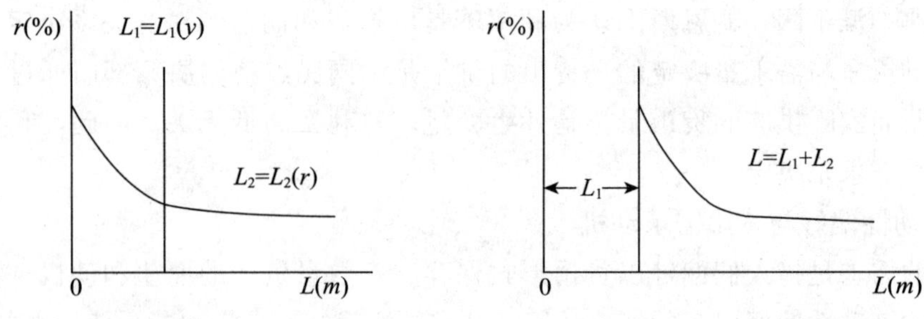

图 2－14 货币需求函数

5. 货币供求均衡和利率的决定

货币供给是一个存量，某一时点上国家所保持的不属政府和银行所有的硬币、纸币和银行存款的总和。狭义的货币供给是指硬币、纸币和银行活期存款的总和（M1）；M1 加定期存款构成广义货币供给（M2），M2 加上个人和企业所持有的政府债券等流动资产或“货币近似物”，便是更广义的货币供给（M3）。

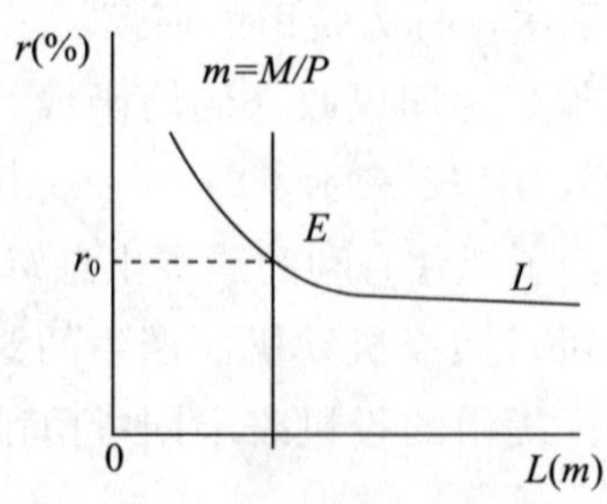

图 2－15 货币供求决定利率

货币供给具有外生性，即与利率无关，其图像为一垂直于横轴的直线。利率是由货币的供给和需求共同决定的，如图 2－15 中 E 点所决定的利率 r_0 所示。货币供需变动会引起利率的相应变动，如图 2－16 因货币供求曲线移动所决定的利率由 r_0 到 r_1 再到 r_2 的变动。

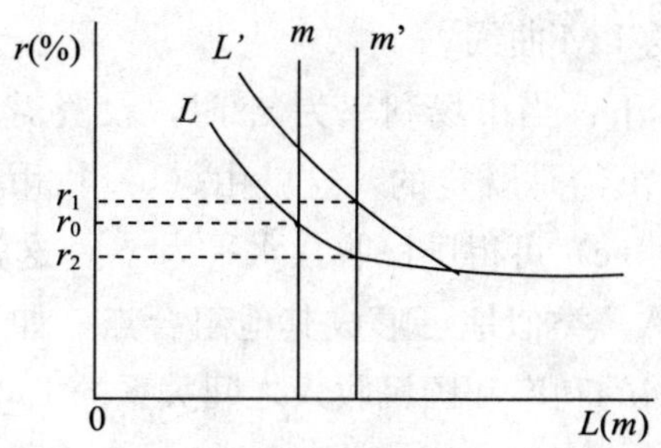

图 2－16　货币供求变动决定利率变动

四、LM 曲线

1. LM 曲线的含义及推导

LM 曲线是一条用来描述在货币市场均衡状态下国民收入和利率之间相互关系的曲线。假设用 m 表示实际货币供给量，L 表示货币需求，那么 $L=L_1+L_2=ky-hr$，根据货币市场均衡条件可得 $m=ky-hr$，这一关系式反映了货币市场均衡时国民收入 y 与利率 r 之间的关系，其图像可用图 2－17 来反映。

即：$y=hr/k+m/k$ 或 $r=ky/h-m/h$

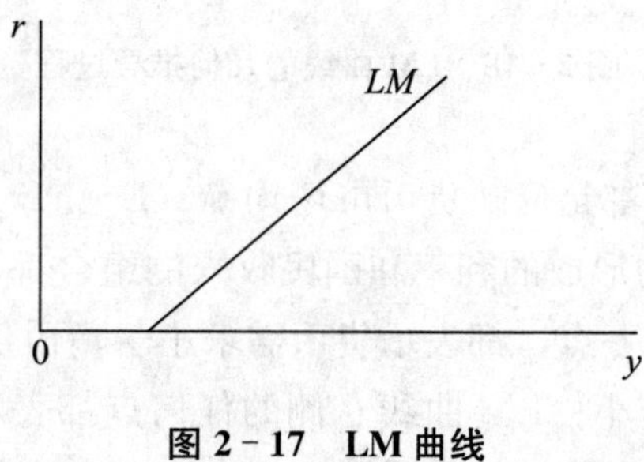

图 2－17　LM 曲线

这一曲线可用两种方法推导得出。

首先来看数学法。根据货币市场均衡及其实际情形，可建立如下模型：

$L=M$　　　　均衡条件

$L=L_1(y)+L_2(r)=ky-hr$　　　　货币需求

$m=M/p$　　　　货币供给

从这一模型中可推导出 LM 曲线方程：

$$r = -(M/p)/h + (k/h)y$$

其次来看图像法。图 2－18 中的（a）是货币投机需求曲线，是利率的减函数；（b）部分反映货币交易需求和投资需求之间的转换关系；（c）是货币交易需求函数，它取决于国民收入水平，是国民收入的增函数；（d）是与货币市场均衡相一致的利率和国民收入的一系列组合形成的 LM 曲线。

LM 曲线形成的过程如下：当市场利率为 r_1 时，投资需求曲线决定了市场投资货币需求量为 L_{21}；由于货币供给是既定的，这就由（b）货币转换曲线决定了市场上的货币交易需求为 L_{11}；根据（c）可得国民收入水平为 y_1，这就在（d）部分形成了利率和国民收入的一个组合点 A。类似地可形成其他组合点，如 B 等，把这些点联结起来就可得到反映货币市场均衡的利率和国民收入之间关系的 LM 曲线。

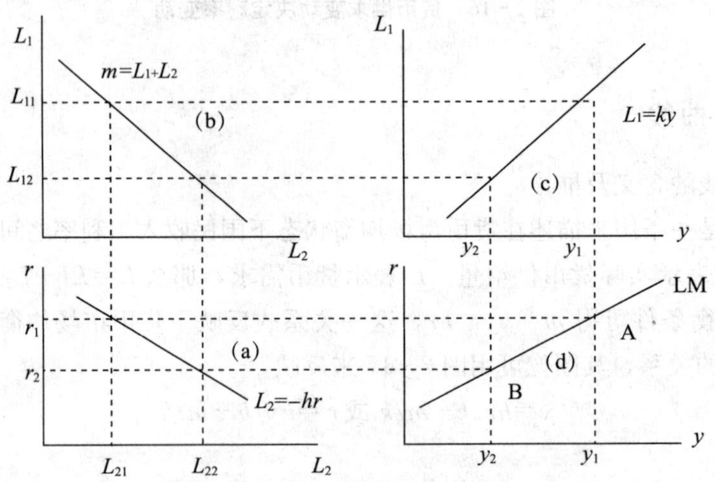

图 2－18　LM 曲线的几何推导过程

LM 曲线上的任何一点都是反映货币市场均衡（$L=M$）所有利率和国民收入的组合点；但 LM 曲线外的点的形成的利率和国民收入的组合都不能保证货币市场的均衡。一般来说，LM 左侧的任何一点，都表示货币需求小于货币供给，即 $L<M$，因为国民收入水平较低，货币需求较小；LM 曲线右侧的任何点都表示货币需求大于货币供给，即 $L>M$，因为国民收入水平较高，货币需求较大。在这些非均衡条件下，政府可通过调节货币政策促使货币市场趋向均衡。

2. LM 曲线的斜率

根据 LM 曲线方程 $r=-(M/p)/h+(k/h)y$，可知 LM 曲线的斜率是正值，且其斜率大小取决于 k 值和 h 值的大小。由于 $L_1=ky$，$L_2=-hr$，所以 LM 曲线的斜率实际取决于货币的交易需求曲线的斜率 k 和货币的投机需求曲线的斜率 h。

当 k 为定值时，h 越大，即货币需求对利率敏感度高，则 k/h 越小，LM 曲线越平

缓；当 h 为定值时，k 越大，即货币需求对收入变动敏感度高，则 k/h 越大，LM 曲线越陡峭。货币的交易需求函数一般比较稳定，因而 LM 曲线的斜率主要取决于货币的投机需求函数。

3. LM 曲线的移动

对于 LM 曲线方程 $r=-(M/p)/h+(k/h)y$，如果斜率 (k/h) 不变，只有 $(M/p)/h$ 发生变化，LM 就会发生移动；影响其移动的因素主要有两个：一是名义货币供给量 M 的变动；二是价格水平 P 的变动。

图 2－19 揭示了这种移动形成的过程：根据图 2－19，当货币供给由 m_1 移动到 m_2 时，通过利率和国民收入的传导机制，LM 曲线也会由原来的 LM_1 移动到 LM_2。

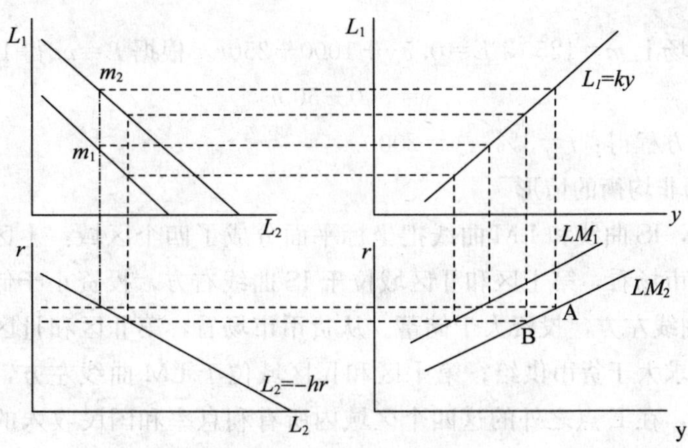

图 2－19　LM 曲线的移动

五、商品市场和货币市场同时均衡：IS－LM 模型

前面已经分别分析了产品市场和货币市场的均衡。而宏观经济学的总体均衡要求两个市场同时实现均衡，即产品市场和货币市场的一般均衡。这就需要将 IS 曲线和 LM 曲线综合起来进行分析，也就是 IS－LM 模型分析。

1. 两个市场同时均衡的利率和收入

根据产品市场均衡的 IS 曲线：$r=(a+e)/d-(1-b)/d\times y$

和货币市场均衡的 LM 曲线：$r=-(M/p)/h+(k/h)y$

求解这两个方程可得 r 和 y 的解，也就是一般均衡下的利率和国民收入水平（$r*$，$y*$），如图 2－20 所示。

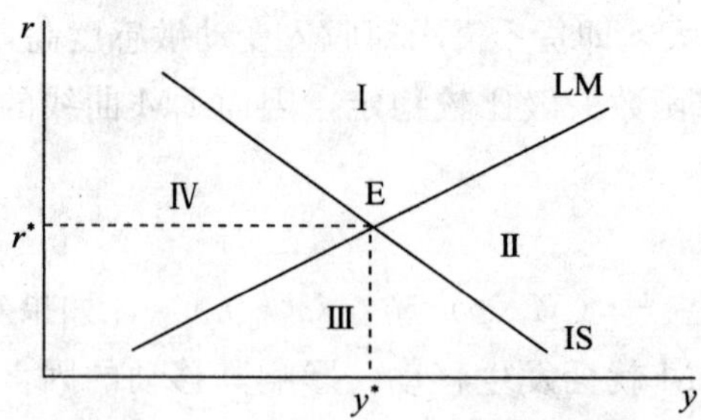

图 2-20 产品市场和货币市场同时均衡

例如，在产品市场上如果 $i=1250-250r$，$s=-500+0.5y$，根据 $i=s$ 得 IS 曲线：$y=3500-500r$。

如果货币市场上 $m=1250$，$L=0.5y+1000-250r$，根据 $L=m$ 得 LM 曲线：

$$y=500+500r$$

求解这两个方程得：$r=3\%$，$y=2000$。

2. 两个市场非均衡的情形

图 2-20 中，IS 曲线和 LM 曲线把坐标平面分成了四个区域：Ⅰ区、Ⅱ区、Ⅲ区和Ⅳ区。从产品市场看，第Ⅰ区和Ⅱ区域位于 IS 曲线右方，投资小于储蓄。第Ⅲ区和Ⅳ区域位于 IS 曲线左方，投资大于储蓄。从货币市场看，第Ⅱ区和Ⅲ区域位于 LM 曲线右方，货币需求大于货币供给；第Ⅰ区和Ⅳ区域位于 LM 曲线左方，货币需求小于货币供给。因此，在 E 点之外的这四个区域内所有利息率和国民收入的组合都是非均衡组合。

两个市场的非均衡状态会引起利息率和国民收入的变动，使其趋于均衡。图 2-21 可以反映产品市场和货币市场从不均衡到均衡的调整过程：

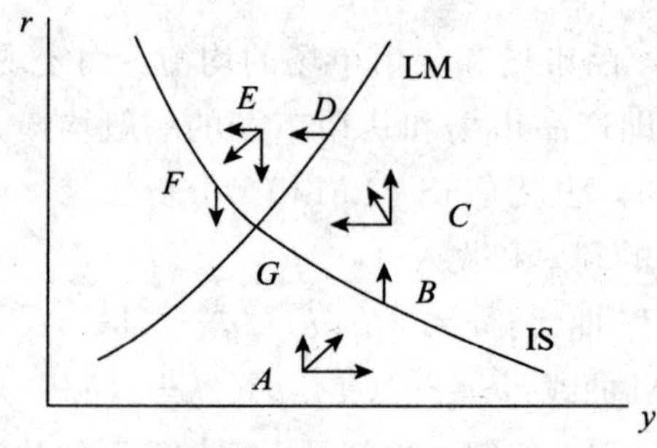

图 2-21 产品市场和货币市场从不均衡到均衡的调整过程

假设经济中利息率和国民收入的初始组合为 A 点。A 点位于Ⅲ区域内，产品市场和货币市场处于非均衡状态。由于 $I>S$，$L>M$，国民收入趋于增加，利息率趋于上升，这种组合使得经济状态趋于 IS 曲线上的 B 点；B 点位于 IS 曲线上，产品市场处于

均衡状态，但货币市场则处于非均衡状态，即 $I=S$，$L>M$，于是利息率上升，两种组合使得经济状态趋于 C 点；C 点位于第Ⅱ区域，$I<S$，$L>M$，国民收入会下降，利息率会上升，两种组合使得经济状态趋于 D 点；D 点位于 LM 曲线上，$L=M$，$I<S$，于是国民收入减少，两种组合使得经济状态趋于 E 点；E 点处于第Ⅰ区域，$I<S$，$L<M$，国民收入减少，利息率下降，两种组合使得经济状态趋于 F 点，这样通过连续不断的调整经济状态最终会趋于均衡点 G。

表 2－5 概括了产品市场和货币市场非均衡状态及其变动的情况。

表 2－5　　两个市场非均衡状态及其变动情形

区域	产品市场	货币市场	国民收入和利息率
Ⅰ	$i<s$ 有超额产品供给	$L<M$ 有超额货币供给	y 减少，r 下降
Ⅱ	$i<s$ 有超额产品供给	$L>M$ 有超额货币需求	y 减少，r 上升
Ⅲ	$i>s$ 有超额产品需求	$L>M$ 有超额货币需求	y 增加，r 上升
Ⅳ	$i>s$ 有超额产品需求	$L<M$ 有超额货币供给	y 增加，r 下降

3. 产品市场和货币市场均衡的变动

产品市场和货币市场中各变量发生变动会引起 IS 曲线和 LM 曲线的移动，从而引起均衡点的变动。

首先来看 IS 曲线移动对产品市场和货币市场均衡的影响。图 2－22，设 LM 曲线固定不变，投资增加，引起 IS 曲线由 IS_0 移动到 IS_1，相应的均衡点由 E_0 移动到 E_1，相应的均衡利率和均衡国民收入为 r_1 和 y_1。相反，如果投资减少，IS 曲线会向左下方移动，与 LM 曲线在较低处相交。

其次来看 LM 曲线移动对产品市场和货币市场均衡的影响。图 2－23，设 IS 曲线固定不变，货币供给增加，引起 LM 曲线由 LM_0 移动到 LM_1，相应的均衡点由 E_0 移动到 E_1，相应的均衡利率和均衡国民收入为 r_1 和 y_1。相反，如果货币供给减少，IS 曲线会向左移动，与 IS 曲线在较高处相交。

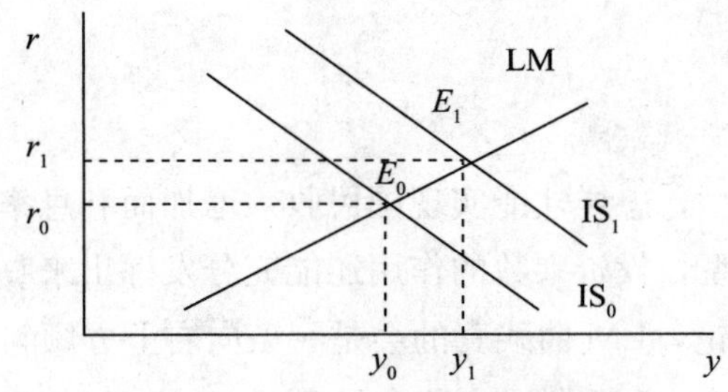

图 2－22　IS 曲线移动的影响

最后来看IS曲线和LM曲线同时变化的情形。图2-24，假设经济不断扩张，投资增加使IS曲线由IS_1右移到IS_2，同时货币供给增加使LM曲线由LM_1右移LM_2，这时新的均衡点会处于E_2点。当然这只是IS曲线和LM曲线同时移动的一种情形，实际上还有很多情形，这里不再分析，读者可自行探究。

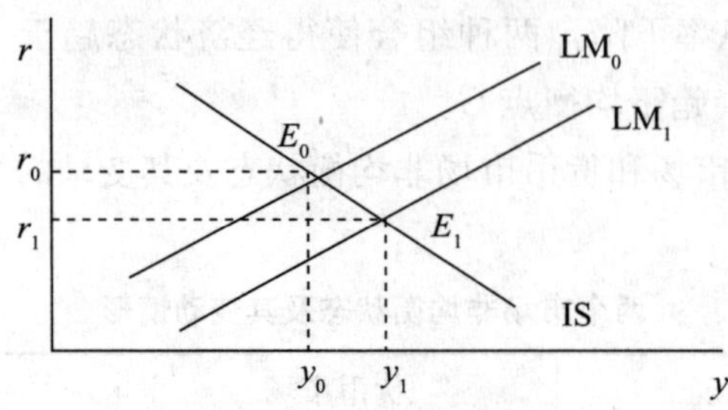

图2-23 LM曲线移动的影响

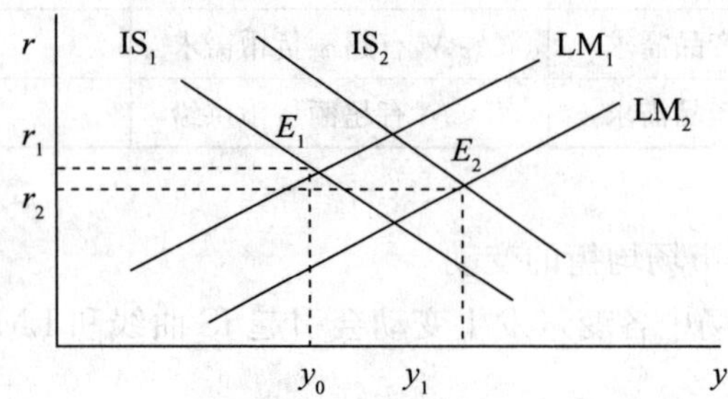

图2-24 IS曲线和LM曲线同时移动的影响

4. IS-LM模型的政策含义

IS-LM模型实际上为政府宏观调控政策提供了理论依据。例如，当经济处于低迷状态时，政府可通过刺激投资或增加货币供给量使IS曲线或LM曲线右移来促使经济增长；相反，当经济过热时，政府可通过抑制投资或减少货币供给量使IS曲线或LM曲线左移来降低经济过热程度。但单纯增加投资或货币供给会影响利息率，从而抑制经济增长或加速经济过热现象的出现，因而需要两种政策配合使用。对此，下一项目会详细讨论，这里不再分析。

知识应用

1. 根据IS-LM模型，怎样才能实现国民收入增加而利息率不变的情形呢？
2. 根据IS-LM模型，投资乘数的作用还能充分发挥出来吗？
3. 根据LM方程讨论，LM曲线真的会是一条向右上方倾斜的直线吗？
4. 如果其他条件不变，LM曲线右移会导致（　　）。

A. r降和y少　　B. r降和y加　　C. r升和y加　　D. r升和y少

5. IS 曲线右上方和 LM 曲线左下方围成的区域里（　　）。

A. I 小于 S，L 大于 M　　B. I 小于 S，L 小于 M

C. I 大于 S，L 大于 M　　D. I 大于 S，L 小于 M

6. 若货币需求对利率的敏感度越小，那么（　　）。

A. IS 曲线越平缓　　B. IS 曲线越陡峭

C. LM 曲线越平缓　　D. LM 曲线越陡峭

7. 如果净税收减少 10 亿元，会使 IS 曲线（　　）。

A. 右移税收乘数乘以 10 亿元　　B. 左移税收乘数乘以 10 亿元

C. 右移 10 亿元　　D. 左移 10 亿元

8. 假定某国经济存在以下关系：$C=40+0.8y$，$I=55-200r$。求：(1) IS 方程；(2) 若初始投资由 55 增加至 60，均衡国民收入会发生什么变化？并求新的 IS 方程。

1. 搜集相关数据资料，探究中国改革开放以来产品市场上的 IS 曲线和货币市场上的 LM 曲线，并以此来分析中国经济在这两个市场发展的现状。

2. 阅读下列材料：

材料 1： 利率决定理论经历了古典利率理论、凯恩斯利率理论和 IS－LM 利率模型的演变发展过程。宏观经济政策在 IS－LM 模型分析的基础上，关于财政政策如何影响一国国民收入的传导机制过程中，中间涉及利率变动的分析，但对利率变动阐述得比较含糊。一国实行财政政策后，利率变动会影响财政政策效果。

资料来源：金赛美．关于 IS－LM 模型如何影响财政政策效果的深层研究［J］．湖南商学院学报，2011 (1)：91－94.

材料 2： 谢浩然认为，总体来说，我国近阶段 IS、LM 曲线都比较陡峭，IS 曲线斜率的变异弱化了货币政策和财政政策应有的功能。要使财政政策和货币政策的传导渠道更通畅，使两者的有效性更加突出，就必须对现有的 IS－LM 模型进行修正。

资料来源：谢浩然．基于 IS－LM 模型的我国财政货币政策有效性分析［J］．当代经济，2010 (12)：148－151.

问题：结合以上材料，探究中国政府的宏观经济政策推动 IS 曲线和 LM 曲线向右移动从而推动了 GDP 增长的原因。

任务三　总需求-总供给模型

知识目标

1. 理解总需求、总供给的含义；
2. 掌握总需求曲线和总供给曲线的推导过程。

应用目标

1. 能根据总需求-总供给模型解释现实中的经济现象；
2. 能运用总需求曲线和总供给曲线移动的效应来分析客观经济的均衡。

探究目标

依据总需求-总供给模型探究中国改革开放以来宏观经济中的高涨（或过热）、衰退和滞胀状态。

新课导入

材料 1： 在 2008 年温家宝总理的政府工作报告中指出，应该从增加有效供给抑制不合理需求两方面入手来防止价格总水平快速上涨。

材料 2： 1970 年以来，美国经济中一些最大的经济波动源于中东的产油地区。原油是生产许多物品与劳务的关键投入，而且世界大部分的石油都来自几个中东国家。当这些地区原油供给减少时，世界石油价格会上升。美国生产汽油、轮胎和许多其他产品的企业会增加成本，结果是总供给曲线向左移动，这又引起滞胀。

20 世纪 70 年代初期，有大量石油储藏的中东国家加入了欧佩克组织。这是一个卡特尔，一个企图阻止竞争并减少生产以提高石油价格的卖者集团。此后，石油价格上升。20 世纪 70 年代末，欧佩克国家再一次限制石油的供给以提高价格。从 1978 年到 1981 年，石油价格翻了一番多，引发了欧美国家普遍的滞胀。这期间，美国的通货膨胀率上升到 10%，失业率从 1978 年 6%左右上升到 10%。

那么：

（1）如何从理论上来解释 2008 年政府报告中应对价格总水平上涨的对策？

（2）什么是滞胀？怎样用总需求-总供给模型解释这种经济现象？

知识解读

一、总需求曲线

1. 总需求的含义

总需求是指经济社会对产品和劳务的需求总量。这里的需求总量是有效需求总量。所谓有效需求，从宏观角度讲，是指与总产出一致的总需求，它由四部分构成，即消费需求、投资需求、政府购买需求和净出口需求。用公式表示为：

$$AD=C+I+G+NX$$

其中，AD 表示总需求，C 表示消费需求；I 表示投资需求；G 表示政府需求；NX 表示净出口需求，它等于出口减进口。

总需求函数指在某个特定的价格水平上，全社会需要多高水平的收入，用公式表示：$AD=AD(P)$，它反映了需求总量与价格水平之间的关系。

2. 总需求曲线的推导

总需求函数或曲线可用数学方法推导出来。由于总需求曲线是反映产品市场和货币市场同时均衡条件下社会收入水平和价格水平之间关系的一条曲线，因此其基本模型为：

$$s(y)=i(r)$$

$$M/P=L_1(y)+L_2(r)$$

其中，前者为产品市场均衡的条件，后者为货币市场均衡的条件。

例如，假设：$s(y)=0.1y-80$，$i(r)=720-2000r$，$M=500$，$L=0.2-4000r$。

从 IS 曲线看，$0.1y-80=720-2000r$，因此

$$r=\frac{800-0.1y}{2000}$$

从 LM 曲线看，$500/P=0.2y-4000r$，即

$$r=\frac{0.2y-\frac{500}{p}}{4000}$$

求解这个议程组后可得：

$$y=4000+\frac{1250}{p}$$

另外，还可依据 IS - LM 用图形法来推导 AD 曲线，如图 2 - 25 所示，其过程如下：

P_1下降到 P_2，货币需求减少，在货币供给量不变时，实际货币供给增加，LM 向右移动，使利息率下降，投资水平提高，国民收入提高，从而形成图 2 - 25 中的总需求曲线 AD。

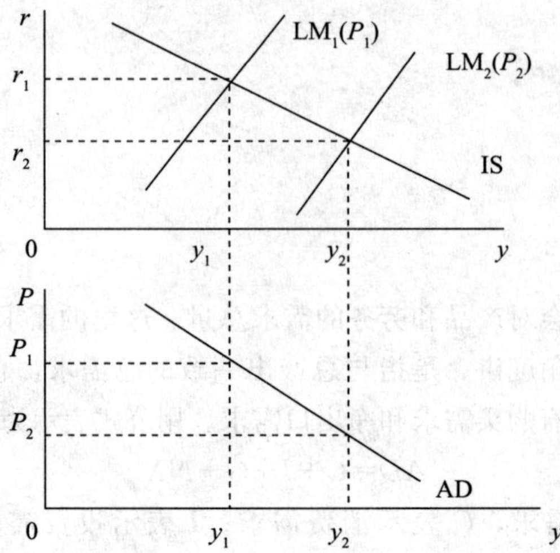

图 2-25　AD 曲线的几何推导

3. 总需求曲线的移动

由于总需求水平取决于投资等总支出水平，因此社会总支出的变化，会导致 *AD* 曲线移动。具体来说，引起总需求曲线移动的因素主要体现在以下几个方面：

（1）政策因素

财政政策会引起 *AD* 曲线移动。例如，政府支出增加、税收减少或增加转移支付等扩张性的财政政策会使消费增加，导致 *IS* 曲线右移，从而使 *AD* 曲线右移；而政府支出减少、税收增加等紧缩性财政政策会使 *AD* 曲线左移，如图 2-26 所示。

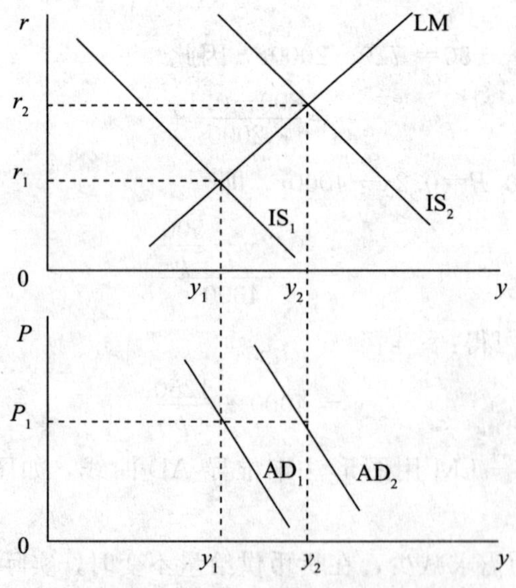

图 2-26　财政政策引发 AD 曲线移动

货币政策也会引起 AD 曲线的移动。例如增加货币供给等扩张性的货币政策会使利率下降进而改善贷款条件，促使企业增加投资和消费，使 LM 曲线向右移动，从而使 AD 曲线向右移动；相反减少货币供给等紧缩性货币政策会使 AD 曲线向左移动。

（2）外部变量

由于净出口也是总需求的一部分，因此，外国产出的增长会导致净出口需求的增加，从而使 AD 曲线向右移动。股票、房产等资产价格的上升会导致家庭财富增加，从而使消费增加，也会引起企业投资需求的增加，导致 AD 曲线向右移动。

二、总供给曲线

1. 总供给的一般说明

总供给是指经济社会对产品和劳务的供应总量，是经济社会投入的基本资源所生产的产量。而基本资源主要包括劳动、生产性资本存量和技术。宏观经济学中，描述总产出与劳动、资本和技术之间关系的一个合适的工具是生产函数，它表示总投入与总产出之间的关系。

假如经济社会使用劳动 N 和资本 K 两种生产要素进行生产，则宏观生产函数可表示为：

$$y=f(N, K)$$

宏观生产函数从理论上应当区分为短期和长期两种。短期的资本存量和技术水平不可能有多大变化，二者可认为是常数，用 K_0 表示资本存量，则短期生产函数可表示为：

$$y=f(N, K_0)$$

也就是说在既定的技术水平和资本存量的条件下，经济社会的总产出量主要取决于就业 N，并随就业量的变化而变化。

长期中，技术水平、就是人口数量和资本存量都是可以改变的，因此，长期生产函数可表示为：

$$y^*=f(N^*, K^*)$$

式中，N^* 表示各期中的充分就业量，K^* 表示各期的资本存量；技术水平的变化没有在式中反映出来；y^* 为各期充分就业是时的产量，也被称为潜在产量。

这里我们主要分析短期生产函数，也就是假定总供给主要由总就业水平来决定。那么就业水平由什么来决定呢，这就需要分析劳动市场。

2. 劳动市场

这里假定劳动市场为完全竞争的劳动市场：劳动供求双方人数很多，要素之间没有任何区别，供求双方具有完全信息，要素能够充分流动。

由于劳动的边际产品随劳动投入的增加而降低，所以劳动的需求函数是实际工资的减函数，用公式表示：

$$N_d = N_d\ (W/P)$$

式中，N_d 表示劳动需求量，W/P 表示实际工资水平。一般来说，实际工资降低时，劳动的需求量大；实际工资提高时，劳动的需求量小，因此其斜率为负。如图 2-27 所示。

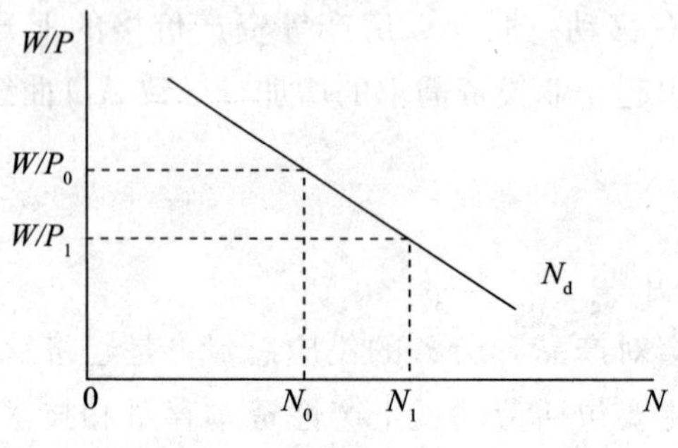

图 2-27　劳动需求曲线

同劳动的需求类似，总量意义上的劳动也被认为是实际工资的函数，其函数形式为：

$$N_s = N_s\ (W/P)$$

式中，N_s 为劳动供给总量。劳动供给量是实际工资的增函数，因为实际工资低时，劳动的供给量小；实际工资高时，劳动的供给量大。劳动供给曲线如图 2-28 所示。

假设工资 W 和价格 P 都可以调整，那么实际工资 W/P 也可以调整。劳动市场的均衡就由劳动需求曲线和劳动供给曲线的交点来决定。如图 2-29 的 E 点所示，在价格和工具具有完全弹性的完全竞争经济中，劳动市场的均衡条件是：

$$N_s\ (W/P) = N_d\ (W/P)$$

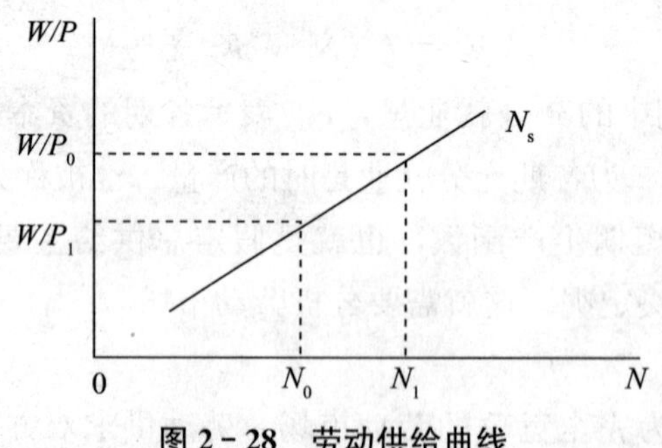

图 2-28　劳动供给曲线

劳动市场的均衡一方面决定了均衡的实际工资（W/P），另一方面决定了均衡的就业量 N^*。这一均衡在宏观经济学中也被称为充分就业状态。

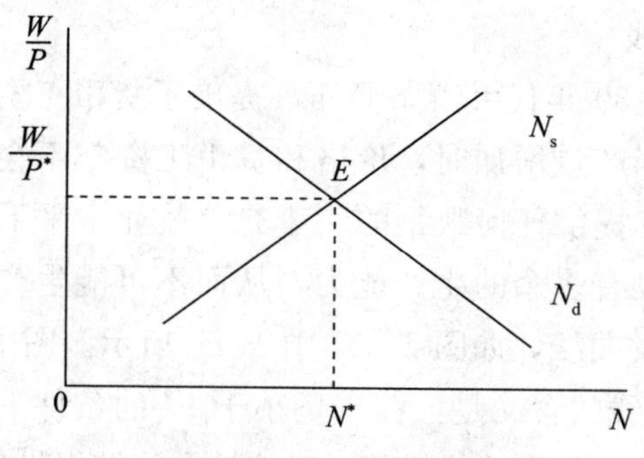

图 2-29　劳动市场均衡

3. 古典总供给曲线

总供给函数是指总供给（实际 GDP）与价格水平之间的函数关系，其几何表示即为总供给曲线，反映了产品市场和货币市场同时达到均衡时的价格水平同供给总量之间的关系。

按照货币工资和价格水平进行调整所要求的时间长短，宏观经济学将总产出和价格水平之间的关系分为三种：古典总供给曲线、凯恩斯总供给曲线和常规总供给曲线。

按照古典学派的观点，长期中，价格和货币工资具有伸缩性：在不同价格水平下，劳动市场存在超额需求或供给时，货币工资会进行调整，进而实际工资发生调整，使劳动市场达到均衡。因此，长期中经济的就业水平或产量水平不随价格水平的变动而变动，而始终处于充分就业的水平上。这时，总供给曲线是一条位于经济潜在产量或充分就业产量水平上的垂直线。如图 2-30 所示。

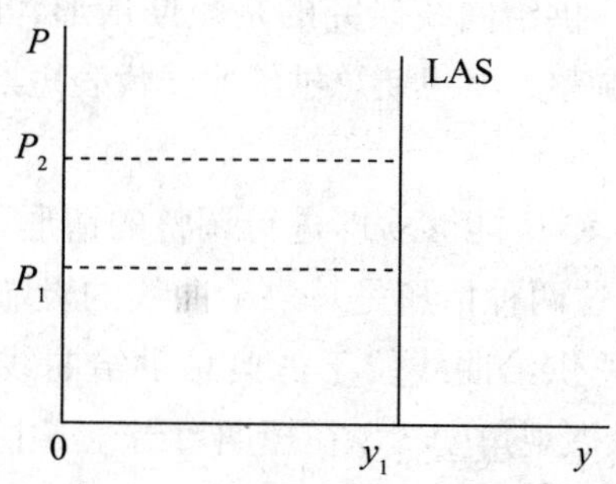

图 2-30　古典总供给曲线

古典总供给曲线处于垂直状态的理由有两个：第一，假设货币工资 W 和价格水平 P 可以迅速调整，使得实际工资总处于充分就业的水平，从而使产量或国民收入总处于充分就业的水平，不受价格影响；第二，古典学派一般研究经济事物的长期状态，货币工资和价格水平有充分的时间进行调整。可以说，古典供给曲线是短期总供给曲线的一种极端。

4. 凯恩斯总供给曲线

凯恩斯针对 20 世纪 30 年代大萧条局面，提出了货币工资刚性假设，即短期内货币工资不会轻易变动：当产量增加时，价格和货币工资都不会发生变化，所以在既定的价格下，经济社会能够提供任何数量的小于充分就业水平下的产量。但在达到充分就业水平之后，社会已没有多余的生产能力，从而不可能生产出更多的产出。因而总供给曲线是一条反 L 形的曲线，如图 2－31 中 P_0E_0 所示。图中 y 代表充分就业的产量或国民收入。AS 为水平线的含义是：在产量小于 y^* 的条件下，由于货币工资和价格水平都不会变动，所以，在既有的价格下，经济社会能够提供任何数量的 y，即在达到充分就业以前，经济社会能够按照既定的价格 P_0 提供任何数量的产量或国民收入，如 y_0。

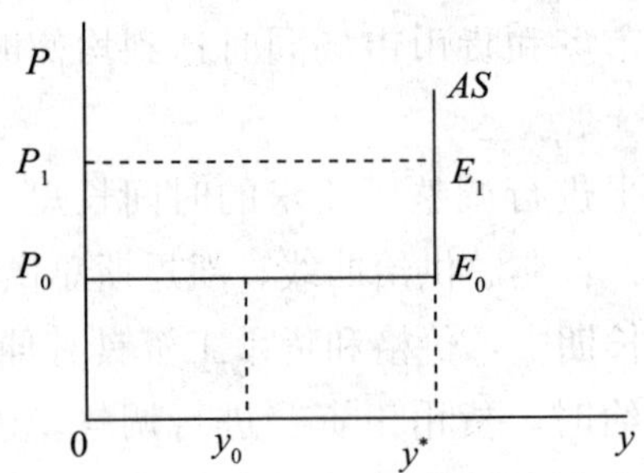

图 2－31　凯恩斯总供给曲线

凯恩斯总供给曲线存在的理由有两个：第一，货币工资和价格刚性假设，也就是二者完全不能调整；第二，这一供给曲线研究的是短期情形，即使没有“刚性”假设，W 和 P 也没有足够的时间进行调整。凯恩斯总供给曲线代表短期总供给曲线的一种极端。

5. 常规总供给曲线

古典总供给曲线代表 W 和 P 能够立即进行调整的情形；而凯恩总供给曲线代表 W 和 P 不能进行调整的情形。这两种情形是总供给曲线的极端状态。

但在通常情况下，短期总供给曲线位于古典总供给曲线和凯恩斯总供给曲线之间，如图 2－32 中的 AS 曲线。从微观角度看，在短期，当经济中的工资和其他资源的价格固定，或不太容易变化时，随着企业产品价格的提高，企业增加产量通常是会赢利的。因此，更高的价格水平将导致企业更高的总产量。因而短期总供给曲线是向右上方倾斜的。

要素价格（如工资 W）相对于产品价格 P 变化调整的速度和调整的程度直接影响着厂商产品供给量的多少。

如果要素价格相对于产品价格，其调整速度慢，调整幅度小，则相对于价格的变动，厂商供给变动就相对较大。对应的总供给曲线就相对平缓；如果要素价格相对于产品价格，其调整速度快，调整幅度大，则相对于价格的变动，厂商供给变动就相对较小。对应的总供给曲线就相对较陡。

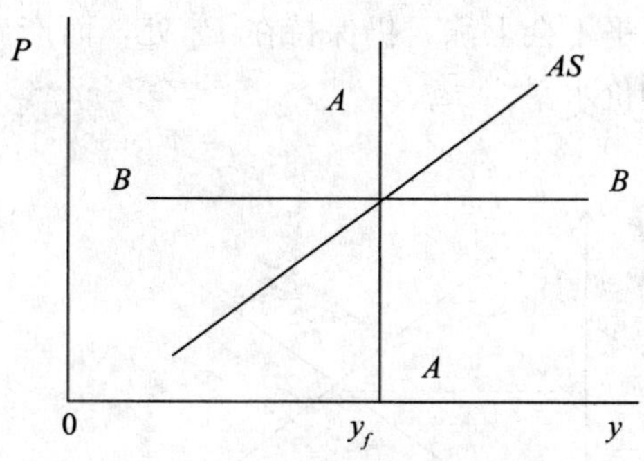

图 2-32 常规总供给曲线

总供给曲线的斜率代表被假设的调节速度，斜率由 0 到无穷大，表示从凯恩斯极端的 W 和 P 完全不能调整到向右上方倾斜的一般情形，再到古典极端的能立即调整的情形，分别对应图 2-33 中的 P_0E_0 段、E_0E_1 段和 E_1 以上部分。

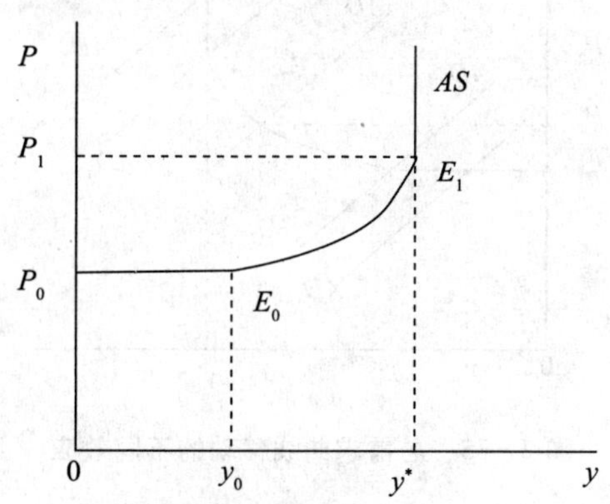

图 2-33 总供给曲线的三种情形

三、总需求-总供给模型

得到了总需求曲线和总供给曲线后，可用微观经济学中均衡分析的方法将两条曲线放在一个坐标系中来分析均衡产出和均衡价格水平，这样就得到了总需求-总供给模型，简称为 AD-AS 模型，如图 2-34 所示。这一模型能解释现实中的许多经济现象。

1. 总需求曲线移动效应

根据总需求-总供给模型，总需求曲线的移动会引起均衡产出和均衡价格的变化，其具体情形可依据三种情况，如图 2-35 所示。

（1）经济萧条时，总供给曲线处于比较平坦的凯恩斯部分。如果政府采取扩张性财政政策或扩张性货币政策（项目三会详细介绍）使 AD_1 曲线向右移动到时 AD_2。由于此时社会存在大量闲置未被利用的资源，厂商不需要提高工资水平就能购买到任意多的劳动力，所以物价水平不会上涨，仍保持在 P_0 处，而产出则由 y_0 提高到 y_1，可实现增加产出而不影响物价水平。

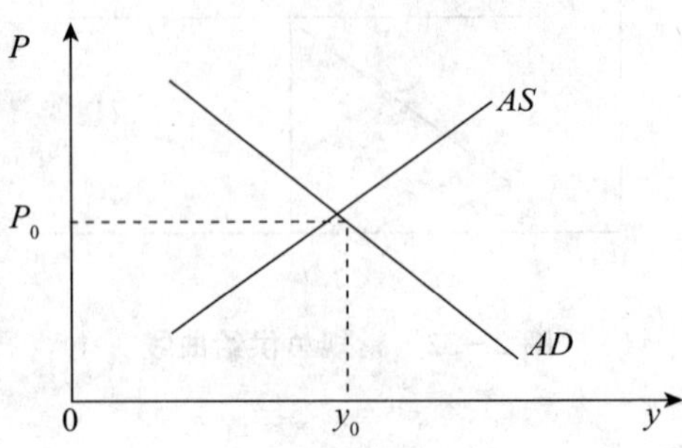

图 2－34　总需求-总供给模型

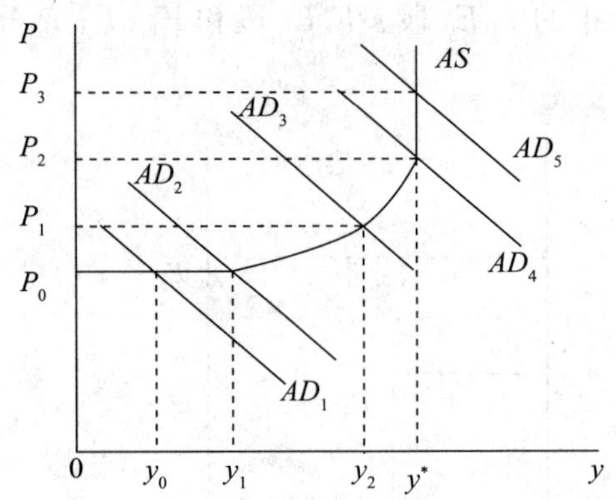

图 2－35　总需求曲线移动的不同效应

（2）总供给曲线处于向右上方倾斜部分。如果总需求曲线向右移动，产出增加时，物价水平也会上涨。但这又可分为两种情形：一是总供给曲线处于比较平坦的部分，总需求增加时，厂商为了追求更高的利润会增加要素投入，但因经济中仍存在过剩的生产能力而不需要大幅度提高工资水平和生产成本，价格水平只会发生轻微波动。如图 2－35 中总需求曲线从 AD_2 移动到 AD_3，产出的增加幅度 y_1y_2 大于价格水平的上升幅度 P_0P_1。二是总供给曲线处于比较陡峭的部分，总需求增加时，厂商为了追求更高的利润会增加要素投入，但因经济中仍没有太多过剩的生产能力而需要大幅度提高工资水平和生产成本，价格水平将大幅度上升。如图 2－35 中总需求曲线从 AD_3 移动到 AD_4，产出的增加幅度 y_2y^* 小于价格水平的上升幅度 P_1P_2。

（3）总供给曲线处于垂直的古典部分。此时，已经实现了充分就业，所有的生产能力已经被充分利用，没有剩余资源。总需求的增加只会提高物价水平不会提高产出水平。如图 2－35 中总需求曲线从 AD_4 移动到 AD_5，价格水平从 P_2 上升到 P_3。

2. 总供给曲线移动效应

总供给曲线移动效应可从来两个方面来分析。

（1）总供给曲线向右移动的情形。如果经济中的技术创新使得技术水平提高，或者企业设备投资增加使得资本存量增加，都将提升社会生产能力。这可能引发总供给曲线向右移动。如果经济最初运行在总供给曲线的平坦部分，如图中的 AD_0 处，此时经济中原来就存在有过剩的生产能力，生产能力的提高对经济的影响不大，也就是价格水平和产出水平的波动不会很大；但经济若运行在总供给曲线较陡峭或充分就业的垂直部分，如图 2－36 中的 AD_1 处，此时生产能力成为社会经济的瓶颈，因技术水平等因素引发的总供给右移（由 AS_0 移动到 AS_1）可大幅度提高产出水平（y_2 到 y_3）、降低物价水平（P_3 到 P_2）。当然短期内，因技术水平提高引发生产能力提升从而使总供给右移的情形在理论上是很难出现的。这种情况主要出现在长期中。

（2）总供给曲线向左移动的情形。社会经济中出现原料价格或工资水平大幅度提高时，厂商如果想要产量保持不变，必然要得到更高的产品价格，或者在同样产品价格上，减少产品的供给。即使存在着过剩的生产能力，价格水平也会提高，从而使得总供给曲线向左移动。如图 2－36 中，总供给曲线由 AS_1 移动到 AS_0 的情形，此时产出水平下降（y_3 到 y_2），物价水平上升（P_2 到 P_3），这也是第二次世界大战以后现实中出现的“滞胀”现象。如材料 2 中提到的 20 世纪 70 年代初期，美国经济因受到石油价格大幅度上涨的冲击而出现的衰退与通货膨胀现时并存的局面。

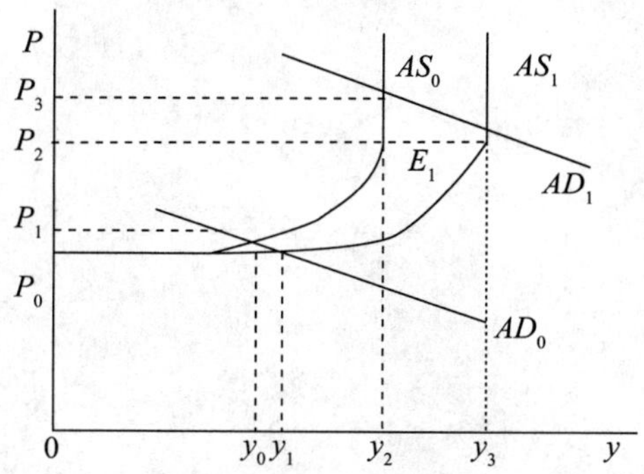

图 2－36　总供给曲线移动的不同效应

知识应用

1. 假定某经济体在某一时期存在以下关系：

消费函数为：$c=1400+0.8y_d$

税收函数为：$T=ty=0.25y$

投资函数为：$i=200-50r$

政府购买支出为：$g=200$

货币需求函数为：$M_d/P=0.4y-100r$

名义货币供给为：$M_s=900$

（1）推导总需求函数；（2）计算价格水平 $P=1$ 时的收入和利率。

2. 如果某经济社会某一时期的总需求函数为 $P=80-2Y/3$；总供给函数为古典式，即 $Y=Y^*=60$，那么：（1）经济均衡时的物价水平是多少？（2）如果保持价格水平不变，而总需求函数变为 $P=100-2Y/3$，会产生什么样的后果？（3）如果总需求函数仍为（2）的形式，物价水平可变，那么价格水平及变动幅度是多少？

1. 搜集相关数据资料，讨论并探究本节开头材料 1 的提到的“不合理需求”的具体表现，并结合本节理论探究 2008 年政府应对价格总水平上涨的具体对策？

2. 搜集相关数据资料，依据总需求-总供给模型探究中国改革开放以来宏观经济中的高涨（或过热）、衰退和滞胀状态。

项目三　失业与通货膨胀理论

任务一　失业理论

知识目标

1. 理解失业的含义及其不同类型；
2. 理解奥肯定律中关于经济增长与失业之间的关系。

应用目标

根据失业理论分析当前就业形势严峻的原因，并能提出相应的解决对策。

探究目标

探究一些国家经济增长与失业之间的真实关系，检验奥肯定律的存在性。

新课导入

案例1：中国现阶段面临严峻的就业压力：据国家统计局统计，现有城镇就业条件每年只能提供1100万左右就业岗位，不能解决年均2400万人以上所需的就业问题。同时我国基数庞大的人口增长，每年新增900多万城乡劳动力和约1.5亿左右农村剩余劳动力的就业安置，短期内都难以解决。劳动力大面积供过于求，在当前和今后都是重大社会问题。

案例2：奥肯定律阐述了经济产出与失业之间的数量关系，奥肯定律有多种不同版本，通过检验奥肯定律在中国的适用性，发现不论是线性版本的奥肯定律还是非线性版本的奥肯定律都不适合中国的经济实际。

资料来源：夏伦．中国经济增长与失业的实证研究——对奥肯定律的检验［J］．湖南财政经济学院学报，2014（2）：35-39.

那么：

1. 经济学家们如何解释失业？造成中国当前就业形势严峻的原因是什么？
2. 奥肯定律提示的经济增长与失业之间的关系是什么？能否根据这一定律来理解

当前中国的经济实际？中国现阶段存在这种关系吗？

一、失业的含义与衡量

一般认为，失业人口是指有劳动能力，在规定调查时间范围内没有职业或工作时间没有达到规定标准，正在寻找有报酬的工作并已在就业机构登记了的具有一定劳动年龄的人口。每个国家对工作年龄和失业范围的规定是不一样的。在中国，工作年龄为18～60岁。属于失业者范围的包括：①没有工作，但在调查前4周内一直努力找工作的人；②被暂时解雇等待被重新招回原工作岗位的人；③在30天内等待开始新工作的人。在美国，工作年龄为16～65岁。属于失业者范围的包括：①新加入劳动力队伍第一次寻找工作，或新加入劳动力队伍正在寻找工作已达4周以上的人；②为了寻找其他工作而离职，在工作期间作为失业者登记注册的人；③被暂时辞退并等待重返工作岗位而连续7天未得到工资的人。

衡量一个社会中失业状况最基本的指标是失业率，它是失业人数占总劳动力的百分比。用公式表示：

$$失业率=\frac{失业者人数}{劳动力总数}\times 100\%=\frac{失业者人数}{失业者人数+就业者人数}\times 100\%$$

失业率是反映一个社会经济运行状况的重要宏观经济指标。

二、失业的经济学解释

（一）失业的主要类型及其原因

1. 摩擦性失业

摩擦性失业是指劳动力市场因供求信息不完善及劳动力在异地之间流动的成本导致的失业，具有短期性和局部性的特点。例如，甲地某企业需要寻求一个技术工人，但甲地就没有这样的技术人员，而乙地正好有这样的技术工人，但因信息不畅或流动成本过高导致这个技术工人失业的情形就属于摩擦性失业。

就业服务机制、就业信息的发布、人才交流中心及招聘广告等方式都是减少这类失业的重要措施。

2. 结构性失业

结构性失业是指现有劳动力供给和需求不匹配而造成的失业。原因是由于技术结构（例如劳动力技能与新兴产业需要不适应）、地区结构（例如各地区技术发展不平衡导致的失业）和性别结构（例如由于工作对性别要求以及客观存在的性别结构而导致的失业）一时难以改变造成的。具有失业与岗位空缺并存的特征。

各种学校、职业培训机构以及社会再就业服务中心的建立和完善是减少结构性失业的重要途径。

3. 周期性失业

周期性失业是指由于经济周期性波动而导致对劳动力的总需求减少引起的失业。具有普遍性、周期性等特点。西方经济学认为，经济发展是有周期的，在经济繁荣时，社会总需求会上升，在经济萧条时，总需求不足就会引起失业，这种失业与经济周期同步。

政府稳定经济的宏观政策目标之一就是减少周期性失业，实现充分就业。

（二）自愿失业和非自愿失业

除上述三种失业分类法外，还有自愿失业和非自愿失业两种失业分类法。自愿性失业是指劳动者不愿意接受现行工作条件和工资水平而形成的失业；非自愿性失业是指接受现行工作条件和工资但仍找不到工作的失业。可以说摩擦性失业、结构性失业和周期性失业都属于非自愿性失业。如图 3－1 所示。

（1）W_0 为劳动市场均衡的工资率，这时市场出清，则 L_1 表示充分就业人数，L_1L_0 为自愿失业。

（2）W_1 为非均衡工资率，这时市场不出清，则 L_2 表示实际就业人数，L_2L_3 为非自愿失业，L_3L_0 为自愿失业。

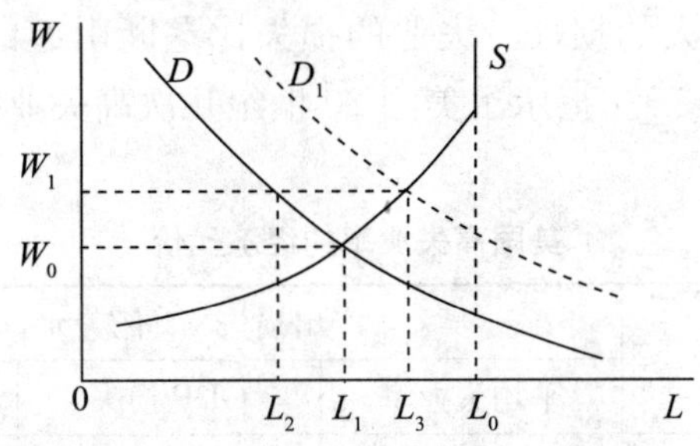

图 3－1　自愿失业与非自愿失业

自愿失业的存在，说明经济可能在效率水平上运行，同时又有一定数量的失业，作为劳动储备。

非自愿失业的原因在于工资的非灵活性。工资对于经济震荡的反映通常是迟钝的，也就是工资刚性。如果工资不能灵活地做出变动以出清劳动市场，寻找工作的人与职位空缺的不协调就可能发生。在工人过剩的情况下，企业在分配就业机会时，就会对工人提出严格的技能要求，使一部分人失业。

（二）自然失业与自然失业率

自然失业是实现充分就业时仍然存在的失业，是劳动力市场处于供求稳定状态时的失业，是经济中难以克服的因素引起的无法避免的失业，摩擦性失业和结构性失业都属自然失业。

自然失业率是衡量自然失业程度的指标，这是指在没有货币因素干扰（通货膨胀既不加速也不减速），让劳动市场和产品市场的自发供求力量发挥作用时应有的、处于均衡状态的失业率。也就是一个国家实现了潜在国民收入水平时的失业率，亦称充分就业失业率或称长期均衡失业率。

如果用 N 表示劳动力总数量，E 表示就业量，U 表示失业量，则：$N=E+U$，失业率$=U/N$。根据自然失业概念，找到工作的人必然等于失去工作的人数，如 L 表示离职率，F 表示就职率，则 $F\times U=L\times E$，而 $E=N-U$，可得 $U/N=L/(L+F)$。

三、失业的影响与奥肯定律

（一）失业的影响

失业不仅意味着大量有价值的劳动力资源的浪费，而且会使失业者因收入减少引发许多心理问题和社会问题。因此，失业既是一个经济问题，也是一个社会问题。

1. 经济影响

当失业率上升时，经济中原来可以由失业者生产出来的商品及劳务被白白损失掉了，就如同无数的商品倒进大海，造成极大浪费。高失业大大降低实际产出，造成资源浪费，是现代经济中最大的损失。失业的损失比垄断引起的无效率或关税、配额等引起的浪费大许多倍。表 3-1 揭示了美国 20 世纪几次高失业引起的产出损失。

表 3-1　美国高失业率的经济代价

时间	产出损失（1 亿美元，1996 年价格）		
	平均失业率	GDP 损失	占该时期 GDP
大危机时期（1930—1939 年）	18.2%	44000	38.5%
石油危机时期（1975—1984 年）	7.7%	12500	2.5%
稳定时期（1985—1996 年）	6.3%	5000	0.6%

资料来源：萨穆尔森，诺德豪斯．经济学［M］．16 版．北京：华夏出版社，2002：454.

2. 社会影响

失业意味着劳动者收入的减少甚至完全丧失。这不仅会使劳动者本人的生存受到威胁，同时还会影响他的家庭。而且长期失业会对失业者造成巨大的精神压力，形成心理创伤，如引发失业者的心脏病、酗酒、自杀等行为。心理研究表明，被解雇造成的创伤同亲友去世、大学落榜的创伤一样严重。

出现高失业率时，社会秩序也会受到影响。2006 年 10 月底至 11 月初，法国发生

以移民青年为主体的大规模骚乱。骚乱的首发地塞纳-圣旦尼省是法国外来移民相对集中的地区，穷人聚居的“城中城”鳞次栉比。这些“城中城”人口密度高，失业率是法国平均失业率的两倍以上，15～25岁人口的失业率高达成40%以上，这些族群长期生活在贫困中，脱离主流社会，内心对社会极端不满，其中一些人经常打架斗殴、吸毒酗酒，导致这一地区经常发生动乱。

（二）奥肯定律

20世纪60年代，曾担任美国总统约翰逊首席经济顾问的美国经济学家阿瑟奥肯利用美国1947年第二季度至1960年第四季度失业率变化和实际国民生产总值变化的数据，采用回归分析法，对失业率和GDP两个经济指标之间的数量关系进行了估算，得出了失业率变动和产出变动之间的经验关系，这一关系被称为奥肯定律。

奥肯定律的内容是：失业率每高于自然失业率1个百分点，则实际GDP增长比潜在GDP增长低2个百分点；反之则反是。

根据这一定律可推导出以下公式：

实际GDP增长＝潜在GDP增长－2×失业率变化率

奥肯定律给出了产品市场和劳动市场间重要的联系。这表明，要减少失业，实际GDP的增长须快于潜在GDP的增长。

例如，美国1979—1982年，实际GNP完全无增长，而潜在GNP每年增长3%，共增长9%，同时失业率上升4.5%，1979年失业率是5.8%，奥肯定律预言，1982年的失业率是10.3%，1982年实际失业率是9.7%。

（三）反失业措施

造成失业的原因不同，其解决的方法也不相同。例如解决周期性失业即需求不足引起失业的方法是运用宏观财政政策和货币政策。政府通过增加支出，减少税收，或增加货币供给量来刺激总需求，实现增加产出，提高就业水平。

摩擦性失业和结构性失业不是因总需求造成的，使用宏观经济政策不能解决这两种失业。经济学家认为，通过解决劳动力市场失衡，使劳动者与失业机会更相适应可降低这两种失业水平。这包括三个方面：①提供职业培训，使工人能适应技术水平更高的工作；②通过建立各种服务机构向工人提供就业信息；③通过立法来消除种族、宗教和性别等方面的歧视来反对各种就业歧视。

知识应用

1. 根据新课导入中的第二个问题回答：奥肯定律提示的经济增长与失业之间的关系是什么？能否根据这一定律来理解当前中国的经济实际？

2. 阅读下列材料后思考后面的问题：

材料1：大学生失业在我国表现非常突出，主要有思想观念型失业、知识技能型失业、区域差别型失业以及体制制度型失业，其形成原因也与大学生思想观念的落后、知识技能的缺乏以及区域结构的差别、体制制度的障碍等密切联系。

资料来源：袁月，陈英．大学生毕业生失业成因探究［J］．改革开放，2013（2）．

材料2：失业既是一个经济问题，也是一个社会问题，过高的失业率往往会成为社会不安定的因素，影响社会的和谐发展。中国经济运行过程中出现的与传统经济理论相悖的现象，我国出现高增长伴随着高失业现象的原因，即源于经济体制改革和人口总量等历史因素以及产业结构调整。缓解失业的对策有：保持制造业吸纳就业的能力、调整劳动力结构、完善就业服务及社会保障体系以及大力发展第三产业。

资料来源：陈莉花，叶成徽．我国经济增长下的失业现状及成因实证分析［J］．改革与战略，2011（8）：159－161.

材料3：近年来，幸福经济学的兴起为测算失业的福利影响提供了很好的线索，出现了一大批具有理论意义和现实意义的学术成果。这些成果从个体失业、他人失业、失业经历和再就业等四个方面对现有关于失业影响主观幸福感的文献进行梳理，清晰地刻画了当前这一领域的最新动向和成果。

资源来源：王海成．失业对主观幸福感影响研究进展［J］．经济学动态，2013（11）：135－142.

材料4：认为凯恩斯的失业理论对破解当前我国失业难题的启示有两点：一是大力扶持民间经济的发展，充分发挥民间经济对就业的拉动效应；二是扩大消费需求，带动经济与就业的协调增长。

资料来源：黄婧．凯恩斯的失业理论对破解当前我国失业难题的启示［J］．经济研究导刊，2012（2）：1－2.

根据失业的相关知识及以上文献资料，讨论当前大学生失业的主要原因及其影响。

知识探究

1. 在国家统计局网站上搜集中国自2003—2014年的GDP增长率和失业率数据，并分析中国近年来两者的数量关系，据此你认为奥肯定律所揭示的两者关系在中国存在吗？并以此探究中国改革开放以来经济增长与失业之间的真实关系。

2. 阅读下面材料，怎样理解有效需求不足与失业之间的关系。

凯恩斯的有效需求理论

1936年，凯恩斯发表《就业、利息、货币通论》，重提有效需求不足，并建立起比较完整的有效需求不足理论。这一原理是凯恩斯就业理论的出发点，是凯恩斯理论的核心。也被誉为西方经济理论的“凯恩斯革命”。凯恩斯经济学的核心是就业理论，而就业理论的逻辑起点是有效需求。

那么，什么是有效需求呢？所谓有效需求，是指商品的总需求与总供给相等时的

总需求。总供给＝消费＋储蓄＋税收＋进口。因为本国的进口表示国外厂商的供给。总需求就是一定价格水平下的总支出，因为支出代表对一定产品的购买。总需求＝消费＋投资＋政府支出＋本国出口。凯恩斯认为，在现实经济中，总需求往往小于总供给。凯恩斯将这种现象称为“有效需求不足”。那么，为什么会出现有效需求不足？凯恩斯认为，在市场经济运行中，存在三条永恒的心理规律，抑制着消费需求和投资需求的增长：①边际消费倾向递减规律，虽然消费随着收入一起增加，但消费总比收入增加得慢。②资本边际效率递减。③出于交易、谨慎和投机的需要，普遍具有“流动偏好”的心理。消费需求不足使得储蓄增加，投资需求不足又不能吸收储蓄将其转化为投资，结果造成了整个社会的有效需求不足。

为了促使总需求与总供给在充分就业的水平上实现均衡。凯恩斯的经济“药方”是：①赤字财政预算。凯恩斯提出过他的“公债哲学”：首先，公债债务人是国家，债权人是民众，国家与民众的根本利益是一致的，政府欠民众的钱就是说自己人欠自己的钱；其次，只要政局稳定，政府的债务偿还应有保证，不会导致信用危机；最后，政府的债务主要用于发展经济，经济发展后，政府就有能力偿还债务。在此基础上，他极力主张政府扩大支出，进行各种投资，刺激投资欲。②适度通货膨胀。他主张国家通过自己控制的中央银行系统地增发纸币，扩大信贷，压低利率。认为这样做一方面可以使企业家预期到线性利润将增大，从而会增加投资的欲望；另一方面纸币流通量的增加造成物价上升，这不仅压低了工人的实际工资，相对地提高资本边际效率，加强了投资引诱，而且令人们考虑到保持更多的现金是不聪明的，于是阻碍投资引诱的“流动偏好”将会越来越小，投资需求便会高涨。③福利措施。凯恩斯认为向富人征税再救济给穷人，有利于提高整个社会的边际消费倾向。因为富人的钱越多，储蓄的钱就越少，而征税后储蓄会减少，再救济给穷人，使之用于消费，从而会扩大消费需求，刺激生产，实现充分就业。

凯恩斯的以需求管理为中心的一整套政策主张，在战后西方各国得到了不同程度的采用；其在抑制经济危机的破坏力、扩大就业、平缓经济基础周期性波动、促进经济发展等方面的确取得了较为显著的成效。但是凯恩斯方法并不是在任何条件下都能使用的，凯恩斯的药方也并不是百病皆治的神药。

总就业量决定于总需求；失业是由于总需求不足造成的。由于总需求不足，商品滞销；存货充实，引起生产缩减；解雇工人，造成失业。当就业增加时，收入也增加。社会实际收入增加时，消费也增加。但后者增加不如前者增加那么多，这就使两者之间出现一个差额。总需求由消费需求与投资需求两者组成。因此，要有足够的需求来支持就业的增长，就必须增加真实投资来填补收入与这一收入所决定的消费需求之间的差额。换言之，在消费需求已定的情况下，除非投资增加，人为地增加社会需求，否则就业是无法增加的。中国的现状则是有效需求不足。因此会出现供大于求的说法。即便是人们的需求量尚未达到或者完全实现，但由于存在着价格门槛因此也不会进行消费。由此导致的生产萎缩，经济下滑成就了中国如此高的失业率。

(1) 资本家在经营生产时，既要考虑商品的总供给价格，又要考虑商品的总需求价格。如果总需求价格大于总供给价格，资本家就有利可图，增雇工人，扩大生产。反之减雇工人，缩小生产。直至两者相等，资本家预期获得的总利润达到最大量，生产和就业都达到均衡状态。此时的社会总需求，就称为“有效需求”。

(2) 有效需求包括消费需求和投资需求。由于边际消费倾向的作用造成消费需求不足，也造成投资需求不足，即社会总需求的不足，必然导致社会总就业量的不足和经济危机的产生。

凯恩斯试图用三大心理规律解释有效需求不足。

第一大心理规律就是边际消费倾向递减。它是指随着人们收入的增加，最末一个货币收入单位中用于消费的比例在减少。凯恩斯旨在通过消费解决生产问题，他一反传统经济学认为生产很重要的观点，把消费提到了一个至高无上的地位。在他看来，一切生产之最后目的，都在于消费。他详细考虑了影响消费的客观因素和主观因素。例如他所讲的客观因素包括所得的改变，资本价值的不能预料的变化；主观动机则如建立准备金，预防不测，使以后开支逐渐增加而不致下降。从事投机或发展事业的本钱，遗留财产给后人等。在此基础上，他的总体的结论和系统的见解是：①在人们收入增加的时候，消费也随之增加，但消费增加的比例不如收入增加的比例大。在收入减少的时候，消费也随之减少，但也不如收入减少得那么厉害。富人的边际消费倾向通常低于穷人的边际消费倾向。这是因为穷人的消费是最基本的消费，穷人之所以穷，是因为在穷人的收入中基本生活资料占了相当大的比重，而富人之所以富，在于富人早已超越了基本需求层次，基本生活资料在其收入中所占比例不大。②边际消费倾向取决于收入的性质。消费者很大程度上都着眼于长期收入前景来选择他们的消费水平。长期前景被称为永久性收入或生命周期收入，它指的是个人在好的或坏的年景下平均得到的收入水平。如果收入的变动是暂时的，那么，收入增加的相当部分就会被储藏起来。收入不稳定的个人通常具有较低的边际消费倾向。③人们对未来收入的预期对边际消费倾向影响甚大。边际消费倾向的降低，使得萧条更为萧条。

第二大心理规律是资本边际效率递减规律。所谓资本边际效率递减规律是指人们预期从投资中获得的利润率（即预期利润率）将因增添的资产设备成本提高和生产出来的资本数量的扩大而趋于下降。凯恩斯在用边际消费倾向规律说明消费不足之后，接着用资本边际效率崩溃去说明投资不足。给人们形成深刻影响的是凯恩斯似乎更着重于消费理论和消费政策。其实不然。在凯恩斯看来所谓的消费问题，只是由于资本边际效率崩溃，投资不足引起的，后者是因前者是果。在《通论》具有总结性的“略论商业循环”一章中，凯恩斯认为，发生商业周期的原因，恰恰在于资本边际效率，以及人们对资本边际效率递减的预期引发了经济周期。

凯恩斯写道，对于商业循环的说明，“其尤著者，当推消费倾向，灵活偏好状态，

以及资本之边际效率。此三者之变动，在商业循环中各有作用。但我认为商业循环之所以可以称为循环，尤其是在时间期限长短上之所以有规律性，主要是从资本之边际效率的变动上产生的”。凯恩斯详细描述了对资本边际效率，即资本未来收益的预期，是如何引致了经济周期的。凯恩斯写道：“繁荣期之特征，乃一般人对资本之未来收益作乐观预期，故即使资本品逐渐增多，其生产成本逐渐增大，或利率上涨，俱不足阻碍投资增加。但在有组织的投资市场上，大部分购买者都茫然不知所购为何物，投机者所注意的，亦不在对资本资产之未来收益作合理的估计，而在推测市场情绪在最近未来有什么变动，故在乐观过度，购买过多之市场，当失望来临时，来势骤而奇烈。不仅如此，资本之边际效率宣布崩溃时，人们对未来之看法，亦随之黯淡，不放心，于是灵活偏好大增，利率仍上涨，这一点可以使得投资量减退得非常厉害：但是事态之重心，仍在资本之边际效率之前崩溃——尤其是以前被人非常垂青的资本品。至于灵活偏好，则除了由于业务增加或投机增加所引起的以外，须在资本之边际效率崩溃以后才增加”。这就是说，越是预期资本的边际效率崩溃，越是不敢投资，不敢消费，从而有了对灵活偏好的偏好。

第三大规律是灵活偏好规律。灵活偏好规律是指人们愿意保持更多的货币，而不愿意保持其他资本形态的心理法规。凯恩斯认为，灵活偏好是对消费不足和投资不足的反映，具体而言是由以下的动机决定的：①交易动机，指为了日常生活的方便所产生的持有货币的愿望；②谨慎动机，指应付各种不测所产生的持有现金的愿望；③投机动机，指由于利息率的前途不确定，人们愿意持有现金寻找更好的获利机会。这三种动机，尤其是谨慎动机，说明面对诸多不确定性时，人们通常不敢轻易使用自己的存款。

资料来源：http：//3y. uu456. com/bp - 1981e3dfads1f01dc281f1eb - 1. html

任务二　通货膨胀理论

知识目标

1. 掌握衡量一个经济社会是否发生通货膨胀及其程度的指标；
2. 掌握导致通货膨胀的不同原因。

应用目标

能够运用通货膨胀理论解释现象中的经济现实和问题。

探究目标

探究中国改革开放以来出现的几次大通货膨胀形成的原因和影响。

新课导入

案例1：中国在经历了20世纪90年代中期急剧的通货膨胀之后，物价波动总体上已明显趋于平稳，近年来经济一直保持“高增长、低通胀”的良好局面。然而，在国际经济形势复杂多变和中国经济持续改革发展的双重背景下，诸多不确定因素对中国物价造成了不同程度的冲击，中国通货紧缩和通货膨胀现象时有发生。例如，2002年CPI当月同比增速全年为负值，2007年8月至2008年7月CPI当月同比增速连续12个月超过6%，2009年2月至2009年8月CPI当月同比增速连续7个月低于－1%，2011年3月至2011年10月连续8个月CPI当月同比增速增速突破5% 。

其中，2002年中国物价总水平持续小幅走低，主要是受到国内供给过剩、居民消费能力和消费倾向下降、劳动生产率提高和生产成本下降等因素影响；2007—2008年物价总水平上涨，主要是受到国内流动性过剩、资产价格膨胀、固定投资增速过快及国际原材料和大宗商品价格上涨等因素的影响；2009年物价总水平持续走低，则是受到国际大宗商品价格暴跌和国内经济增长放缓、需求下降等因素的影响；2010—2011年物价总水平持续上涨，则是因为国内“四万亿刺激计划”引起的流动性过剩所导致的。可见，中国物价波动的原因错综复杂，内外部冲击时常难以预料。

资料来源：单鹏，黄秋彬．中国通货膨胀监测预警体系的构建与实证分析［J］．东北财经大学学报，2015（2）：47—53。

那么：

（1）什么是通货膨胀？它主要包含哪几种类型？

（2）中国改革开放以来出现过哪几次大的通货膨胀？

知识解读

一、通货膨胀的描述

（一）通货膨胀的衡量

通货膨胀是指整体物价水平持续而普遍性上涨。具体来说通货膨胀是产品和劳务的价格普遍上升，是价格总水平的上升，而一种或几种产品或劳务价格上升，不是通货膨胀；通货膨胀是价格的持续上涨，价格总水平的持续上升，产品或劳务价格一次性上升也不是通货膨胀。例如，中国1993—1996年的物价水平持续上涨，经历了改革开放以来最为严重的通货膨胀。

就像股票市场的股价指数一样，宏观经济学用价格指数（物价指数）衡量整体物价水平。价格指数是用基期平均物价水平的百分比来衡量某一时期的平均物价水平。基期是统计当局选择的在比较物价水平时与现期相对应的某个时期，基期的物价指数为100。目前国家统计部门编制的价格指数主要有商品零售价格指数、商品批发价格指数、农副产品收购价格指数、工业品出口价格指数、生产资料价格指数、消费者价格指数、生产者价格指数。而最为常见的是消费者价格指数CPI和生产者价格指数PPI。

1. 消费者价格指数（Consumer Price Index，CPI）

CPI的计算公式为：

$$CPI=\frac{\text{一组固定商品按当期价格计算的价值}}{\text{一组固定商品按基期价格计算的价值}}\times 100$$

例如，2000年家庭每月购买一组商品和服务的费用是857元，2007年购买同样一组商品的费用是1174元，以2000年为基期，则2007年的消费价格指数为：

$$CPI_{2007}=\frac{1174}{857}\times 100=137$$

2. 生产者价格指数（PPI）

生产者价格是生产者在国内市场或出口市场出售其商品的价格。出售的对象不是消费者而是企业。在原则上，生产者价格指数应当包括服务业，但在实际计算时仅包括国内农业和工业部门。它不仅包括消费品，还包括原料和中间产品。

例如，美国的CPI根据国内91个地区21000家企业的364大类商品计算，根据每种商品的重要性确定权数（固定权数），对每种价格加权计算得出。如，假设消费者支出，食品占20%，住房占50%，医疗占30%，基准年的CPI为100。某年食品价格上涨2%，住房价格上涨6%，医疗价格上涨10%，计算某年的CPI：

$$100=(0.2\times 100)+(0.5\times 100)+(0.3\times 100)$$

则 $CPI=(0.2\times 102)+(0.5\times 106)+(0.3\times 110)=106.4$

3. 通货膨胀率

根据价格水平指数这一概念，通货膨胀可以描述为一定时期价格水平持续地显著地上涨。通货膨胀的程度一般用通货膨胀率来衡量。其计算公式为：

$$t\text{年的通货膨胀率}=\frac{t\text{年的价格水平}-(t-1)\text{年的价格水平}}{(t-1)\text{年的价格水平}}\times 100\%$$

$$\pi_t=\frac{P_t-P_{t-1}}{P_{t-1}}\times 100\%$$

例如，假设2007年CPI为140，2006年CPI为120，则2007年通胀率：

$$\pi_{2007}=\frac{140-120}{120}\times 100\%=16.7\%$$

（二）通货膨胀的分类

按照不同的标准或从不同角度可以对通货膨胀进行分类。

1. 按价格上涨的速度（每年价格上升的幅度）分类

（1）温和的通货膨胀，又可称为爬行的通货膨胀，通货膨胀率保持在10%以内。目前很多国家都存在有这种温和的通货膨胀。一些经济学家认为，如果每年的物价上涨率在2.5%以下，不能认为是发生了通货膨胀；在经济发展过程中，温和的通货膨胀可以刺激经济增长，被称为“润滑油”政策。

（2）奔腾的通货膨胀。指通货膨胀率在10%～100%，这里，货币购买力下降，经济严重扭曲。由于人们对货币的信心发生动摇会减少货币持有量，囤积居奇，所以这是一种很危险的通货膨胀。

（3）超级通货膨胀，指通货膨胀率在100%以上。这时价格持续猛涨，像一匹脱缰的野马，完全失去控制；货币大幅度贬值，人们对货币彻底失去信心；整个社会处于混乱之中，政府因此也会垮台。这种通货膨胀在历史上是罕见的，目前公认的世界范围内超级通货膨胀只发生过3次。第一次是1923年德国，一个月内德国物价上涨了2500%；第二次发生在1946年的匈牙利，第二次世界大战结束后，匈牙利一个月内一个便哥价值只相当于828×10^{7}分之一；第三次是在中国，1937年6月到1949年5月，伪法币的发行量增加了1445亿倍，同期物价上涨了36807亿倍。

2. 按对价格影响的差别分类

（1）平衡的通货膨胀，是指各类商品价格按相同比例上升。这里的商品价格包括生产要素及各种劳动的价格，如工资率、利率、租金等。

（1）非平衡的通货膨胀，是指各类商品价格按照不同比例上升。如农产品价格上涨幅度超过汽车价格上涨幅度。

3. 按预期程度分类

（1）未预期到的通货膨胀。一般指商品价格上涨超出人们的预期，人们根本就没有想到价格会上涨。例如，国际原材料价格突然上升引起的国内价格水平的上升，或者在长期价格不变的情况下突然出现的物价上涨。

（2）预期到的通货膨胀。指价格上涨未没有超出人们的预期，也称为惯性通货膨胀。这种通货膨胀一般在长期内较为稳定，人们可以根据过去的经验对未来通货膨胀率做出相当正确的预期。如某国物价水平年复一年地按照5%的速度上涨，人们便会预期到，物价水平将以同一比例上升。

另外，有些经济学家按通货膨胀的表现形式，将通货膨胀分为公开性通货膨胀（开放型、物价型）和隐蔽性通货膨胀（抑制型、短缺型）两种类型；一些经济学家按与经济发展和经济增长的联系分成：恢复性通货膨胀（通货回胀）、适应性通货膨胀（与经济稳定增长同步或略低）、停滞膨胀（经济停滞或衰退的同时通胀率较高）。

二、通货膨胀的成因

对于通货膨胀的原因，西方学者主要从三个方面来分析：第一是货币数量论的解

释，它强调货币在通货膨胀发生过程中的重要作用；第二是用总需求和总供给模型来解释，包括从总需求角度和总供给角度来分析；第三是从经济结构的要素变动来分析其成因。

(一) 货币供给量过度增长

货币数量论认为，每一次通货膨胀的背后都伴随着货币供给数量的增长，其理论依据是交易方程：

$$MV=PY$$

式中，M 为货币供给数量，V 为货币流通速度，即名义收入与货币数量之比，是一定时期内每货币单位用于购买最终产品或劳务的次数；P 为价格水平；Y 为实际收入。

上式可变形为：

$$P=\frac{MV}{Y}$$

这一式子表明，如果货币流通速度不变且收入处于潜在水平，货币供给数量的增加即是通货膨胀的基本原因。货币供给量增加，会导致货币流通速度减慢，并使国民收入水平上升，不一定会带来通货膨胀，但货币供给数量的过度增长则必然带来货币的贬值和物价的上涨。美国和世界上一些国家的经验数据已经证实了这一结论①，同学们也可自己去搜集中国近年来的相关数据分析这一结论。

(二) 需求拉动的通货膨胀

当总需求超过总供给，即出现超额总需求时引起的物价水平持续显著的上升就是需求拉动的通货膨胀，这种现象又被称为“过多的货币追逐过少的商品”。图 3-2 常被用来说明需求拉动的通货膨胀。

在图 3-2 中，横轴 y 表示总产量或国民收入，P 表示价格水平，AD 为总需求曲线，AS 为总供给曲线。起初，AS 曲线呈水平状表明，总产量较低时，总需求的增加不会引起通货膨胀；当总产量达到 y_1 后，继续增加总需求，应付遇到生产过程中的瓶颈现象，即由于劳动、原料、生产设备等的不足而使成本提高，从而引起物价上涨；当总需求 AD 继续提高时，总供给曲线 AS 逐渐向右上方倾斜，价格水平逐渐上升，如图中的 P_2；当总产量达到充分就业的产量水平 y_f 时，整个社会的资源得到充分的利用，这里的价格水平为 P_3，价格水平从 P_1 到 P_2 再到 P_3 的过程是由于资源瓶颈造成的；在实际充分就业后，如果总需求继续增加，总供给不再增加，总供给曲线 AS 呈垂直形状，这时总需求的增加只会引起价格水平的上涨，如图中的 P_4，物价水平从 P_3 上涨到 P_4 就是需求拉动的通货膨胀。

---

① 高鸿业．西方经济学（宏观经济学第六版）［M］．北京，中国人民大学出版社，2014：481.

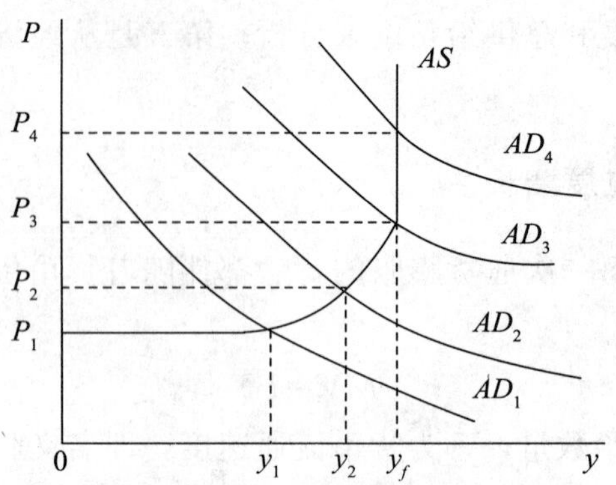

图 3-2　需求拉动的通货膨胀

（三）成本推动的通货膨胀

需求拉动的通货膨胀解释了从失业状态向充分就业状态调整过程中的一些通货膨胀现象，却不能解释 20 世纪 60 年代开始出现的滞胀现象，于是新古典综合派提出了成本推动型的通货膨胀理论。

成本推动的通货膨胀又称为成本通货膨胀或供给通货膨胀，它是由供给方面成本提高引起的物价上涨。西方学者认为，成本推动通货膨胀主要是由工资提高造成的，因而又称其为工资推动通货膨胀，以区别于利润提高造成的通货膨胀。

工资推动型：不完全竞争劳动市场的过高工资导致。工资—价格螺旋上升：工资上升引起物价上涨，物价上涨又引起工资提高。图 3-3 揭示了工资推动通货膨胀和利润推动通货膨胀的过程。

图 3-3 中，总需求是既定的，不发生移动，变动只出现在供给方面。当总供给曲线为 AS_1 时，价格水平为 P_1；当总供给曲线为 AS_2 时，价格水平为 P_2。这里，总产量比以前下降了，而价格水平却上涨了。当总供给曲线进一步上升到 AS_3 时，价格水平为 P_3。这里，总产量进一步下降，而价格水平进一步上涨。

一些西方学者认为，单纯用需求拉动或成本推动都不足以使价格水平持续上涨，而应当同时从需求和供给两方面以及两者之间的相互影响来解释通货膨胀。于是有人提出了混合通货膨胀理论。

供求混合推进的通货膨胀，单纯的需求拉动和单纯的成本推进少见，一般是推中有拉，拉中有推。通货膨胀可能从一般的过度需求开始，过度需求引起物价上涨，工会要求提高工资，成本推动引起更大的通胀。如果没有工资和收入的持续提高，过度需求很难持久。通货膨胀也可能从成本推进开始，如在工会的压力下提高工资率等。但如果不存在需求和货币收入水平的增加，这种类型的通货膨胀不会持久，因为在这种条件下，工资上升意味着产量减少和失业增加，会终止成本推进型通货膨胀。

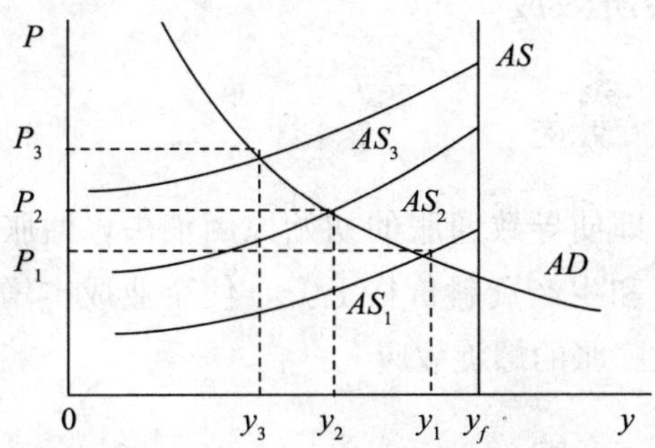

图 3－3　成本推动型的通货膨胀

(四) 结构性通货膨胀

结构性通货膨胀是指单纯由经济结构因素的变动而导致的一般物价水平的持续上涨。经济结构是指国民经济各组成部分以及各部分内部的相互联系和比例关系。国民经济各部门千差万别以及经济结构本身具有的特点，可以有以下三种情况：

第一，国民经济各部门劳动生产率提高的速度不同。

第二，国民经济各部门兴衰进展和发展状况不同。

第三，国民经济各部门与世界市场关系密切程度不同。

现代社会的经济结构很难使生产要素从生产率低的部门、衰落的部门、非开放的部门转移到生产率高的部门、迅速发展的部门、开放的部门，但前者在工资和价格方面却都要求公平和看齐，要求赶上去，最终导致一般物价水平持续和显著的上涨。

例如，全社会只有 A、B 两个部门，两者的产量相等，只是劳动生产率提高速度不同。A 部门的劳动生产率的增长率用（$\Delta Y/Y)_A$ 表示，为 3.5%，工资增长率用（$\Delta W/W)_A$ 表示，为是 3.5%。这时，社会物价水平不会因为 A 部门工资提高而上涨。但是 B 部门的劳动生产率增长率（$\Delta Y/Y)_B$ 是 0.5%，而工资增长率（$\Delta W/W)_B$ 向 A 部门看齐，也要求达到 3.5%时，就会使全社会的工资增长率超过劳动生产率增长率。全社会的工资增长率为：

$$\frac{\Delta W}{W}=\left[\left(\frac{\Delta W}{W}\right)_A+\left(\frac{\Delta W}{W}\right)_B\right]/2=(3.5\%+3.5\%)/2=3.5\%$$

全社会劳动生产率增长率为：

$$\frac{\Delta Y}{Y}=(3.5\%+0.5\%)/2=2.0\%$$

从全社会看，工资增长率超过劳动生产率增长 1.5%，物价水平上涨率或通货膨胀率就是 1.5%，其他两种情况类似。

三、通货膨胀的经济效应

(一) 通货膨胀的螺旋效应

一旦出现通胀预期，即使导致通胀的初始原因消失，通胀也有自行持续下去的趋势。通胀预期会导致工资和生产资料价格上升，使企业成本增加，从而又导致更高的价格水平。这称为“通货膨胀的螺旋效应”。

(二) 通货膨胀的经济影响

1. 收入分配和财富分配效应

非均衡和非预期的通货膨胀会使货币收入和财富从固定收入者手中转移到非固定收入者手中，从消费者手中转移到生产者手中，从债权人手中转移到债务人手中。

通货膨胀对工资收入者、利息租金退休金收入者、债权人、储蓄者等不利，对利润收入者、债务人、股票持有者等人有利。

2. 经济资源配置效应

在通货膨胀过程中，由于各种商品和生产要素的价格上涨幅度不同，引起相对价格体系的变动，最终会使原来的资源配置状况和方式发生变动，可能会出现三种情形。

第一，经济资源配置的正效应。通货膨胀引起的相对价格变化，使资源配置不合理转向合理。如20世纪60年代美国通货膨胀导致教师增长，缓解了教师缺乏状况。

第二，经济资源配置的负效应。资源配置更不合理了。如资源由生产性领域转向非生产性领域和投机造成浪费。

第三，正负混合效应。对有些部门产生了正效应，而对有些部门产生了负效应。

3. 产量效应（产出效应）

产量效应是指通货膨胀对整个经济领域生产和就业所产生的实际影响，包括：

第一，产量正效应。在非预期通货膨胀下，物价上涨率超过工资增长率，生产者可以获得更多利润，产量和就业会增加。其条件是（1）存在闲置未用的资源；（2）非预期通货膨胀；（3）温和的通货膨胀。

第二，产量负效应。成本推动的通货膨胀会使产量减少、就业下降。

第三，超级通货膨胀使货币体系破坏，生产减少甚至停止，投机活动盛行，社会秩序混乱。

4. 显性通货膨胀的“非效率”效应

（1）正常的经济秩序、活动原则和经济核算遭到破坏而失去有效性。任何社会经济活动都是以物价水平基本稳定为基础和前提的，协议、契约、制度、税收、会计、核算等在通货膨胀时都要发生重要变化，需不断修正。

（2）影响社会储蓄。储蓄减少、提取存款、抢购商品、囤积居奇，加剧经济不稳

定和价格上涨。

（3）削弱和破坏市场机制对经济活动的调节功能。价格变化又快又大导致信息不灵、不确定性和风险增加。

（4）阻碍技术革新和进步。技术革新成本增加、累进税导致资金缺乏、价格体系扭曲使技术应用前途渺茫。

5. 对外贸易和国际收支效应

通货膨胀造成货币贬值使汇率降低，影响对外贸易和国际收支。通货膨胀首先会引起国内总需求上升，达到充分就业时，就会使进口增加，出现外贸逆差，引起国际收支不平衡。

国内物价上涨又会使汇率下降，出口增加，进口减少，外贸转向顺差，最后会恢复国际收支平衡。尽管通货膨胀具有一定的国际收支调节机制，但过高的通货膨胀仍然会导致总需求和汇率的较大波动，影响经济的平稳发展。

（三）通货膨胀的社会影响

通货膨胀除了会造成经济方面影响外，还会产生一系列社会影响。

（1）通货膨胀会严重危害和污染社会心理。通货膨胀的出现可能导致公众滋生不安全感、恐惧感，感觉实际生活水平下降，不安心工作，对社会和政府不满等。

（2）造成公众的心理错觉。通货膨胀出现时，人们总感觉物价太贵，即使收入增加也不愿多增加支出，在通胀中得到好处的人也埋怨价格太高，遭受损失的人倍加痛苦，从而引起各阶层都对社会不满。

（3）导致社会不安定。通货膨胀出现时，失业者会增加，从而造成无数个人悲剧，人员流动增加，犯罪率上升。

西方学者认为，通货膨胀给经济造成的影响本身并不严重，真正的严重性在于收入再分配所导致的政治后果。特别在恶性通货膨胀时，利益再分配可以引起社会各阶层的对立和冲突，生产和就业就会出现停滞和混乱局面，造成社会动荡和不安。

知识应用

1. 如果 2011—2014 年的消费价格指数 CPI 分别为 400、440、462、462，求：

（1）2012 年、2013 年、2014 年的通货膨胀率。

（2）假定某公司员工从 2013 年开始签了为期两年的合同，其工资增长率为 0.1，在现有 CPI 水平下，其实际工资如何变化？

2. 劳动力供给函数 $Q=100+2W/P$，其中，W/P 是实际工资，劳动力需求函数 $Q=200-8W/P$。求：

（1）均衡状态下的实际工资和就业水平。

（2）假定劳动力的需求有所下降，其函数变为 $190-W/P$。则均衡工作下降多少？

就业减少多少？

3. 案例分析

1984 年 7 月至 1985 年 7 月一年时间里，玻利维亚的价格上涨了 3000%，出现了恶性通货膨胀。当时，该国总统邀请萨克斯帮助寻找治理这种恶性通货膨胀的办法，萨克斯带领几个助手到该国后，开始计算各种数据，后来发现，该国通货膨胀的根源是政府完全依赖中央银行作为赤字融资方式的财政措施，而财政预算的关键是石油价格。由于政府财政收入严重依赖于对石油征收的税收，当石油价格急剧下降时，会严重恶化整个财政预算。因此，萨克斯建议，制止恶性通货膨胀的主要措施是一次性大幅度提高石油价格，再辅之相应的财政措施。对此，无论是学界还是政府部门都认为，该政策不仅不能结束该国恶性通货膨胀，还可能使通货膨胀进一步恶化。但是，玻利维亚总统还是接纳了萨克斯的建议。1985 年 8 月 29 日开始实施该计划。随着石油价格的飙升，预算赤字消失了。预算赤字的突然消失导致汇率立即稳定下来。而汇率的稳定意味着该国货币比索价格也突然稳定了。一周之内该的恶性通货膨胀就结束了。

根据该案例，结合本节课堂知识和汇率知识讨论提高石油价格引发恶性通货膨胀结束的逻辑关系。

表 3-2　1980—2011 年中国历年的通货膨胀率（CPI 涨幅）　%

年份	1980	1981	1982	1983	1984	1985	1986	1987
通胀率	6.0	2.4	1.9	1.5	2.8	9.3	6.5	7.3
年份	1988	1989	1990	1991	1992	1993	1994	1995
通胀率	18.8	3.1	3.1	3.4	6.4	14.7	24..1	17.1
年份	1996	1997	1998	1999	2000	2001	2002	2003
通胀率	8.3	2.8	−0.8	−1.4	−1.4	0.4	0.7	−0.8
年份	2004	2005	2006	2007	2008	2009	2010	2011
通胀率	3.9	1.8	1.5	4.8	6.0	−1.0	5.0	—

问题：

（1）1980 年以来中国通货膨胀主要包含哪几种类型？

（2）课外搜集更多数据后回答：中国通货膨胀可分为哪几个阶段？造成各阶段通货膨胀的主要原因是什么？政府采取了哪些对策？并请你评价一下这些对策。如果是你，该如何应对这些通货膨胀？

任务三　失业与通货膨胀的关系：菲利普斯曲线

知识目标

1. 掌握菲利普斯曲线的建立及其发展的历程、菲利普期曲线的推导、短期菲利普斯曲线和长期菲利普斯曲线等基础知识；

2. 理解菲利普斯曲线的局限。

应用目标

能够根据菲利普斯曲线结合通货膨胀理论分析和解释关于失业和通货膨胀方面的一些经济现象。

探究目标

结合中国现阶段的经济状况探索针对通货膨胀和失业方面的有效对策。

新课导入

案例 1：中国现阶段面临严峻的就业压力

据国家统计局统计，现有城镇就业条件每年只能提供 1100 万左右就业岗位，不能解决年均 2400 万人以上所需的就业问题。同时我国基数庞大的人口增长，每年新增 900 多万城乡劳动力和约 1.5 亿左右农村剩余劳动力的就业安置，短期内都难以解决。劳动力大面积供过于求，在当前和今后都是重大社会问题。

1. 失业率与通货膨胀率有什么关系？经济学家们如何解释？

2. 能否根据菲利普斯曲线来解决当前中国严峻的就业问题？

知识解读

一、菲利普斯曲线

1. 菲利普斯曲线形成及其修正

（1）菲利普斯曲线的发现

1958 年 11 月伦敦经济学院的经济学家菲利普斯在《经济学杂志》发表了《英国失业和货币工资变动率之间的关系，1862—1957》一文，对 1862—1957 年英国失业和货币工资变动率之间的关系进行了研究，他发现货币工资增长率与失业率之间存在反向变动关系。如图 3-4 所示：A 点工资增长率高，失业率低，经济繁荣；B 点工资增长率低，失业率高，经济衰退。

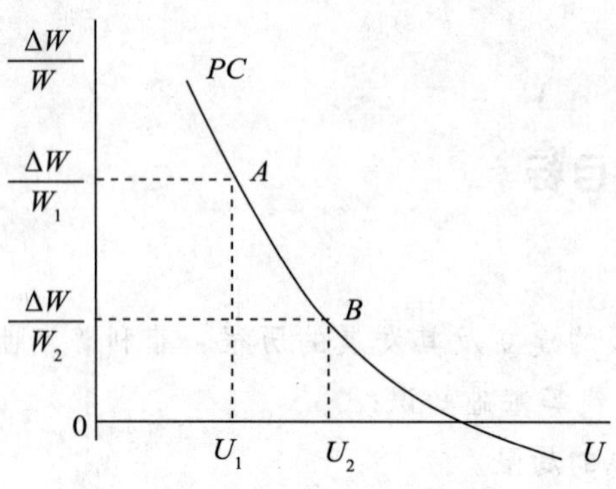

图 3-4 菲利普斯曲线

菲利普斯发现，如果英国失业率维持在 5.5%的水平，货币工资增长率就会稳定不变。如果失业率保持在 2.5%，货币工资增长率为 2%，不会超过劳动生产率的增长率。

菲利普斯曲线可用公式表示为：$\Delta W/W=a-bu$

（2）新古典综合派对原始菲律普斯曲线的改造

1960 年，萨缪尔森和索洛根据价格变化和失业变化关系采用大萧条后 25 年的数据重复了菲利普斯的经验工作。得到了类似于菲利普斯发现的稳定的负斜率曲线。如图 3-5所示：

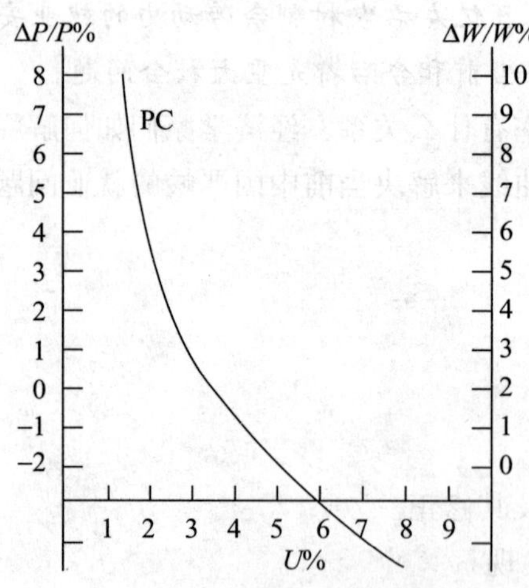

图 3-5 改造后的菲利普斯曲线

通货膨胀率＝货币工资增长率－劳动生产率增长率。如当工资增长率为 3%时，劳

动生产率增长率为 2%，通货膨胀率为 1%。PC 曲线向右下倾斜，说明失业率与通货膨胀率之间存在反比关系，即替代关系。

菲利普斯曲线只是一种经验性发现，但它提供了把通货膨胀和失业联系起来的宏观政策选择模式，成为凯恩斯宏观经济政策的重要组成部分：要压低通货膨胀就会增加失业，而要实现充分就业，通胀率就会提高。通货膨胀率目标和失业率目标不能兼得。

(3) 附加预期的菲利普斯曲线

20 世纪 60 年代末 70 年代初，世界经济因石油而陷入衰退，高失业与高通货膨胀现时并存。现实不再支持菲利普斯曲线，并摧毁了凯恩斯宏观经济学的整个理论体系。为了解释新的经济现象，弗里德曼等人对原始的菲利普斯曲线做了修正，用预期的通货膨胀来拓展基本的菲利普斯模型，从而建立了附加预期的菲利普斯曲线。同时，弗里德曼还提出了自然失业率概念：自然失业率不可能通过工作和价格波动消除。因此，短期通货膨胀只与周期失业率，即实际失业率偏离自然失业率有关。

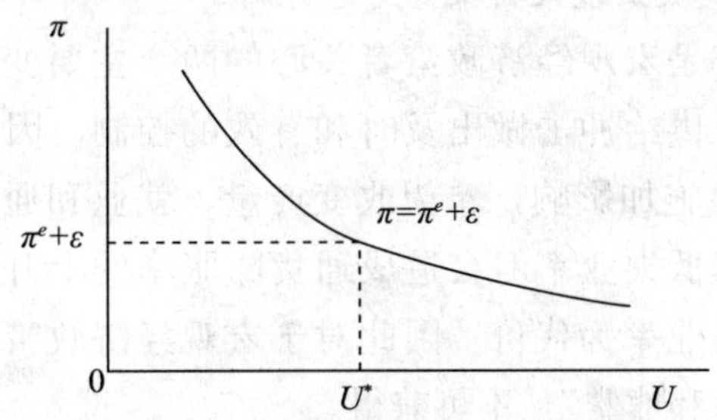

图 3-6　附加预期的菲利普斯曲线

因此，修正后的菲利普斯曲线（见图 3-6）反映了这样一种关系：通货膨胀率取决于三个因素：预期通货膨胀率、周期失业率（实际失业率与自然失业率的差额）、总供给冲击。可用下面的关系来表达：

$$\pi = \pi^e - \beta(u - u_n) + \varepsilon$$

2. 菲利普斯曲线的推导

菲利普斯曲线实际上是总供给曲线的另一种表达形式。总供给曲线指出产出和价格之间是正向变动的。由于通货膨胀就是价格的变化率，而失业率随着产出的上升而下降，因此总供给曲线隐含着通货膨胀和失业之间的反向变化关系，菲利普斯曲线恰恰反映这种关系。

在简单的情况下，附加预期的总供给函数写为：

$$p = p^e + \lambda\ (Y - \bar{Y}) \tag{1}$$

其中，p 和 p^e 分别为价格水平和预期价格水平的对数，Y 和 $\bar{Y}$ 分别为总产量和潜在产量，λ 为参数且 $\lambda \geqslant 0$。

式（1）两边减去上一期的价格水平 p_{-1}，有

$$p-p_{-1}=(p^e-p_{-1})+\lambda(Y-\bar{Y}) \tag{2}$$

在式（2）中，$p-p_{-1}$为通货膨胀率，记为π，p^e-p_{-1}为预期通货膨胀率，记为π^e，则式（2）为：

$$\pi=\pi^e+\lambda(Y-\bar{Y}) \tag{3}$$

另外，奥肯定律说明，总产量与失业之间存在反向关系。具体地，由奥肯定律，有：

$$\lambda(Y-\bar{Y})=-\beta(u-u_n) \tag{4}$$

其中，β 为常数且 $\beta>0$，u 为失业率，u_n 为自然失业率。将式（4）代入式(3)，得：

$$\pi=\pi^e-\beta(u-u_n) \tag{5}$$

式（5）即为菲利普斯曲线。与总供给曲线一样表明实际经济波动与未预期到的价格波动之间的关系。

3. 短期菲利普斯曲线及其政策含义

通货膨胀率和失业率是宏观经济政策者关心的两个主要变量。由于宏观经济政策难以对通货膨胀预期和总供给冲击做出及时和有效的控制。因此政策制定者常常通过财政或货币政策对总需要施加影响，希望改变产量、就业和通货膨胀。按照菲利普斯曲线，扩大总需求能够降低失业率但会造成通货膨胀率的上升，而抑制总需求会降低通货膨胀率，但必须以失业率为代价。因此对于宏观经济政策的制定者来说，低通货膨胀率和低失业率是“鱼和熊掌”，不可兼得。

短期菲利普斯提供了一种可以在通货膨胀和失业之间进行选择的菜单：政府可以采用扩张的宏观经济政策，以较高的通货膨胀率来换取较低的失业率：政府也可以运用紧缩的宏观经济政策，以较高的失业率换取较低的通货膨胀率。

图 3-3 中菲利普斯曲线就是短期的菲利普斯曲线，曲线上的每一点代表可供政策制定者选择的通货膨胀率和失业率的组合点。当周期失业率为 0 时，经济处于自然失业率水平上，通货膨胀率就由预期通货膨胀率和总供给冲击决定。等于其斜率的绝对值为β，这表明，失业率降低 1%，通货膨胀率就上升 β%。

为了了解是否实行降低通货膨胀率的政策，政府必须了解这一过程中产出下降水平以权衡降低通货膨胀率的收益和成本。经济学家通常用牺牲率来衡量，用降低通货膨胀造成的产量损失除以通货膨胀的降低率，就是通货膨胀率每降低 1%所造成的产量损失的百分比。一项研究表明，美国 20 世纪 60—80 年代的牺牲率是 2.5%，就是通货膨胀率每降低 1%所造成的产量会下降 2.5%，这个就是降低通货膨胀的成本或代价。

短期菲利普斯曲线还受人们预期的影响，当预期上升时，短期菲利普斯曲线就会向上移动。如图 3-7 所示。当然，这种预期只是适应性预期。另一种解释是卢卡斯和萨金特的理性预期。根据这一假设，当政府宣布要降低通货膨胀率时，理性的人们会

迅速调整他们的预期，使预期的通货膨胀率降低。反通货膨胀的成本会因此大大降低，甚至为 0，不引起任何衰退。当然其条件：一是降低通货膨胀的计划必须在工人和企业对工薪和价格预期前宣布；二是这种计划必须是可信的。这时短期菲利普斯曲线会向下移动，通货膨胀率能在失业率不变时得到下降。

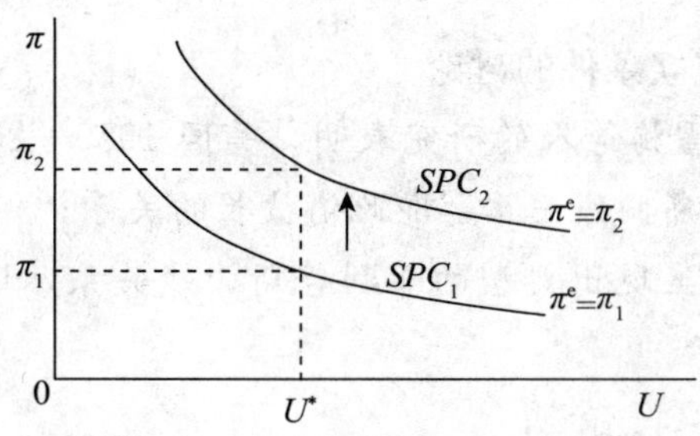

图 3－7　短期菲利普斯曲线及其移动

4. 长期菲利普斯曲线

长期中，人们通过对预期的不断修改，π^e 与 π 会趋向于一致，工人货币工资的提高使其实际工资不变，从而通货膨胀不会起到减少失业的作用，两者不存在替代关系，这里的菲利普斯曲线就是长期菲利普斯曲线，它是一条位于自然失业率水平 U^* 上的垂线。如图 3－8 所示，在每条短期菲利普斯曲线上，预期通货膨胀率是固定的，如果预期通货膨胀率变动，短期就会发生移动。在 $U=U^*$ 点的左边，实际通货膨胀率高于预期通货膨胀率，因此失业率低于自然失业率；在 $U=U^*$ 点的右边，实际通货膨胀率低于预期通货膨胀率，因此失业率高于自然失业率。因此，除了图中的 A、B、C 三点外，实际通货膨胀率和预期通货膨胀率都不相等。

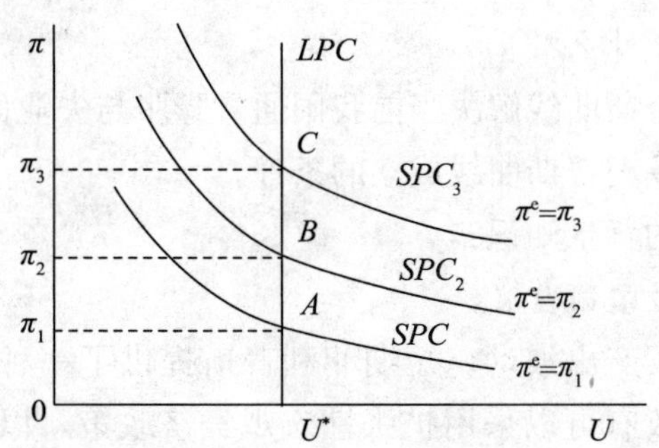

图 3－8　长期菲利普斯曲线

即使人们只是做出适应性预期，长期内，企业和工人会不断调整其预期，最终使预期通货膨胀率和实际通货膨胀率相等。将图中的 A、B、C 三点连接起来就会得到一条长期的菲利普斯曲线 LPC。它描述了实际通货膨胀率与预期通货膨胀率相等时失业率与通货膨胀之间的关系。实际上长期菲利普斯曲线就是长期总供给曲线，它表明，失业率保持自然失业率水平，产出水平不受通货膨胀率影响。短期内通货膨胀与失业之间此消彼长的关系在长期内不再成立，政府的宏观经济政策在长期内不再有效。

知识应用

1. 对菲利普斯曲线成立条件的讨论

案例 2：黎德福，唐雪梅等人的研究表明，美国 1959—2007 年间通货膨胀率和失业率呈现出典型的菲利普斯曲线关系，即此消彼长的关系；但中国 1979—2010 年间通货膨胀率和失业率却没有呈现出典型的菲利普斯曲线关系，近年甚至出现了双高的正相关关系。如图 3-9 所示。

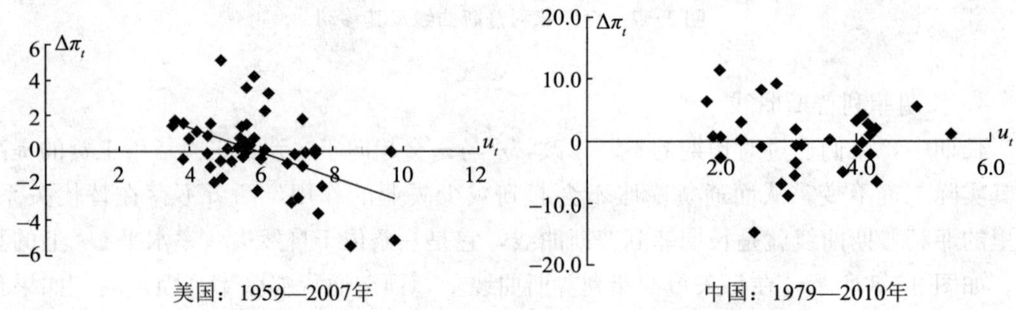

图 3-9　美国与中国：通货膨胀率 π 的变化与失业率 u 的关系

资料来源：黎德福，唐雪梅．劳动无限供给下中国的经济波动［J］．经济学（季刊），2013（4）：825.

（1）这一现象说明了什么？

（2）能否根据菲利普斯曲线解决当前我国通货膨胀与失业面临的双重压力问题？

（3）结合实际分析菲利普斯曲线成立的条件。

回答这些问题需要的背景知识：

（1）菲利普斯曲线及政策含义

工资、价格波动引发产出波动。短期菲利普斯提供了一种可以在通货膨胀和失业之间进行选择的菜单：政府可以采用扩张性宏观经济政策，以较高的通货膨胀率来换取较低的失业率；政府也可以运用紧缩性宏观经济政策，以较高的失业率换取较低的通货膨胀率。这表明，低通货膨胀率和低失业率是“鱼和熊掌”，不可兼得。

（2）中美之间基本国情的差异：①市场机制完善程度不同。西方发达国家的市场经济相对完善。我国仍处于经济转轨过程，工资、价格不完全由市场调节，尤其是国营企事业单位的工资较大程度上仍由国家宏观调控。而且美国有相对完善的社会保障

体系。我国的社会保障体系则相对落后，假如采取提高通胀率来降低失业率，使通胀率涨幅超过工资升幅，后果将是低收入群体占消费者主体的现状无较大改变，会抑制总需求，使我国转向以扩大内需为主导的经济发展战略难以实现外，还会增加企业生产成本，从而减少投资和总供给，产生经济衰退压力。②人口基数和城镇化水平不同。中国人口总量远远高于美国，并且城镇化率低，农村人口仍占总人口的40%。

(3) 短期菲利普斯曲线在英美这些西方发达表现得非常典型（当然也有特例，如20世纪70年代的滞胀），但在中国却没有。因为决定中美之间的通货膨胀率和失业率的原因不同，这主要表现在：

①工资、价格决策机制和主体不同。在美国厂商和工人是市场经济主体，工资和产品价格大都由厂商和工人根据市场预期和供需状况决定。我国工资总体升幅由国家调控，工资上涨增加的生产成本并不完全加在所有企业产品价格上。

②推动通胀上升的因素不同。我国通胀虽然在一定程度与工资成本上升有关，但近年由农产品、原燃材料价格，进口中间品成本上升导致的成本推动型通胀、由城乡利益格局调整导致的结构性通胀，以及由国际投机资本涌入，外汇储备增长过快导致的流动性过剩压力，构成我国物价上涨主要因素，这与20世纪70年代石油危机引发美国的滞胀局面类似。

③中国失业率并不完全由产出因素决定。因为人口基数太大，城镇化率较低。

这说明，菲利普斯曲线中反映通货膨胀率与失业率此消彼长的关系是有条件的。比如相对完善的市场经济体制、产出是失业率的决定性因素、较高的城镇化水平和相对较少的农业劳动人口等。

2. 当前应对中国通货膨胀和严峻就业压力问题的对策分析

由于现阶段的双高局面，无论是紧缩性的还是扩张性的经济政策都不利于中国经济的健康发展，因而应采取稳健的宏观经济政策，并实施相应的配套改革：

(1) 进一步完善市场经济体制。通过价格调节合理引导总需求和总供给，并通过完善社会保障体系稳定社会需求。

(2) 促进技术创新，引致集约式经济增长。技术创新使劳动生产增长率超过工资成本增长率，从而抑制工资成本推进型通胀和由供不应求引致的需求推动型通胀。

(3) 优化产业结构，大力发展第三产业。当然，技术创新虽能随生产规模扩大提供新增就业机会，但也会因产业结构升级或自动化程度提高等技术进步而对劳动力需求下降。因此，一方面有必要在促进高新技术产业带动产业结构升级同时，大力发展第三产业，促进多种经济成分的中小型企业、民营企业、个体行业的发展，使就业渠道多元化。

(4) 政府加强对劳动者就业的技能培训。对培育完善劳动力市场的适当投入，有助于加速低技能的过剩劳动力向其他劳动力供不应求的部门或行业转移，缓解自然失业率问题。

问题：结合菲利普斯曲线试分析这些改革措施的合理性。

搜集相关文献，撰写一篇关于中国如何应对当前通货膨胀和就业双重压力的讨论稿。

项目四　宏观经济政策

任务一　宏观经济政策的目标

知识目标

1. 了解宏观经济政策的必要性，理解宏观经济政策的目标及相互之间的关系；
2. 掌握宏观经济政策四大目标的基本内容；
3. 理解宏观经济政策的主要类型。

应用目标

根据宏观经济四大目标分析其如何影响我们的日常工作。

探究目标

搜集数据资料，探究中国宏观经济政策目标之间的现实关系，并探讨其原因。

新课导入

材料1： 你可以不关心宏观经济政策，但它将会影响你的生活。

2014年中央经济工作会议于2014年12月10日至13日在北京举行。习近平在会上发表重要讲话，分析了当前国内外经济形势，总结2014年经济工作，提出2015年经济工作的总体要求和主要任务。李克强阐述了2015年宏观经济政策取向，对2015年经济社会发展重点工作作出具体部署，并作总结讲话。小王发现会议的内容成为周围很多人谈论和关注的焦点，有炒股的同事在探讨，经济工作会议后又会出台怎样的政策稳定金融和资本市场？犹豫不决想出手买房子的人在问，经过这几年的房地产政策调控，房价是否还会下降，在经济工作会议后，又会出台怎样的房产新政？一些经常出入菜市场和超市的家庭主妇们也在打听，明年情况怎样，菜价会降还是会涨？中央政府的会议很多，但很少有像经济工作会议这样，成为舆论和大众关注的焦点。这其中的原因主要在于房价的变化、物价的涨跌、就业的难易、股市的波动或多或少受到中央经济工作会议后出台的宏观经济政策的影响，国家的宏观经济政策关涉到民生福祉，与每一个人息息相关。作为普通百姓，生活的压力让大家不得不关心宏观经济政策，不得不留意宏观经济政策对柴、米、油、盐的影响。

这充分说明，宏观经济政策与我们的生活是息息相关的。宏观经济政策的目标是什么？它是如何影响经济，影响我们的生活的？在这一节我们将一一解答。

知识解读

一、宏观经济政策目标

当市场经济自动调节机制难以发挥作用，或者经济在短期内无法较快恢复均衡时，政府可以发挥积极的作用，帮助经济向均衡调节。在这方面，由于政府的作用主要是对总需求方面产生影响，所以，政府也可以设想在一般情况下对于总需求加以管理和适当调节，以使经济大致保持在正常的状态。这就是由美国凯恩斯主义首先倡导和实行的宏观经济政策的管理思想。

西方经济学者认为，宏观经济政策是国家或政府为了增进社会经济福利而制定的解决经济问题的指导原则和措施，是政府为了达到一定的经济目标而对经济事务所做出的官方干预。经济学中常见的宏观经济政策目标包括充分就业、物价稳定、经济增长和国际收支平衡四大方面。

（一）充分就业

充分就业是宏观经济政策的第一目标，指一切生产要素都有机会以自己愿意的报酬参与生产的状态。但是充分就业不是字面意义上的达到百分之百的就业，因为在经济运行的具体实际中有一些特殊的情况。失业使有劳动能力的社会成员得不到劳动的机会，不仅造成了社会劳动资源的巨大浪费，更主要的是失业人员得不到收入来源，使他们的生活受到直接的威胁。一般来说，失业可分为自愿失业（包括摩擦性失业和结构性失业）和非自愿失业。摩擦性失业指在生产过程中由于难以避免的摩擦造成的短期、局部性失业。自愿失业指工人不愿意接受现行工资水平而形成的失业。非自愿失业指愿意接受现行工资但仍找不到工资的失业。如果失业仅限于自愿失业的话，我们就认为实行了充分就业。

（二）物价稳定

保持物价的稳定是宏观经济政策的另一个重要目标。物价稳定指价格总水平的稳定。在市场经济中，价格的波动是价格发挥调节作用的形式。但价格的大幅波动对经济有不良影响。如果物价大幅上升和通货膨胀，会刺激麻木投资，重复建设，片面追求数量的扩张，经济效益和质量下降；如果物价下降和通货紧缩，则会抑制投资，生

产下降，失业增加。在社会主义市场条件下，绝大多数商品和服务的价格由市场决定，但政府可以运用货币等经济手段对价格进行调节，必要时也可以采用某些行政手段以保持价格的稳定，避免价格的大起大落。

（三）经济增长

经济增长指在一个特定时期内经济社会所生产的人均产量和人均收入的持续增长。经济增长是经济和社会发展的基础。持续快速的经济增长是解决失业、改善人民生活水平与质量、提高人口素质、增强国力的前提条件。因此，促进经济增长是宏观政策调控的最重要目标。

（四）国际收支平衡

国际收支平衡，指国际收入和国际支出相等的平衡状态。国际收支平衡，不是要求国际收入和国际支出绝对相等，而是维持一种相对平衡。从长远来看，各国政府应该追求对外收入和支出的平衡，大量的顺差和大量的逆差都不是好事情。国际收支对现代开放型经济国家是至关重要的，一国的国际收支状况不仅反映了这个国家的对外经济交往情况，还反映出该国经济的稳定性。当一国国际收支处于失衡状态时，就必然会对国内经济形成冲击，从而影响该国国内就业水平、价格水平及经济增长。长期的国际收支盈余是以减少国内消费与投资为代价的不利于一国的充分就业和经济增长目标的实现；长期的国际收支赤字终究要由外汇储备或借款来偿还，将会导致国内的通货膨胀。因此国际收支平衡是保障其他宏观经济政策目标实现的基本要求。

二、宏观经济政策目标之间的关系

西方学者认为，要实现既定的经济政策目标，政府运用的各种政策手段，必须相互配合，协调一致。如果财政当局与货币当局的政策手段和目标发生冲突，就达不到理想的经济效果，甚至可能偏离政策目标更远。其次，政府在制定目标时，不能追求单一目标，而应该综合考虑，否则会带来经济上和政治上的副作用。因为经济政策目标相互之间不但会存在互补性，也存在一定的冲击，如充分就业与价格稳定间就存在两难选择。此外，还要考虑到政策本身的协调和对时机的把握程度。上述这些都影响政策有效性，即关系到政府经济目标实现的可能性和实现的程度。因此，政府在制定经济目标和经济政策时应该作整体性的宏观战略考虑和安排。

在实际经济活动中，上述经济目标并不总是一致的，它们之间存在着各种各样的矛盾。除了充分就业与经济增长之间一般是正相关之外，其他目标多表现为冲突的一面。

（一）物价稳定与充分就业

事实证明，物价稳定与充分就业之间经常发生冲突。若要降低失业率，增加就业人数，就必须增加货币工资。若货币工资增加过少，对充分就业目标就无明显促进作用；若货币工资增加过多，致使其上涨率超过劳动生产率的增长，这种成本推进型通货膨胀，必然造成物价与就业两项目标的冲突。如西方国家在20世纪70年代以前推行的扩张政策，不仅无助于实现充分就业和刺激经济增长，反而造成“滞胀”局面。因此，失业率和物价上涨率之间只可能有以下几种选择：

（1）失业率较高的物价稳定；

（2）通货膨胀率较高的充分就业；

（3）在物价上涨率和失业率的两极之间实行组合，即所谓的相机抉择，根据具体的社会经济条件做出正确的组合。

（二）物价稳定与经济增长

物价稳定与促进经济增长之间是否存在着矛盾，理论界对此看法不一，主要有以下几种观点：

1. 物价稳定才能维持经济增长

这种观点认为，只有物价稳定，才能维持经济的长期增长势头。一般而言，劳动力增加，资本形成并增加，加上技术进步等因素促进生产的发展和产量的增加，随之而来的是货币总支出的增加。由于生产率是随时间的进程而不断发展的，货币工资和实际工资也是随生产率而增加的。只要物价稳定，整个经济就能正常运转，维持其长期增长的势头。这实际上是供给决定论的古典学派经济思想在现代经济中的反映。

2. 轻微物价上涨刺激经济增长

这种观点认为，只有轻微的物价上涨，才能维持经济的长期稳定与发展。因为，通货膨胀是经济的刺激剂。这是凯恩斯学派的观点，凯恩斯学派认为，在充分就业没有达到之前增加货币供应，增加社会总需求主要是促进生产发展和经济增长，而物价上涨比较缓慢。

并认定资本主义经济只能在非充分就业的均衡中运行，因此轻微的物价上涨会促进整个经济的发展。美国的凯恩斯学者也认为：价格的上涨，通常可以带来高度的就业，在轻微的通货膨胀之中，工业之轮开始得到良好的润滑油，产量接近于最高水平，私人投资活跃，就业机会增多。

3. 经济增长能使物价稳定

这种观点则认为，随着经济的增长，价格应趋于下降，或趋于稳定。因为，经济的增长主要取决于劳动生产率的提高和新生产要素的投入，在劳动生产率提高的前提下，生产的增长，一方面意味着产品的增加，另一方面则意味着单位产品生产成本的降低。所以，稳定物价目标与经济增长目标并不矛盾。这种观点实际上是马克思在100多年以前，分析金本位制度下资本主义经济的情况时所论述的观点。

实际上，就现代社会而言，经济的增长总是伴随着物价的上涨。这在上述分析物

价上涨的原因时，曾予以说明，近 100 年的经济史也说明了这一点。有人曾做过这样的分析，即把世界上许多国家近 100 年中经济增长时期的物价资料进行了分析，发现除经济危机和衰退外，凡是经济正常增长时期，物价水平都呈上升趋势，特别是第二次世界大战以后，情况更是如此。没有哪一个国家在经济增长时期，物价水平不是呈上涨趋势的。就我国而言，几十年的社会主义经济建设的现实也说明了这一点。20 世纪 70 年代资本主义经济进入滞胀阶段以后，有的国家甚至在经济衰退或停滞阶段，物价水平也呈现上涨的趋势。

从西方货币政策实践的结果来看，要使稳定物价与经济增长齐头并进并不容易。主要原因在于，政府往往较多地考虑经济发展，刻意追求经济增长的高速度。譬如采用扩张信用和增加投资的办法，其结果必然造成货币发行量增加和物价上涨，使物价稳定与经济增长之间出现矛盾。

（三）经济增长与国际收支平衡

在一个开放型的经济中，国家为了促进本国经济发展，会遇到两个问题。

1. 经济增长引起进口增加

随着国内经济的增长，国民收入增加及支付能力的增加，通常会增加对进口商品的需要。如果该国的出口贸易不能随进口贸易的增加而相应增加，必然会使得贸易收支状况变坏。

2. 引进外资可能形成资本项目逆差

要促进国内经济增长，就要增加投资，提高投资率。在国内储蓄不足的情况下，必须借助于外资，引进外国的先进技术，以此促进本国经济。这种外资的流入，必然带来国际收支中资本项目的差额。尽管这种外资的流入可以在一定程度上弥补贸易逆差而造成的国际收支失衡，但并不一定就能确保经济增长与国际收支平衡的齐头并进。其原因在于：

（1）任何一个国家，在特定的社会经济环境中，能够引进技术、设备、管理方法等，一方面，决定于一国的吸收、掌握和创新能力；另一方面，还决定于国产商品的出口竞争能力和外汇还款能力。所以，在一定条件下，一国所能引进和利用的外资是有限的。如果把外资的引进完全置于平衡贸易收支上，那么外资对经济的增长就不能发挥应有的作用。此外，如果只是追求利用外资促进经济增长，而忽视国内资金的配置能力和外汇还款能力，那么必然会导致国际收支状况的严重恶化，最终会使经济失衡，不可能维持长久的经济增长。

（2）在其他因素引起的国际收支失衡或国内经济衰退的条件下，用于矫正这种失衡经济形态的货币政策，通常是在平衡国际收支和促进经济增长两个目标之间做合理的选择。国际收支出现逆差，通常要压缩国内的总需求，随着总需求的下降，国际收支逆差可能被消除，但同时会带来经济的衰退。而国内经济衰退，通常采用扩张性的货币政策。随着货币供应量的增加，社会总需求增加，可能刺激经济的增长，但也可能由于输入的增加及通货膨胀而导致国际收支失衡。

（四）充分就业与经济增长

一般而言，经济增长和充分失业两项目标间具有内在的一致性。经济增长能够创造更多的就业机会，但在某些情况下两者也会出现不一致，例如，以内涵型扩大再生产所实现的高经济增长，不可能实现高就业。再如，片面强调高就业，硬性分配劳动力到企业单位就业，造成人浮于事，效益下降，产出减少，导致经济增长速度放慢，等等。

三、宏观经济政策的基本类型

宏观经济政策可分为需求管理和供给管理政策，需求管理是指通过调节总需求来达到一定政策目标的宏观经济政策工具。它包括财政政策和货币政策。需求管理政策是以凯恩斯的总需求分析理论为基础制定的，是凯恩斯主义所重视的政策工具。供给管理是通过对总供给的调节，来达到一定的政策目标。在短期内影响供给的主要因素是生产成本，特别是生产成本中的工资成本。在长期内影响供给的主要因素是生产能力，即经济潜力的增长。供给管理政策具体包括控制工资与物价的收入政策、指数化政策、就业政策和经济增长政策。但目前宏观经济政策主要以需求管理政策为主，即财政政策和货币政策。

知识应用

根据下列两个案例思考后面的问题。

案例1：我国宏观经济政策目标选择的演变

一般来讲各国宏观经济政策有四个目标，既充分就业、物价稳定、经济增长和国际收支平衡。诚然这四个目标都很重要，而具体侧重于哪些目标？完全依赖于本国实际经济运行情况、经济背景及当时所遇到的经济问题，权衡利弊，选择经济政策目标。

随着市场化进程的加快，我国宏观经济政策目标的确定基本上也是随经济形势的变化做一定的调整。在20世纪90年代我国出现了严重的通货膨胀，物价大幅度上升，这时国家的宏观经济政策目标是以保持经济增长和稳定物价为主，1998年亚洲金融风暴的爆发，加速了我国经济的不景气，出现了持续的通货紧缩，这时国家转而采用积极的财政政策和稳健的货币政策，目标是以保持经济增长为主要目标，2010年以来，我国经济增长延续了下行态势，且降幅有所扩大，并创1992年以来季度累计同比增速回调时间最长纪录。这既是多重周期因素交织、内外需求下降叠加的结果，也在一定程度上反映了我国经济由高速向中速增长阶段的转换。面对经济增长的下行压力，党中央、国务院确定了“稳中求进”的总基调，保持宏观需求政策的基本稳定，把稳增

长放在更加重要的地位，确立稳增长、稳效益、防风险的宏观调控基本思路与目标。

案例 2：从大学生就业压力看我国宏观经济政策目标选择

1. 大学生就业压力难以避免

我国是一个发展中大国，随着第三次全国出生高峰期的出生人口逐步达到劳动年龄，今后一段时间中国将进入劳动力供给最丰富、人口抚养负担最轻的时期，为经济快速增长创造了非常有利的人口环境。但是，这一时期解决就业问题也变得非常困难，特别是实现充分就业很难。调查显示，我国未来五年面临三大就业压力：①劳动适龄人口规模持续增长的压力。②大量农村剩余劳动力向城镇转移的压力。③下岗失业人员的压力。在市场经济环境下，国企改制和企业减员增效是改革发展中的重要内容，因此下岗失业问题将继续存在。此三大就业压力直接造成了现阶段大学生的就业压力。

2. 选择以充分就业为宏观经济政策主要目标的理论分析

在宏观经济理论研究中，建立在总供给与总需求模型基础之上的总供给与总需求的总量平衡，应该说只是一个理想目标或理想值。事实上，现实经济运行中只能达到总量上的大体平衡。作为宏观政策目标，就业和物价基本稳定同等重要，但政府可根据不同时期的经济形势来提高充分就业在宏观经济政策目标中的次序。其理由有很多：如失业率更能引发社会动荡，政府对付通货紧缩有一定的有效的补救性措施，而对付失业引起的社会动荡却很难控制。当前我国宏观经济政策的目标选择取向不应以单纯的GDP增长为目标，而应以追求充分就业下的经济增长作为首要目标。就目前就业形势的现状及未来趋势而言，现在宏观经济政策的目标做适时调整的时机已成熟，应将充分就业作为其重点目标以应对现今的经济形势。

问题：根据案新课导入中的案例和这里提供的案例 1、案例 2，分析宏观经济政策是如何影响经济，如何影响我们的生活的？

案例 3：宏观经济政策目标的矛盾与冲突——米德冲突

1. 什么是米德冲突

在许多情况下，单独使用支出调整政策或支出转换政策追求内、外部均衡，将会导致一国内部均衡与外部均衡之间的冲突。这一冲突就是著名的米德冲突。

2. 米德冲突的产生

一国宏观经济政策目标包括内外均衡中的四大目标：外部均衡为国际收支均衡；内部均衡为经济增长、充分就业、物价稳定。

詹姆斯·米德（J·Meade）认为，根据凯恩斯主义的需求理论，实现国际收支调节使之均衡的政策，由于固定汇率制度下，贬值和升值都受到极大限制，因而主要采用开支变更政策，开支变更对上述 4 个目标产生不同的政策效应。在国际收支逆差与通货膨胀并存时，减少总需求可以使二者均衡；在国际收支顺差与就业不足并存时，扩大总需求可以使二者相窜。但是，对于既有国际收支顺差又存在通货膨胀，或既有国际收支逆差又存在严重失业问题，就会发生内部均衡与外部均衡之间的冲突，使开支变更政策陷入左右为难的困境。

3. 中国曾现“米德冲突”

2008 年中国 CPI 指数 7 月创下 1997 年 2 月以来的新高。其中，食品价格涨幅达到 15.4%，肉类价格同比上涨 45%。

英国《金融时报》发表评论称，中国已进入标准的‘米德冲突’。美国经济学家米德提出的这个概念旨在说明：一国如果要同时实现内部均衡和外部均衡，则必须同时使用支出调整和支出转换政策。单独强调任何一种政策，将导致一国内部均衡与外部均衡之间的冲突。换句话说，在中国，通货膨胀和贸易顺差就像跷跷板的两头，官方的经济政策按下任何一头，另一头都将高高跷起。

问题：根据你所学的宏观经济学知识探究中国出现“米德冲突”的原因，有什么办法可能解决这一冲突吗？

任务二　财政政策

知识目标

1. 了解财政政策的概念和种类；
2. 理解并掌握财政政策的工具及实践运用；
3. 理解影响财政政策效果的各种情形及其原因。

应用目标

能根据财政政策理论解释近年来一些国家相关宏观经济政策实践。

探究目标

探究近年来中国财政政策实施的实践及其效果，并探讨完善中国财政政策的举措。

新课导入

材料 1：在日常经济生活中，人们经常可以遇到一些财政现象和财政问题。如，为迎接新中国成立六十五周年，天安门广场和人民大会堂进行维修改造工程，又如，军队和警察是由国家出钱装备的，国家机关、科研单位和学校是国家财政拨款保证运行的，以上这些都是财政现象。就是一般老百姓也直接或间接地同财政打着交道。如居

民购买公债（国库券），交纳与居民有关的各种税（个人所得税、车辆购置税等），这些都会形成国家的一定收入，也是财政现象。由此可见，作为一个国家，经济和社会的发展离不开财政；作为国家中的居民，其生产和发展也离不开财政。那么，什么是财政？什么是财政收入支出？这些问题就是我们下面要学习的内容。

材料 2：罗斯福新政：第一次正式实践，取得巨大效果

全球第二次经济危机的爆发，使美国经济陷入了经济危机的泥潭。罗斯福针对当时的实际，顺应广大人民群众的意志，大刀阔斧地实施了一系列旨在克服危机的政策措施，历史上被称为“新政”，新政的主要内容可以用“三 R”来概括，即复兴（Recovery）、救济（Relief）、改革（Reform）。其主要措施为：大力兴建公共工程，缓和社会危机和阶级矛盾，增加就业刺激消费和生产。在全国范围内兴建了 18 万个小型工程项目，包括校舍、桥梁、堤坎、下水道系统及邮局和行政机关等公共建筑物，先后吸引了 400 万人工作，为广大非熟练失业工人找到了用武之地。田纳西水利工程中的大坝，这是罗斯福新政中大力兴建公共工程的典型代表，充分体现了新政刺激消费、促进了就业、改善了人民的生活的影响。

罗斯福新政的成功为众多国家运用财政政策干预经济提供了成功的典范。因此，财政政策有哪些具体的工具和手段，它们如何发挥作用，效果如何都是我们有必要深入了解的内容。

那么：什么是财政政策？其主要内容是什么？如何实施财政政策？

一、财政政策概述

（一）财政政策的概念

财政政策是指为促进就业水平提高，减轻经济波动，防止通货膨胀，实现稳定增长而对政府财政支出、税收和借债水平所进行的选择，或对政府财政收入和支出水平所作的决策。或者说，财政政策是指政府变动税收和支出以便影响总需求进而影响就业和国民收入的政策。变动税收是指改变税率和税率结构。变动政府支出指改变政府对商品与劳务的购买支出以及转移支付。它是国家干预经济的主要政策之一。

财政政策由国家制定，代表统治阶级的意志和利益，具有鲜明的阶级性，并受一定的社会生产力发展水平和相应的经济关系制约。财政政策是国家整个经济政策的组成部分，同其他经济政策有着密切的联系。财政政策的制定和执行，要有金融政策、产业政策、收入分配政策等其他经济政策的协调配合。政府支出有两种形式：其一是政府购买，指的是政府在物品和劳务上的花费——购买坦克、修建道路、支付法官的

薪水等；其次是政府转移支付，以提高某些群体（如老人或失业者）的收入。税收是财政政策的另一种形式，它通过两种途径影响整体经济。首先，税收影响人们的收入。此外，税收还能影响物品和生产要素，因而也能影响激励机制和行为方式。

（二）财政政策的种类

1. 扩张性财政政策

当经济出现衰退时，政府削减税收，降低税率，增加支出，以刺激总需求。称为扩张性财政政策。

2. 紧缩性财政政策

当总需求过于旺盛，即出现通货膨胀时，政府增加税收，削减开支，以抑制总需求。称为紧缩性财政政策。

何时采取扩张性财政政策，何时采取紧缩性财政政策，应对经济发展的形势进行分析权衡后斟酌使用，应“逆经济风向行事”。

二、财政的构成与财政政策工具

（一）财政的构成

财政作为一个经济过程，主要包括财政收入和财政支出两个部分。

1. 政府支出

财政支出是指整个国家中各级政府支出的总和，由具体的支出项目构成，主要可以分为政府购买和政府转移支付两类。政府购买是指政府对商品和劳务的购买，如购买军需品、机关公用品、政府雇员报酬、公共项目工程所需的支出等都属于政府购买。政府购买支出是决定国民收入大小的主要因素之一，其规模直接关系到社会总需求的增减。购买支出对整个社会总支出水平具有十分重要的调节作用。政府转移支付是指政府在社会福利保险、贫困救济和补助等方面的支出。转移支付不能算作国民收入的组成部分，它所做的仅仅是通过政府将收入在不同社会成员之间进行转移和重新分配。

2. 政府收入

再看政府的收入。税收是政府财政收入中最主要的部分，它是国家为了实现其职能按照法律预先规定的标准，强制的、无偿的取得财政收入的一种手段。与政府购买支出、转移支付一样，税收同样具有乘数效应，即税收的变动对国民收入的变动具有倍增作用。当政府税收不足以弥补政府支出时，就会发行公债，使公债成为政府财政收入的又一组成部分。公债是政府对公众的债务，或公众对政府的债权。它不同于税收，是政府运用信用形式筹集财政资金的特殊形式，包括中央政府的债务和地方政府的债务。

（二）财政政策工具

财政政策工具也称财政政策手段，是指国家为实现一定财政政策目标而采取的各种财政手段和措施。财政政策工具有收入政策工具和支出政策工具。收入政策工具主要是税收。支出政策工具分为购买性支出政策和转移性支出政策，其中，购买性支出政策又有公共工程支出政策和消费性支出政策之别。

1. 财政支出性工具

财政支出是政府为满足公共需要的一般性支出（或称经常项目支出）。它包括购买性和转移性支出，这两类支出对国民经济的影响有不同之处。

购买性支出从最终用途看，行政管理支出、国防支出、文教科卫等财政支出是必不可少的社会公益性事业的开支，政府的投资能力和投资方向对社会经济结构的调整和经济的发展起着关键性的作用。

转移性支出是政府进行宏观调控和管理，特别是调节社会总供求平衡的重要工具。例如，社会保障支出和财政补贴在现代社会里发挥着“安全阀”和“润滑剂”的作用，在经济萧条失业增加时，政府增加社会保障支出和财政补贴，增加社会购买力，有助于恢复供求平衡；反之，则相应减少这两种支出，以免需求过旺。

2. 财政收入性工具

税收是国家凭借政治权力参与社会产品分配的重要形式，具有无偿性、强制性、固定性、权威性等特点。税收促进财政目标实现的方式即是灵活运用各种税制要素。因此，税收政策可以通过调整税率和增减税种来调节产业结构，实现资源的优化配置，可以通过累进的个人所得税、财产税等来调节个人收入和财富，实现公平分配，进而调节社会的生产和消费。

公债是政府信用或财政信用的主要形式，是政府以债务人身份来取得收入、或以债权人身份来安排支出的一种行为。是国家按照信用有偿的原则筹集财政资金的一种形式，同时也是实现宏观调控和财政政策的一个重要手段。国债对经济的调节作用主要体现在三种效应上：第一，排挤效应。即通过国债的发行，使民间部门的投资或消费资金减少，从而起到调节消费和投资的作用。第二，货币效应。这是指国债发行所引起的货币供求变动。它一方面可能使“潜在货币”变为现实流通货币，另一方面可能将存于民间的货币转移到政府或由中央银行购买国债而增加货币的投放。第三，利率效应。这是指通过国债利率水平的调整以及对资本市场的供求变化来影响市场利率水平，从而对经济产生扩张或紧缩效应。

公债按发行期限，可分为短期公债、中期公债和长期公债；按发行地域，可分为国家公债和国外公债；按可否自由流通，可分为上市公债和不上市公债；按发行主体，可分为中央政府公债和地方政府公债，即国债和地方债。

三、财政政策工具的具体使用及其作用

（一）自动稳定器与斟酌使用的财政政策

政府的财政收支及其变动会直接或间接的影响宏观经济运行。根据财政政策调节经济周期的作用，将财政政策分为自动稳定财政的政策和斟酌使用的财政政策。

1. 自动稳定器（自动稳定财政政策）

财政制度本身存在一种内在的、不需要政府采取其他干预行为就可以随着经济社会的发展，自动调节经济运行机制。

自动稳定器是指经济系统本身存在的一种会减少各种干扰对国民收入冲击的机制，能够在经济繁荣时期自动抑制通货膨胀，在经济衰退时期自动减轻萧条，无须政府采取任何行动。

自动稳定器功能通过以下渠道实现：

（1）税收的自动变化。在经济扩张和繁荣阶段，随着生产扩大就业增加，国民收入 GDP 和居民收入增加，政府税收会相应增加，特别是实行累进税制的情况下，税收的增长率超过国民收入增长率。税收增加意味着居民可支配收入减少，因而具有遏制总需求扩张和经济过热的作用。当经济处于衰退和萧条阶段时，国民收入 GDP 下降，税收相应减少。可见，在税率既定（给定）不变的条件下，税收随经济周期自动地同方向变化，起着抑制经济过热或缓解经济紧缩的作用。

（2）政府转移支付的自动变化。财政转移支付（包括失业救济金和各种福利支出）有助于稳定可支配收入，进而稳定消费需求。在经济繁荣阶段，失业率下降，失业人数减少，失业救济金和其他福利的支出会随之自动下降，从而抑制可支配收入和消费需求增长；反之，在经济萧条阶段，失业率上升，失业人数增加，失业救济金和其他福利的支出会随之自动上升，从而抵消可支配收入和消费需求下降。

（3）政府维持农产品价格的政策。这实际上是以政府财政补贴这一政府转移支付形式，保证农民和农场主的可支配收入不低于一定水平。在经济繁荣阶段，对农产品的需求增加，农产品价格上升，政府根据农产品价格维持方案，抛售库存的农产品，吸收货币，平抑农产品价格，以减少农民和农场主的可支配收入；而在经济萧条阶段，对农产品的需求减少，农产品价格下降，政府根据农产品价格维持方案，增加政府采购农产品的数量，向农民和农场主支付货币或价格补贴，增加他们的可支配收入。

（4）个人和企业储蓄的自动变化。由于边际储蓄倾向是递增的而边际消费倾向是递减的，所以，在经济恢复及繁荣阶段，随着个人和企业的收入增加，他们的储蓄增长的幅度会更大而消费需求增加得较少；相反，在经济衰退和萧条阶段，随着个人和企业的收入减少，他们的储蓄也会减少得更多而消费减少得较少。相机决策的财政政策，是指政府根据一定时期的经济社会状况，主动灵活选择不同类型的反经济周期的

财政政策工具，干预经济运行行为，实现财政政策目标。

2. 斟酌使用的财政政策

斟酌使用的财政政策（又称为相机抉择的财政政策）是指为了使经济达到预定的总需求水平和就业水平，政府根据不同情况所采取的财政措施。其特征是不能自动地发挥作用，而是靠人们对客观经济形势进行分析判断，然后再相机决定所要采取的相应财政措施。

在20世纪30年代的世界经济危机中，美国实施的罗斯福-霍普金斯计划（1929—1933）、日本实施的时局匡救政策（1932年）等，都是相机决策财政政策选择的范例。相机抉择财政政策具体包括汲水政策和补偿政策。汲水政策是指经济萧条时期进行公共投资，以增加社会有效需求，使经济恢复活力的政策。汲水政策有四个特点：第一，它以市场经济所具有的自发机制为前提，是一种诱导经济恢复的政策；第二，它以扩大公共投资规模为手段，启动和活跃社会投资；第三，财政投资规模具有有限性，即只要社会投资恢复活力，经济实现自主增长，政府就不再投资或缩小投资规模。补偿政策是指政府有意识的从当时经济状况反方向上调节经济景气变动的财政政策，以实现稳定经济波动的目的。在经济萧条时期，为缓解通货紧缩影响，政府通过增加支出，减少收入政策来增加投资和消费需求，增加社会有效需求，刺激经济增长；反之，经济繁荣时期，为抑制通货膨胀，政府通过财政增加收入、减少支出等政策来抑制和减少社会过剩需求，稳定经济波动。

（二）功能财政和预算盈余

1. 功能财政

根据权衡性财政政策，政府在财政政策方面的积极政策主要是为实现无通货膨胀的充分就业水平；为实现这一目标，预算可以盈余，也可以为赤字，而不能以预算平衡为目的。

功能财政思想是凯恩斯主义者的财政思想。他们认为，不能机械地用财政预算收支平衡的观点来对待财政赤字和财政盈余，而应从反经济周期的需要来利用预算赤字和预算平衡。

当国民收入低于充分就业的收入水平（即存在通货紧缩缺口）时，政府有义务实行扩张性的财政政策，增加政府支出和减少税收，以实现充分就业。如果起初存在财政盈余，政府有责任减少盈余甚至不惜出现更大赤字，坚定地实行扩张政策。反之，当存在通货膨胀缺口时，政府有责任减少政府支出，增加税收。如果起初存在财政预算赤字，就应该通过紧缩减少赤字，甚至出现盈余。

总之，功能财政思想认为，政府为了实现充分就业和消除通货膨胀，需要赤字就赤字，需要盈余就盈余，而不应该为实现财政收支平衡而妨碍政府财政政策的制定和实行。

2. 预算盈余

政府收入超过支出的部分；与预算赤字相对应。实行紧缩性财政政策，即增加税收和减少政府支出，会产生预算盈余。实行扩张性财政政策，即减税和扩大政府支出就会造成预算赤字。

3. 年度平衡预算与周期性平衡预算

年度平衡预算，即要求每个财政年度收支达到平衡。是20世纪30年代大危机以前普遍采取的财政政策原则。

其缺陷表现在：当经济衰退时税收必然减少，如坚持年度平衡预算原则，为了保持年度收支平衡，得减少支出或提高税率，势必加深衰退，令经济雪上加霜。经济过热时，税收增加出现盈余，如追求平衡预算须增加政府支出或降低税率，必然会加剧通货膨胀。

周期平衡预算：政府在一个经济周期中保持平衡。是主张财政发挥反经济周期的作用。在经济衰退时期，为了消除衰退，政府应该减少税收，增加支出，有意识地使预算形成赤字。在经济繁荣时期，政府应该增加税收，紧缩开支，有意识地使预算形成盈余。这样，从整个经济周期来看，繁荣时期的盈余可以抵消衰退时期的赤字。尽管从年度看财政预算是不平衡的，但从一个经济周期看财政预算是平衡的。

理论上看起来完美，但实行起来困难：这是因为在一个预算周期内，很难准确估计繁荣与衰退的时间与程度，难以预先制定适当的预算政策。

四、财政政策效果的IS－LM图形分析

从IS－LM模型看，财政政策效果的大小是指政府收支变化（包括变动税收、政府购买和转移支付等）使IS变动对均衡的国民收入变动的影响。显然，从IS－LM模型分析，这种影响的大小随IS曲线和LM曲线形状的不同而有所不同。

从财政政策的构成上不难发现，政府实施财政政策直接调整的就是IS曲线上的变量（向中央银行发行国债除外），所以，财政政策的效果是通过移动IS曲线来实现的，我们只要能够分清IS曲线移动的方向就能将财政政策的效果判断出来。

（一）LM曲线的位置不变时，IS曲线的斜率对财政政策效果的影响

图4－1图（a）和图（b）所示，假定LM曲线不变即货币市场均衡情况完全相同，并且初始的均衡收入和利率也完全相同，都为y_0和r_0，政府实行一项扩张性财政政策，他可以是增加政府支出，也可以是减少税收，现在假定是增加相同的政府购买性支出，将导致IS曲线向右移动到IS′，右移的距离为政府购买性支出乘数与政府购买性支出增加额的乘积，而均衡点分别由E变为E_1，在图（a）中均衡收入和利率分别为y_1和r_1，在图（b）中均衡收入和利率分别为y_2和r_2，从图形（a）和（b）可见，$y_0y_1<y_0y_2$，就是说图（a）表示的政策效果小于图（b）表示的，原因就在于图（a）

中 IS 曲线比较平坦，而图（b）中 IS 曲线比较陡峭。由此得出结论：如果 IS 曲线越陡峭，或者说私人投资对利率的变化越不敏感，则财政政策的效果就越好。

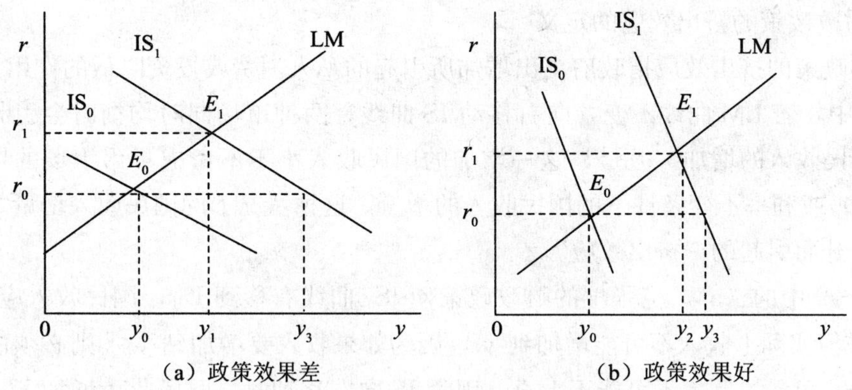

（a）政策效果差　　（b）政策效果好

图 4-1　财政政策效果因 IS 曲线斜率而异

（二）IS 曲线不变时，LM 曲线的斜率对财政政策的影响

在 IS 曲线的斜率不变时，财政政策效果随 LM 曲线斜率不同而不同。LM 曲线斜率越大，即 LM 曲线越陡峭，则移动 IS 曲线时收入变动就会越小，也就是说财政政策效果就越小；反之，LM 曲线越平坦，则财政政策效果就越大，如图 4-2（a）和（b）所示，在（a）、（b）图中，IS_0 曲线完全相同，初始均衡状态即均衡收入 y_0 和均衡利率 r_0 也完全相同，即 E_0（y_0，r_0）。现假定政府实行一项扩张性财政政策，即增加一笔支出 ΔG，使 IS 曲线右移到 IS_1，右移的距离 y_0y_3，但由于利率上升会产生“挤出效应”。使均衡国民收入分别只增加 y_0y_1 和 y_0y_2。从图形 4-2（a）和（b）可见，$y_0y_1 < y_0y_2$，就是说图（a）表示的政策效果小于图（b）表示的，原因就在于图（a）中 LM 曲线比较陡峭，而图（b）中 IS 曲线比较平坦。由此得出结论：如果 LM 曲线越平坦，或者

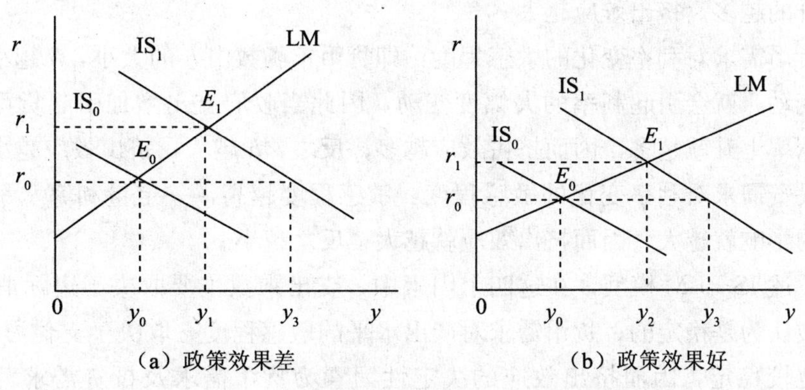

（a）政策效果差　　（b）政策效果好

图 4-2　财政政策效果因 LM 曲线斜率而异

说货币需求对利率的变化越敏感，则财政政策的效果就越好。

五、挤出效应（Crowding-out Effect）

1. 财政政策的挤出效应的定义

财政政策的挤出效应指政府支出增加所引起的私人消费或投资降低的作用。在IS-LM模型中，若LM曲线不变，向右移动IS曲线，两种市场同时均衡时会引起利率的上升和国民收入的增加。但是，这一增加的国民收入小于不考虑货币市场的均衡（即LM曲线）或利率不变条件下的国民收入的增量，这种情况下的国民收入增量之差，就是利率上升而引起的“挤出效应”。

图4-2中的（a），扩张性的财政政策使IS_0曲线右移到IS_1，国民收入应从y_0增加到y_3，但实际上收入不可能增加到y_3，因为如果收入要增加到y_3，则必须假定利率r_0不上升。可是，利率不可能不上升，因为IS向右移动时，国民收入增加了，因而对货币的交易需求就增加了，但货币供给未变动（LM未变），因而人们用于投机需求的货币需求就减少，这就要求利率上升。因此，均衡利率上升抑制了私人投资，新的均衡点只能处于E_1，收入不可能从y_0增加到y_3，只能是y_1。图4-2（a）中的y_1y_3就是由于利率上升而产生的挤出效应。

2. 影响挤出效应的因素

根据IS-LM模型理论，影响挤出效应的主要因素：支出乘数的大小、投资需求对利率的敏感程度、货币需求对产出水平的敏感程度以及货币需求对利率变动的敏感程度等。其中，支出乘数、货币需求对产出水平的敏感程度及投资需求时利率变动的敏感程度与挤出效应成正比，而货币需求对利率变动的敏感程度则与挤出效应成反比。

（1）支出乘数的大小：政府支出增加会使利率上升，乘数越大，利率提高使投资减少所引起的国民收入减少也越多，挤出效应越大。

（2）货币需求对产出水平的敏感程度：货币需求函数$L=ky-hr$中k的大小，k越大，政府支出增加引起的一定量产出水平增加所导致的对货币的交易需求增加越大，使利率上升的越多，挤出效应越大。

（3）货币需求对利率变化的敏感程度：即货币求函数中h的大小，h越小，货币需求稍有所变动，就会引起利率的大幅度变动，因此当政府支出增加引起货币需求增加所导致的利率上升就越多，因而挤占效应越多；反之，h越大，挤出效应越小。

（4）投资需求对利率变化的敏感程度：敏感程度越高，一定量利率水平的变动对投资水平的影响就越大，因而挤出效应就越大；反之越小。

根据下述IS-LM模型，在这四个因素中，支出乘数主要取决于边际消费倾向β，而它一般被认为是稳定的；货币需求对产出水平的敏感程度k取决于支付习惯和制度，一般认为也较稳定，因而挤出效应的决定性因素为货币需求及投资需求对利率敏感程度。

IS 模型：$r = (a+e)/d - (1-\beta)y/d$

LM 模型：$r = ky/h - m/h$

3. 挤出效应与 LM 曲线的斜率

当 IS 曲线不变时，LM 曲线斜率小（平坦），挤出效应小，LM 曲线斜率大（陡峭），则挤出效应大。LM 曲线斜率小，反映的货币需求的利率弹性大，利率的较小变动会引起货币需求的较大变动，亦即货币需求的较大变动只能引起利率，从而投资的较小变动，政府支出对投资的挤占作用小，产生的挤出效应小。挤出效应的大小与货币需求的利率弹性成反方向变动。

4. 挤出效应与 IS 曲线的斜率

挤出效应的大小也取决于 IS 曲线和 LM 曲线的斜率。在 LM 曲线不变时，IS 曲线斜率大（平坦），则挤出效应大；反之，IS 曲线斜率小（陡峭），则挤出效应小。IS 曲线斜率大，说明投资需求的利率弹性大，较小的利率变动会引起较大的投资变动，当 IS 曲线由于政府支出增加而向右移动使利率上升时，利率对投资的挤占作用大，故挤出效应大。

六、凯恩斯主义极端情况（财政政策的局限性）

凯恩斯主义极端是指在 LM 曲线为水平或 IS 曲线为垂直的条件下，财政政策将完全有效而货币政策将完全无效的情况。凯恩斯主义极端表现为三种可能的形式：

（1）IS 曲线为垂直，表示私人投资对利率的变化非常不敏感，也就是说，私人投资者的投资与利率变化没有关系，这时，政府直接扩大投资当然不存在挤出效应了，所以财政政策的效果则非常好，如图 4-3（a）所示。

（2）LM 曲线水平，表示人们的货币需求为无限大，也就是说人们持有的货币量非常多，这时，扩张性货币政策当然不会取得很好效果了，如图 4-3（b）所示。

（3）IS 曲线垂直和 LM 曲线水平同时发生时，如图 4-3（c）所示。

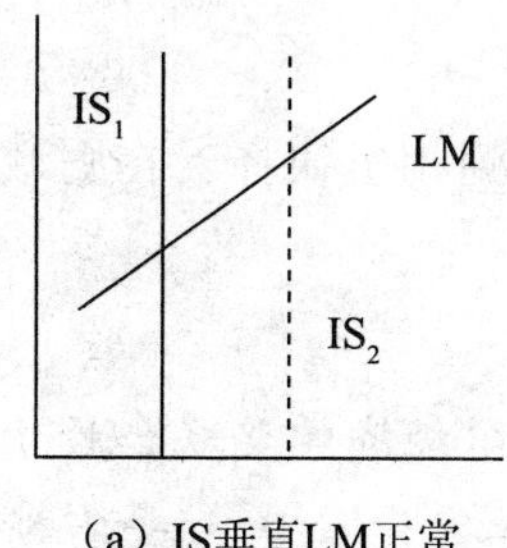

（a）IS垂直LM正常

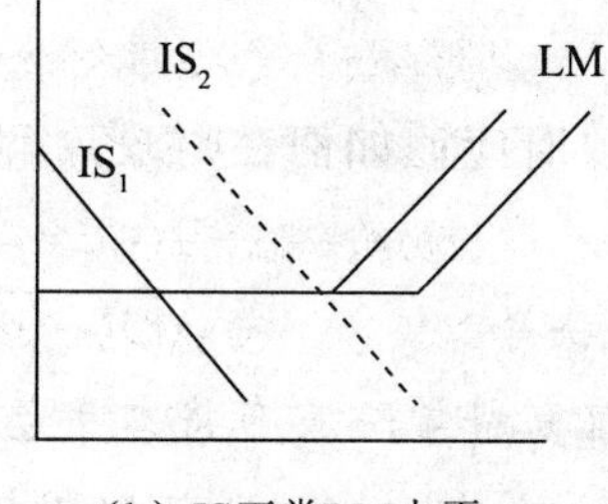

（b）IS正常LM水平

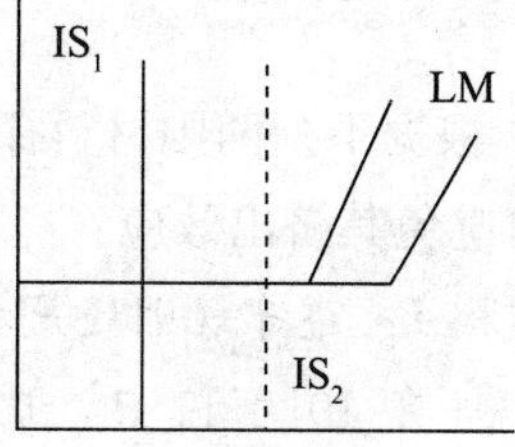

（c）IS垂直LM水平

图 4-3 凯恩斯主义极端情况

1. 假定政府要削减税收，试用IS－LM模型表示以下两种情况下减税的影响：

(1) 用适用性货币政策保持利率不变。

(2) 货币存量不变。说明两种情况下减税的经济后果有什么区别?

2. 案例分析

面对GDP和财政收入增长双双减速的压力，国务院总理李克强在政府工作报告中提出，2015年拟安排财政赤字1.62万亿元，其中，中央财政赤字1.12万亿元，地方财政赤字5000亿元。赤字率从2014年的2.1%增至2.3%。2014年，我国财政赤字规模为1.35万亿元。分析认为，2015年财政赤字规模增加2700亿元，扩增幅度和赤字率均比去年有所扩大，凸显复杂财政经济形势下，政府寄希望于更有力度的积极财政政策确保经济运行在合理区间。

“越是经济下行加大，越要实施更加积极的财政政策。”中国社科院财经战略研究院院长高培勇说，在经济减速过程中，财政政策一方面受经济基本面影响，财政收入增速下降；另一方面财政又承担逆周期调控的责任，需要扩大支出，这就必然要求赤字规模和债务规模适度扩大。

减税和增支是积极财政政策发力的重点。报告显示，2015年政府将继续实行结构性减税和普遍性降费，减免涉及小微企业的有关行政事业性收费和政府性基金，继续清理乱收费，切实减轻小微企业负担。

问题：

(1) 结合上述材料说明我国采用了哪些积极财政政策工具?

(2) 请结合图形，用IS－LM模型分析上述积极财政政策措施对我国宏观经济运行的影响。

1. 根据下列两则材料探讨政府应该如何在财政政策上做到相机抉择？在财政政策上如何避免其挤出效应?

材料1：遵守规则还是相机抉择

2004年10月11日，瑞典皇家科学院宣布将本年度诺贝尔经济学奖联合授予挪威经济学家芬恩·基德兰德（Finn E Kydland）与美国经济学家爱德华·普雷斯科特（Edward C Prescott），以表彰他们对动态经济学的贡献：解释了经济政策的时间一致性和经济周期的驱动力。经济政策时间一致性的基本思想可大致表述如下：比如在期为期制定行动方案，在期到来时，实施该行动方案依然是最优的。相机抉择的财政政策不具有时间一致性，这是因为在期不能够作出承诺的政府，会宣布其在期所选择的

政策与在承诺下所选择的最优政策相同，但当期到来时，重新最优化而违背其所作出的承诺将是政府的最优选择，由于私人部门的参与人具有理性预期，他们预期到政府会这样做，因而政府的承诺是不可信的，私人部门在期作出决策时会把政府这种欺骗行为考虑进去，导致的结果类似于“囚徒困境”，于是，Kydland 和 Prescott 得出结论：一个能够得到预先承诺而实施的政府政策要比一个短视的、每一期都重新最优化的相机抉择的政府政策能够产生更好的政策效果。换句话说就是。如果决策者事前宣布如何对某种情况做出反应，并承诺完全遵循这种宣布，那么，政策就是按规则进行的；如果决策者在事件发生时，才进行判断并选择当时看来合适的政策，政策就是相机抉择的，遵守规则优于相机抉择。

果然遵守规则优于相机抉择吗？事实上，即使我们相信遵守规则优于相机抉择，关于宏观经济的争论也还没有结束。如果政府承诺某种财政政策规则，那么，财政政策规则应该如何选择呢？应该如何保证这种政策规则的可信度呢？两种比较流行的观点是赤字规则和支出规则：(1) 赤字规则。与其他方法相比，赤字规则的优点是它能把重点放在一个通常很好理解的宏观经济指标上；缺点是这一规则（尤其是平衡预算规则）缺乏灵活性，因此易加剧周期性。采用这种规则的主要是欧元区国家，它们受制于马约及其随后的稳定和增长公约关于赤字占 GDP3%的限制；还有英国，它从 1997 年开始采用一个金科玉律（借款只为资本支出融资）和一个可持续的投资准则，维持周期内净债务低于 GDP 的 40%。(2) 支出限制或支出规则。这一规则通常对支出的领域制定了支出上限，这样做的优点在于：这个过程可以被预算谈判的参与方以及广大公众所较好地理解。并且它可以通过解决赤字上升的主要根源（政治和机构对增加支出的压力）来对付赤字倾向，并且，对某些特定支出项制定上限可以加强财政纪律、允许自动稳定器在收入和支出两方面发挥作用；然而，为了支持较高的转移支出，支出规则对总支出的限制会在经济周期性向下词整过程中不适当地强制削减自主支出项目。例如瑞典和美国。还有欧元区的芬兰和荷兰通过相应程序上的要求把更多的重点放在支出限制上，如果一项计划导致了在某个支出领域过多的支出，那么就必须在其他地方削减支出或增加收入。

遵守规则的可信度来源于财政的透明度，各国在财政制度改革及政策实施方面都采取了有利于增加透明度的政策措施。比如，通过 1994 年财政责任法、新西兰首先采用了一种财政管理的方法，其首要的、明确的重点是加强透明度（即向公众公开政府的结构和功能、公共部门账户以及财政政策意图和预测），财政透明度有助于使财政政策灵活性和纪律性的不能两全有所缓和，对透明度的承诺能提高政府的可信度，并且在政府需要暂时偏离或实质性地改变其财政规则或财政目标时，增加政府的可信度。

综上分析可知，即使遵守规则优于相机抉择，对规则选择的结果也往往是“忠孝两难全”，何况规则可信度的提高还会有诸多实施中的障碍。比如在我国，为应对亚洲金融危机的冲击而于 1998 年实施的以扩张公共投资为主要特征的积极财政政策，对促进我国国内有效需求和经济的平稳增长功不可没，一般认为，这是我国采取相机抉择财政政策的成功典范。到2003年下半年。我国经济运行中出现了一些新的特点，使得积极财政政策发挥作用的客观条件逐渐消失，于是。稳健（中性）财政政策的实施成为众望所归。并于2004年成为政府的实际选择。那么，难道这种实施7年之久的积极财政政策就没有遵守规则吗？难道以优化支出结构、提高支出效率为主要内容的稳健（中性）财政政策是从相机抉择到遵守规则（比如平衡预算规则）的回归吗？我们不这样认为，因为即使仅从增加透明度而言，遵守规则与相机抉择也都是需要的。

材料2：奥巴马的医疗改革

美国的医疗体系状况：迄今，美国是唯一没有实现全民医保的发达国家。4570万美国人没有参加任何医疗保险，约占总人口的15%。美国每年医保开支2.5万亿美元，占美国GDP的1/6。2007年，美国人均医保开支比英法德3国人均医保开支的两倍还多，而医保质量不占明显优势，尤其在平均寿命和新生婴儿死亡率等重要指标方面，美国均处于落后地位。

奥巴马医疗改革目标：

(1) 全民医疗保险：由单一机构（政府）提供医疗服务所需的所有资金。

(2) 以雇主为中心的提供或缴税的托付方案。

(3) 继续扩大医疗救助计划和各州儿童医疗保险，扩大政府的社会保险覆盖人群。

美国众议院最终在当地时间7日深夜以220票赞成、215票反对的表决结果通过医疗改革方案。

经济学家提出：

(1) 雇主托付方案实际上严重增加了企业税负以及雇用员工成本，如果全面实现，预计会造成全国失去大约31.5万份工作。

(2) 继续扩大医疗救助计划和各州儿童医疗保险将带来以下弊端：第一，就是经济学上的挤出效应，显然SCHIP（州办儿童健康保险计划）比购买其他私营保险花费要少，民众会放弃已购买的私营保险。第二，扩大医疗援助计划和SCHIP计划，将加重政府财政负担，本应个人支付的保险费用转给联邦和州政府埋单，消耗了其他纳税人的钱 。

2. 你知道可以从哪些渠道获得我国政府的财政支出、政府税收及国债发行等的权威数据吗？请你查阅并比较近几年的数据。

3. 搜集数据资料，探究近年来中国财政政策实施的实践及其效果，并探讨完善中国财政政策的举措。

任务三　货币政策

知识目标

1. 了解银行的类型及货币创造乘数，理解货币政策的概念和种类；
2. 理解并掌握货币政策的工具及实践运用；
3. 理解影响货币政策效果的各种情形及其原因。

应用目标

能根据货币政策理论解释近年来政府宏观经济政策实践。

探究目标

评析近年来中国货币政策实施的实践及其效果，并探究完善中国货币政策的举措。

新课导入

材料1：中国央行货币政策委员会委员陈雨露表示，2015年的宏观经济政策的基本基调虽然将延续2014年的基本基调，但内涵将发生重大的调整。对于货币政策而言：一是货币政策将在“微刺激”常态化的作用下采取相对宽松的取向；二是与“稳健定位、积极操作”的货币政策相匹配的是“强监管”“金融改革”；三是创新货币政策工具，强化利率的预期管理，加大利率调控的政策效果；四是进一步采取“定向宽松”政策，强化货币向实体经济的渗透。上述资料充分体现了我国货币政策新的动向，为什么我国货币政策的内涵会进行相应的调整，为了弄清楚这一问题，我们有必要深入学习货币政策的相关理论知识。

材料2：2015年5月10日，央行宣布再度降息，存贷款基准利率下降0.25个百分点，金融机构一年期贷款基准利率下调至5.1%，一年期存款基准利率下调至2.25%。至此央行今年已进行了两次降准、两次调息。这是今年以来央行第二次降息。央行表示，此次进一步下调存贷款基准利率，重点是要继续发挥好基准利率的引导作用，进一步推动社会融资成本下行，支持实体经济健康发展。央行同时宣布，结合推进利率市场化改革，将金融机构存款利率浮动区间的上限由存款基准利率的1.3倍调整为1.5倍；其他各档次贷款及存款基准利率、个人住房公积金存贷款利率相应调整。央行称，下一步将继续实施稳健的货币政策，保持松紧适度，根据流动性供需、物价和经济形势等条件的变化进行适度调整，把握好稳增长和调结构的平衡点。

材料3：中国人民银行决定，自2015年8月26日起，下调金融机构人民币贷款和存款基准利率，以进一步降低企业融资成本。其中，金融机构一年期贷款基准利率下调0.25个百分点至4.6%；一年期存款基准利率下调0.25个百分点至1.75%；其他各档次贷款及存款基准利率、个人住房公积金存贷款利率相应调整。同时，放开一年期以上（不含一年期）定期存款的利率浮动上限，活期存款以及一年期以下定期存款的利率浮动上限不变。

自2015年9月6日起，下调金融机构人民币存款准备金率0.5个百分点，以保持银行体系流动性合理充裕，引导货币信贷平稳适度增长。同时，为进一步增强金融机构支持“三农”和小微企业的能力，额外降低县域农村商业银行、农村合作银行、农村信用社和村镇银行等农村金融机构准备金率0.5个百分点。额外下调金融租赁公司和汽车金融公司准备金率3个百分点，鼓励其发挥好扩大消费的作用。

那么：

（1）货币政策的主要工具是什么？

（2）降息降准是通过什么机制来运行货币政策的？

（3）为什么2015年以来中国人民银行要出台降息降准等组合措施？

知识解读

一、中央银行和商业银行

在国家的各种宏观经济政策中，货币政策也是各国政府经常使用的宏观经济政策。货币政策是指中央银行通过控制货币供应量以及通过货币供应量来调节利率，进而影响投资和整个经济以达到一定经济目标的行为。货币政策包括三方面的基本内容：①政策目标；②实现目标所运用的工具；③货币政策的作用。货币政策的实施是通过银行体系来实现的，要了解货币政策，就必须对银行体系有所了解。在银行体系方面，西方主要国家的金融机构并不完全相同。但大致来说，他们的金融机构都包括金融媒介机构和中央银行。金融媒介机构最主要是商业银行，但还有信托公司、金融资产管理公司、保险公司、信用协会、小额贷款公司等。

中央银行，是国家最高的货币金融管理组织机构，在各国金融体系中居于主导地位。国家赋予其制定和执行货币政策，对国民经济进行宏观调控，对其他金融机构乃至金融业进行监督管理权限，地位非常特殊。中央银行的职能主要包括：

（1）发行的银行：发行国家货币。

（2）银行的银行：为商业银行提供贷款（票据再贴现、抵押贷款等），为商业银行集中保管存款准备金，为商业银行集中办理全国的结算业务。

（3）国家的银行：①代理国库：根据国库委托代收各种税款和公债价款作为国库的活期存款；代理国库拨付各项经费，代办各种付款与转账。②提供政府所需资金，

贴现短期国库券提供短期资金，帮助政府发行公债或直接购买公债提供长期资金。③代表政府与外国发生金融业务关系。④执行货币政策，监督管理全国金融市场的活动。

商业银行是金融媒介机构中最主要的部分。因为最早向银行借款的人经营商业，其名称一直沿用“商业银行”的称呼。商业银行主要为公众服务。商业银行的主要业务包括：①负债：吸收存款（活期存款、定期存款和储蓄存款）；②资产：放款（为企业提供短期贷款，包括票据贴现、抵押贷款等）、投资（购买有价证券以取得利息收入）；③中间业务：代替顾客办理支付事项和其他委托事项，从中收取手续费。

中国的中央银行是中国人民银行，直接隶属国务院，不对个人和企业开展业务活动。工商银行、建设银行、农业银行和中国银行是我国的四大国有商业银行，此外还有深圳发展、上海浦东、福建兴业、交通、光大、民生、华夏等股份制银行以及逐渐进入的外资银行，各城市的商业银行由以前的城市信用合作社改制而成，农村信用合作社继续保留，它们为企业和个人提供各项金融服务，接受中国人民银行的管理和监督。此外我国还有三家政策性银行：中国进出口银行、中国开发银行和农业发展银行。这三家银行不是商业银行，主要是为国家经济建设提供有针对性的优惠贷款，其亏损由政府承担。

二、存款创造和货币供给

各企业各单位将款项存入商业银行，并通过银行办理转账结算进行支付时，商业银行机构可以多存多贷；贷款以转账方式进行时，商业银行机构根据吸收的存款对企业发放一笔新的贷款，这笔贷款又会以存款形式存入借款单位在银行开立的存款账户，或是进入商业银行的另一家机构，其结果都是新增加一笔存款，这个就是派生存款，也就是货币创造的过程。在现实生活中，为了应付存款人随时取款，确保银行的信誉和稳定，银行不能把全部贷款贷出，而必须保留一部分准备金。

银行把绝大部分存款用来从事贷款或购买债券等赢利活动，只需要留下一部分存款作为应付提款需要，这种经常保留的供支付存款提取用的一定金额称为存款准备金。在现代银行制度中，准备金在存款中所占的最低比率是由（政府通过）中央银行规定的，这一比率称为法定准备金率。按法定准备率提留的准备金是法定准备金。

法定准备金一部分为银行库存现金，另一部分存放在中央银行的存款账户。为赚取尽可能多的利润，商业银行会把法定准备金以上的存款当作超额准备金贷放出去或用于短期债券投资。银行吸收的存款并不需要全部存放在柜台里等待提取，由于每天都有人存款和取款，所以银行只需要保持一定数量的现金满足流动性需要，其余的都可以用于贷款和资本运作。商业银行保留的供支付存款提取的金额叫作超额准备金。中央银行对每笔存款规定的最低准备金保留限度称为法定准备金率。法定准备一部分以现金方式保留在银行内部，一部分存于中央银行，央行对于法定准备金不足的银行会处以警告和罚款。正因为如此，商业银行能够以较小比率的准备金来支持活期存款的能力，使得银行体系得以创造货币。

如果每一笔贷款都以支票账户的形式进入另一家银行，银行的存款总额将是原始存款的若干倍，这就是货币创造乘数，简单货币创造乘数是法定准备金率的倒数。

下面举个例子来说明，假定目前的法定准备金率为20%，同时银行的客户会将所有货币收入以活期存款形式存入银行。甲将100万元存入自己开有账户的A银行中，银行系统将因此增加100万元存款。A银行根据法定准备金率规定保留其中的20万元，将其作为准备金存入中央银行，其余的80万元全部贷出去。假定另一公司得到这80万元贷款，用以购买机器设备，机器制造商乙把卖机器设备所赚的80万元货款存入有帐户的B银行。B银行得到80万元存款后，留下16万元作为准备金存入中央银行，贷出64万元。得到这64万元的丙企业将把它存入C银行，而C银行又可以留下其中12.8万元作为准备金存入自己在中央银行的账户，将其余51.2万元全部贷放出去。类似过程将周而复始进行下去……

自甲存入100万元的初始时期始，各银行的存款总和将是：

$$100+80+64+51.2+\cdots=100\times(1+0.8+0.82+0.83+\cdots+0.8n-1)$$

$$=100/(1-0.8)=500\text{（万元）}$$

由此例可见，存款总和（D）与这笔原始存款（R）及法定准备率（rd）之间的关系是：

$$D=R/rd$$

即原始货币供给使活期存款总和增加的倍数是$1/rd$。这里的$1/rd$就是货币创造乘数，它是法定准备率的倒数。

但应看到，上述所说货币创造乘数为法定准备金率的倒数是有条件的。

第一，商业银行没有超额储备，把存款扣除法定准备金后的部分全部贷放出去。超过法定准备金要求的那部分存款就是超额准备金，是货币创造过程中的一种漏出，超额准备金对存款的比率称为超额准备率（用re表示）。法定准备金加超额准备金是银行的实际准备金，法定准备金率加超额准备金率是实际准备金率。存在超额准备金时，货币创造乘数就不再是$1/r_d$，而是$1/(rd+re)$，即实际准备金率的倒数。派生存款总额$D=R/(r_d+r_e)$。例如，在上例中，法定准备金率仍然为20%，这100万元的初始存款本可派生出500万元的存款。但如果现在银行A没有把法定准备金之外的80万元全部贷放出去，而是留了5万元的超额准备金金，即有5%的超额准备金率；同时其他银行也有5%的超额准备金率。则各银行先后增加的存款额度为：

$$100,\ 75,\ 75\times(3/4),\ 75\times(3/4)^2,\ 75\times(3/4)^3,\ \cdots,\ 75\times(3/4)^{n-2}$$

新增存款总额为：100/（1－0.75）＝400万元。其货币创造乘数为：$1/(rd+re)=1/(0.2+0.05)=1/0.25=4$，而不是先前的$1/0.2=5$。可见，货币创造乘数不仅和法定准备金率有关，也和超额准备金率有关。

第二，银行客户将一切货币存入银行，支付完全以支票形式进行。如果客户把得到的贷款不全部存入银行，而是抽出一定比例以现金形式持有，则会形成另一种漏出。现金——存款比例（*rc*），指客户抽出的现金占其所存入银行存款的比例。如上例中假定在银行保持20%法定准备金率与5%超额准备金率前提下，甲、乙、丙等公司都在每一轮的存款中抽出5%额度作为现金，则A银行能够贷出的款项不是75万元，而是70万元。即100－20－5－5＝70万元；而B银行能够贷出的款项将是49万元：70－70×0.2－70×0.05－70×0.05＝49万元。派生存款总额将是100/（1－0.7）＝333.3万元。

现金和准备金都不能形成派生存款，都属于漏出部分。以*rc*表示现金占存款的比例，则存在超额准备与现金漏出时，货币创造乘数为：

$$k=1/(rd+re+rc)$$

从这个式子可以看出，货币创造乘数除了和法定准备金率、超额准备金率有关，还和现金一存款比率有关。这一比率上升时，货币创造乘数会变小。货币创造乘数的作用也是正负两方面都发挥作用的，即存款的增加和减少都对整个银行体系的存款总额产生加倍扩大或缩减的影响。虽然现金与准备金本身不产生派生存款，但商业银行的准备金总额加上非银行部门持有的通货是存款扩张或货币创造的基础，被称为基础货币或货币基础。中央银行发行的货币称为货币基础或高能货币，它具有创造派生货币的强大能力，由于它能派出货币，被认为是一种高能量的或者活动力强大的货币，故又称为高能货币或强力货币。以*Cu*表示非银行部门持有的通货，用*Rd*表示法定准备金，用*Re*表示超额准备金，用*H*表示基础货币，则有

$$H=Cu+Rd+Re$$

如果将货币供给定义为$M=Cu+D$（通货与活期存款的总和构成M1），则有：

$$M/H=(Cu+D)/(Cu+Rd+Re)$$

等号右边的分子分母同除以*D*，得：

$$M/H=(Cu/D+1)/(Cu/D+Rd/D+Re/D)=(rc+1)/(rc+rd+re)$$

此处的M/H就是货币创造乘数，它不同于上面所说的$k=1/(rc+rd+re)$，因为此处定义的货币供给是活期存款与通货的总和，而上例中只把银行存款当作货币供给。故修正的货币创造乘数应该为：

$$\frac{M}{H}=\frac{C_u+D}{C_u+R_d+R_e}=\frac{\frac{C_u}{D}+1}{\frac{C_u}{D}+\frac{R_d}{D}+\frac{R_e}{D}}$$

$$=\frac{r_c+1}{r_c+r_d+r_e}$$

三、货币政策的主要工具

前面已经学习过基础货币和货币乘数是如何决定货币供给的，接下来介绍货币

政策的三大法宝，也就是货币政策工具，即再贴现政策、公开市场业务和法定准备金率。

1. 再贴现政策

所谓再贴现政策，是指中央银行调高或降低对商业银行发放贷款的利息率，以限制或鼓励银行借款，从而影响银行系统的存款准备金和利率，进而决定货币存量和利率，以达到宏观调控的目标。再贴现政策是中央银行最早拥有的货币政策工具。现代许多国家中央银行都把再贴现作为控制信用的一项主要的货币政策工具，再贴现是指商业银行或其他金融机构将贴现所获得的未到期票据，向中央银行转让。对中央银行来说，再贴现是买进商业银行持有的票据，流出现实货币，扩大货币供应量。对商业银行来说，再贴现是出让已贴现的票据，解决一时资金短缺。整个再贴现过程，实际上就是商业银行和中央银行之间的票据买卖和资金让渡的过程。

（1）再贴现政策的分类

再贴现政策分为两类：一类是长期的再贴现政策，它又包括两种：一是“抑制政策”，即中央银行较长期地采取再贴现率高于市场利率的政策，提高再贴现成本，从而抑制资金需求，收缩银根，减少市场的货币供应量；二是“扶持政策”，即中央银行较长期地采取再贴现率低于市场利率的政策，以放宽贴现条件，降低再贴现成本，从而刺激资金需求，放松银根，增加市场的货币供应量。另一类是短期的再贴现政策，即中央银行根据市场的资金供求状况，随时制定高于或低于市场利率的再贴现率，以影响商业银行借入资金的成本和超额准备金，影响市场利率，从而调节市场的资金供求。

再贴现政策的作用过程实际上就是通过变更再贴现率来影响商业银行的准备金及经济社会的资金供求过程。当中央银行提高再贴现率，使之高于市场利率时，商业银行向中央银行借款或再贴现的资金成本上升，这就必然减少向中央银行借款或再贴现，这使商业银行的准备金相应缩减。如果准备金不足，商业银行就只能收缩对客户的贷款和投资规模，从而也就缩减了市场的货币供应量。随着市场货币供应量的缩减，银根紧缩，市场利率也就相应上升，社会对货币的需求也就相应减少。而当中央银行降低再贴现率，使其低于市场利率时，商业银行向中央银行借款或再贴现的资金成本降低，这就必然增加其向中央银行的借款或再贴现，商业银行的准备金相应增加，这就必然会使其扩大对客户的贷款和投资规模，从而导致市场货币供应量的增加。随着市场货币供应量的增加，银根松动，筹资较易，市场利率相应降低，社会对货币的需求也会相应增加。

（2）再贴现政策的局限性

虽然再贴现政策作用明显，但也存在着某些局限性。

第一，从控制货币供应量来看，再贴现政策并不是一个理想的控制工具。首先，中央银行处于被动地位。商业银行是否愿意到中央银行申请贴现，或者贴现多少，决定于商业银行，如果商业银行可以通过其他途径筹措资金，而不依赖于再贴现，则中

央银行就不能有效地控制货币供应量。其次，增加对中央银行的压力。如商业银行依赖于中央银行再贴现，这就增加了对中央银行的压力，从而削弱控制货币供应量的能力。最后，再贴现率高低有一定限度，而在经济繁荣或经济萧条时期，再贴现率无论高低，都无法限制或阻止商业银行向中央银行再贴现或借款，这也使中央银行难以有效地控制货币供应量。

第二，从对利率的影响看，调整再贴现利率，通常不能改变利率的结构，只能影响利率水平。即使影响利率水平，也必须具备两个假定条件：一是中央银行能随时准备按其规定的再贴现率自由地提供贷款，以此来调整对商业银行的放款量；二是商业银行为了尽可能地增加利润，愿意从中央银行借款。当市场利率高于再贴利率，而利差足以弥补承担的风险和贷款管理费用时，商业银行就向中央银行借款然后再放出去；当市场利率高于再贴现率的利差不足以弥补上述费用时，商业银行就从市场上收回贷款，并偿还其向中央银行的借款，也只有在这样的条件下，中央银行的再贴现率才能支配市场利率。然而，实际情况往往并非完全如此。

第三，就其弹性而言，再贴现政策是缺乏弹性的，一方面，再贴现率的随时调整，通常会引起市场利率的经常性波动，这会使企业或商业银行无所适从；另一方面，再贴现率不随时调整，又不宜于中央银行灵活地调节市场货币供应量，因此，再贴现政策的弹性是很小的。

上述缺点决定了再贴政策并不是十分理想的货币政策工具。

2. 公开市场业务

公开市场业务是指中央银行在金融市场上公开买卖政府证券以控制货币供给和利率的政策行为。通过买进或卖出债券来增加或减少货币供给量的操作。中央银行如果认为总需求过大和经济过热，需要减少货币供应量，它可以在市场上出售债券回笼货币；如果认为金融市场资金短缺，经济总需求不足，因而需要扩大货币供给量时，它就买进债券以增加基础货币。当中央银行通过公开市场从一家或若干家银行买进债券时，实际上它对自己开具了一张支票。得到支票的银行要求中央银行解付，中央银行就将该笔付款记入相关银行在中央银行的准备金账户，从而增加了准备金规模，银行可以依据准备金比率扩大贷款规模，货币供给量得以增加。

公开市场业务与其他货币政策工具相比，具有主动性、灵活性和时效性等特点。公开市场业务可以由中央银行充分控制其规模，中央银行有相当大的主动权；公开市场业务是灵活的，多买少卖，多卖少买都可以，对货币供应既可以进行“微调”，也可以进行较大幅度的调整，具有较大的弹性；公开市场业务操作的时效性强，当中央银行发出购买或出售的意向时，交易立即可以执行，参加交易的金融机构的超额储备金相应发生变化；公开市场业务可以经常、连续地操作，必要时还可以逆向操作，由买入有价证券转为卖出有价证券，使该项政策工具不会对整个金融市场产生大的波动。因此，公开市场业务已成为许多国家中央银行最重要的货币政策工具。

在多数发达国家，公开市场操作是中央银行吞吐基础货币，调节市场流动性的主要货币政策工具，通过中央银行与指定交易商进行有价证券和外汇交易，实现货币政策调控目标。中国公开市场操作包括人民币操作和外汇操作两部分。外汇公开市场操作1994年3月启动，人民币公开市场操作1998年5月26日恢复交易，规模逐步扩大。1999年以来，公开市场操作已成为中国人民银行货币政策日常操作的重要工具，对于调控货币供应量、调节商业银行流动性水平、引导货币市场利率走势发挥了积极的作用。

中国人民银行从1998年开始建立公开市场业务一级交易商制度，选择了一批能够承担大额债券交易的商业银行作为公开市场业务的交易对象，目前公开市场业务一级交易商共包括40家商业银行。这些交易商可以运用国债、政策性金融债券等作为交易工具与中国人民银行开展公开市场业务。从交易品种看，中国人民银行公开市场业务债券交易主要包括回购交易、现券交易和发行中央银行票据。其中回购交易分为正回购和逆回购两种，正回购为中国人民银行向一级交易商卖出有价证券，并约定在未来特定日期买回有价证券的交易行为，正回购为央行从市场收回流动性的操作，正回购到期则为央行向市场投放流动性的操作；逆回购为中国人民银行向一级交易商购买有价证券，并约定在未来特定日期将有价证券卖给一级交易商的交易行为，逆回购为央行向市场上投放流动性的操作，逆回购到期则为央行从市场收回流动性的操作。现券交易分为现券买断和现券卖断两种，前者为央行直接从二级市场买入债券，一次性地投放基础货币；后者为央行直接卖出持有债券，一次性地回笼基础货币。中央银行票据即中国人民银行发行的短期债券，央行通过发行央行票据可以回笼基础货币，央行票据到期则体现为投放基础货币。

公开市场业务的优点：①中央银行可以按照一定数量规模买卖政府证券，易于掌握和控制银行体系的准备金总量，易于量化控制。对货币供给的影响可以比较准确地预测，可预测性强。②公开市场操作具有灵活性，可自由决定买卖有价证券的数量、时间与方向。可灵活安排可以用较小规模进行微调，不至于对经济产生过于猛烈的冲击；③公开市场操作具有连续性，易于调整和纠正。运用公开市场业务操作的主动权在中央银行，可以经常性、连续性地操作，并具有较强的弹性。

公开市场业务操作也有其局限性：①需要以发达的金融市场作背景，如果市场发育程度不够，交易工具太少，则会制约公开市场业务操作的效果；②必须有其他政策工具的配合，可以设想，如果没有存款准备金制度，这一工具是无法发挥作用的。

3. 存款准备金政策

存款准备金政策是指中央银行依据法律所赋予的权力，对商业银行的存款等债务规定存款准备金比率，强制性地要求商业银行按此准备率上缴存款准备金；并通过调整存款准备主比率以增加或减少商业银行的超额准备，促使信用扩张或收缩，从而达到调节货币供应量的目的。如中央银行认为需要收紧货币供给时，它可以提高银行法

定准备金比例。当中央银行提高法定准备金率时，商业银行可提供放款及创造信用的能力就下降。因为准备金率提高，货币乘数就变小，从而降低了整个商业银行体系创造信用、扩大信用规模的能力，其结果是社会的银根偏紧，货币供应量减少，利息率提高，投资及社会支出都相应缩减。反之，亦然。举例来说，如果存款准备金率为7%，就意味着金融机构每吸收100万元存款，要向央行缴存7万元的存款准备金，用于发放贷款的资金为93万元，倘若将存款准备金率提高到7.5%，那么金融机构的可贷资金将减少到92.5万元。

存款准备金政策的特点是简单但不轻易使用。需要增加货币供给量时，可以降低法定准备率。需要减少货币供给量时，可以提高法定准备率。从理论上说，变动法定准备率是中央银行调整货币供给量最简单的办法，但一般不轻易使用这一手段。因为：

（1）准备金和存款的调整、报告需要时间，存在时滞。

（2）变动法定准备率的作用十分猛烈，一旦变动，所有银行的信用都要扩张或收缩。如果变动过于频繁将会导致金融秩序失常。

通常，都是政策手段的结合使用：出售政府证券，提高再贴现率，促使利率上升。买进债券，降低再贴现率，使利率降低。公开市场业务虽然总量易于把握，但所影响到的银行的范围与各自的程度无从知晓；应以再贴现率政策作为补充。

准备金率的变化。近几年，中国连续实行稳健的货币政策，在保持国民经济稳定发展的同时，也带来相应的问题。2001年中国$M1$、$M2$的增长速度比过去7年的平均值低6～7个百分点。问题是决定货币供应总量的基础货币量并不低。基础货币量与货币供应总量不平衡的主要原因是金融机构缴存准备金超常增加，前4个月累计增长了33.2%。至4月底，商业银行在中央银行的存款相当于总存款的10%以上，而中央银行规定的法定存款准备金比率仅为6%。

除了前面的三大政策工具外，还有一些非强制性的做法，如道义劝告，它指中央银行运用自己在金融体系中的特殊地位和威望，通过对银行及其他金融机构的劝告，影响其贷款和投资方向，以达到控制信用目的的政策。但道义劝告没有法律地位，也不同于强制性行政手段。

四、货币政策效果的IS－LM图形分析

从IS－LM模型上看，货币政策效果，指货币供给量变化使LM曲线移动进而对国民收入变动产生的影响。货币政策效果指假定增加货币供应量能使国民收入水平有较大增加，则货币政策效果就大；反之则小。从IS－LM图形分析可见，这种影响的大小，随IS曲线和LM曲线斜率的不同而有所区别。

1. LM曲线不变时，IS曲线斜率对货币政策效果的影响

在LM曲线形状基本不变时，IS曲线越平坦，LM曲线移动（由于实行变动货币供应量的货币政策）对国民收入的影响就越大；反之，IS曲线越陡峭，LM曲线移动

对国民收入变动的影响就越小。下面用IS－LM模型来分析政府实行扩张性货币政策的效果。

图4－4中，假定初始的均衡收入和利率都相同，分别为y_0和r_0。政府货币当局实行增加同样一笔货币供应量ΔM的扩张性货币政策时，LM都右移相同的距离$y_0y_3=\Delta M/k$，这里k是货币需求函数$L=ky-hr$中的k，y_0y_3等于利率r_0不变时因货币供给增加而能够增加的国民收入。但实际上国民收入并不会增加那么多，因为利率会因货币供给增加而下降，因而增加的货币供给量中一部分要用来满足增加了的投机需求，只有剩余部分才用来满足增加的交易需求。究竟要有多少货币量用来满足增加的交易需求，这取决于货币供给增加时国民收入能增加多少。从图4－4的图形看，IS曲线较陡峭时，收入增加较少，IS曲线较平坦时，收入增加较多。这是因为IS曲线较陡峭，表示投资的利率系数较小（IS曲线斜率主要取决于投资的利率系数）。因此，当LM曲线由于货币供给增加而向有移动使利率下降时，投资不会增加很多，从而国民收入水平也不会有较大增加；反之，IS曲线较平坦，则表示投资利率系数越大。因此，货币供给增加使利率下降时，投资会增加很多，从而使国民收入水平有较大增加。

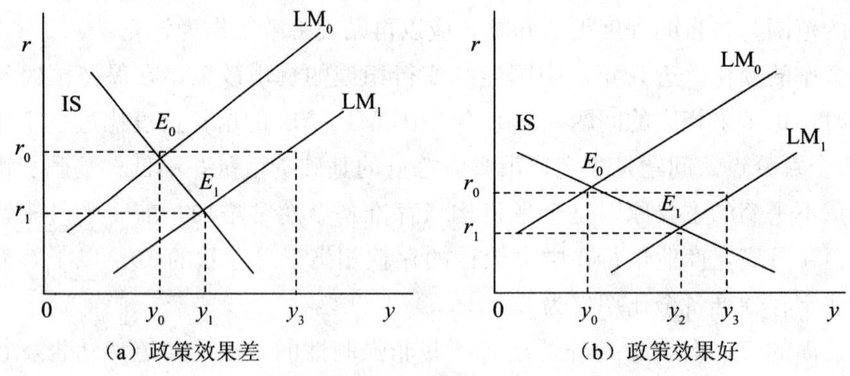

图4－4　货币政策效果因IS曲线斜率而异

因此，如果IS曲线越平坦，或者说私人投资对利率的变化越敏感，则扩张性货币政策的效果就越好。

2. IS曲线不变，LM曲线斜率变动对货币政策效果的影响

从图4－5看，由于货币供给增加量相等，因此，LM曲线右移的幅度相等，都是由初始状态y_0移动相同的距离y_0y_3，但图4－5（a）中y_0y_1小于（b）中的y_0y_2，其原因是增加同样的货币供给量时，若货币需求关于利率的系数越大，则利率下降较少；若利率系数较小，则利率下降较多，因而在图4－5（a）中，利率只从r_0下降到r_1，下降较少；而在图4－5（b）中，利率则从r_0降到r_2，下降较多。

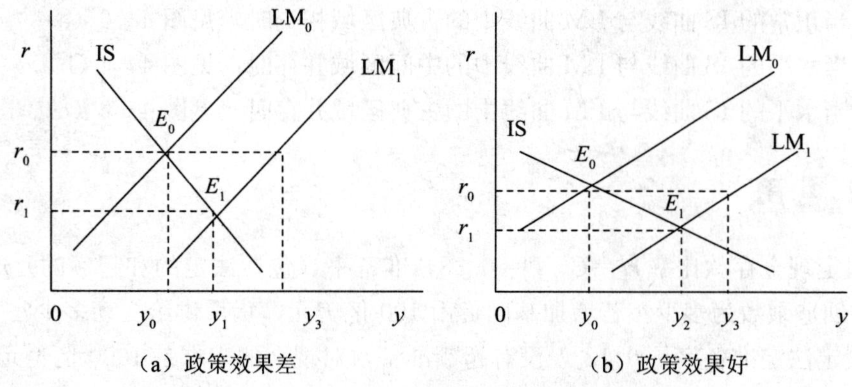

（a）政策效果差　　（b）政策效果好

图 4-5　货币政策效果因 LM 曲线斜率而异

这是因为，LM 曲线较平坦，表示货币需求受利率的影响较大，即利率稍有变动就会使货币需求变动很多，因而货币供给量变动对利率变动的作用较小，从而增加货币供给量的货币政策就不会对投资和国民收入有较大影响；反之，若 LM 曲线较陡峭，表示货币需求受利率的影响较小，即货币供给量稍有增加就会使利率下降较多，因而使投资和国民收入有较多增加，即货币政策效果较强。

因此，如果 LM 曲线越陡峭，或者说货币需求对利率的变化越不敏感，则扩张性货币政策的效果就越好。

五、古典主义极端情况

与凯恩斯主义极端情况完全相反，如果水平的 IS 曲线和垂直的 LM 曲线相交，则出现了所谓的古典主义极端情况。古典主义极端是指财政政策完全无效，而货币政策十分有效的情况。

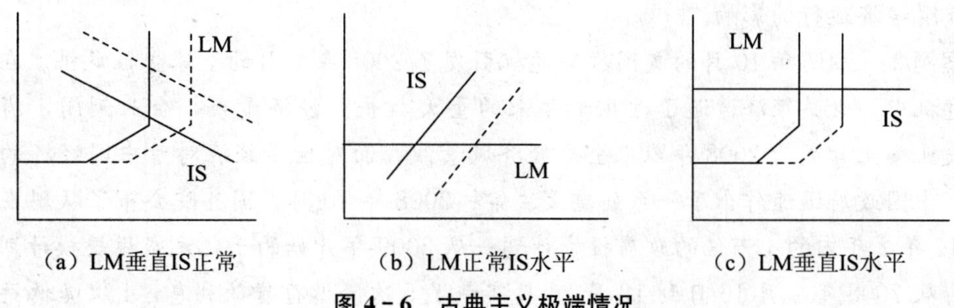

（a）LM垂直IS正常　　（b）LM正常IS水平　　（c）LM垂直IS水平

图 4-6　古典主义极端情况

一般而言，IS 曲线越平坦，或 LM 曲线越陡峭，则财政政策效果越小，货币政策效果越大。如果出现一种 LM 曲线为垂直而 IS 曲线为水平的情况，则财政政策将完全无效，而货币政策将完全有效，这就是古典主义的极端现象。古典主义极端在以下三种情况下发生：

(1) 当正常的IS曲线与LM曲线中的古典区域相交时，见图4-6 (a)。

(2) 当水平的IS曲线与LM曲线中的中间区域并存时，见图4-6 (b)。

(3) 当水平的IS曲线与LM曲线中的古典区域并存时，见图4-6 (c)。

知识应用

1. 假定现金存款比率 $rc=C_u/D=0.38$，准备率（包括法定的和超额的）$r=0.18$，试问货币创造乘数为多少？若增加基础货币100亿美元，货币供给变动多少？

2. 假定法定准备率是0.12，没有超额准备，对现金的需求是1000亿美元。

(1) 假定总准备金是400亿美元，货币供给是多少？

(2) 若中央银行把准备率提高到0.2，货币供给变动多少？假定总准备金仍是400亿美元。

(3) 中央银行买进10亿美元政府债券（存款准备金率是0.12），货币供给变动多少？

3. 中央银行可以以名义货币供给量 M 及存款利率 R 等货币中间变量来达到调节经济的目的。在哪种情况下，中央银行会采取哪种政策？并用图形来说明在每种情况下的政策作用。

4. 案例讨论

案例1：2015年5月10日，央行宣布再度降息，存贷款基准利率下降0.25个百分点，金融机构一年期贷款基准利率下调至5.1%，一年期存款基准利率下调至2.25%。至此央行今年已进行了两次降准、两次调息。这是今年以来央行第二次降息。下一步将继续实施稳健的货币政策，保持松紧适度，根据流动性供需、物价和经济形势等条件的变化进行适度调整，把握好稳增长和调结构的平衡点。

请结合我国的经济形势和相关经济学原理，讨论并分析这些货币政策出台的原因和对宏观经济运行的影响。

案例2：2007年10月的美国次贷危机引发了2008年9月的全球金融危机。在此次金融危机中，世界经济遭遇了近几十年来的重大打击。经济萧条，企业倒闭，消费疲软，失业率上升成为2008年以来全球经济风景线。面对世界经济对于中国经济的严重影响，中国政府迅速作出了一系列重大决策；2008年10月，国务院公布了从现在开始到2010年2年内的4万亿的政府投资计划；从2009年开始的千亿元减税规模计划；中央银行从2008年9月16日到12月25日实施了5次降低存贷款利息，4次降低存款准备金率；2009年年初又颁布了家电下乡计划，同时，对购买1.6以下的小排量汽车购置税减少50%等方案。2009年实际发行国债达到16041.2亿元人民币，其规模创10年来之最。2010年政府还将继续增加5885亿元投资。

根据上述两个案例分析：

(1) 我国实行了什么样的宏观经济政策进行调控？结合资料说明上述宏观经济政

策分别运用了哪些政策工具？

（2）请用IS－LM模型分析上述政策组合措施对我国宏观经济运行的影响。

材料1：全球金融经济危机后中国扩张性货币政策的效果

从2008年开始，美国金融危机进入经济危机，美联储执行量化宽松货币政策。想以此扭转美国的经济衰退。中国为了应对全球金融经济危机同样采取了宽松的货币政策，希望此政策有助于维持经济发展速度。对于宽松的也就是扩张性货币政策的作用，历来观点不同。请对2008年以后中国的扩张性货币政策效果进行分析，以为今后货币政策的制定提供参考。

1. 中国货币政策的实施效果和副作用

2008年9月，为了应对国际金融危机的冲击，中国采取了一系列“适度宽松”货币政策工具，主要有：

（1）降低利率。截至2008年年底，央行5次下调金融机构存贷款基准利率，1年期存款基准利率累计下调1.89个百分点。1年期贷款基准利率累计下调2.16个百分点；个人住房公积金贷款利率也有所下调。同时，1年期流动性再贷款利率下调0.27个百分点：对农村信用社再贷款（不含紧急贷款）1年期利率下调0.54个百分点：其他档次利率相应下调。再贴现利率下调1.17个百分点。房贷利率实行打折。

（2）增加货币供应量。①降低法定存款准备金率。从2008年9月开始，4次下调存款准备金率，从17.5%下调到15.5%；此后在2010年虽有上调，但在2011年12月和2012年2月又连续2次下调存款准备金。②放宽信贷。2008年8月初，央行调增了全国商业银行信贷规模，以缓解中小企业融资难和担保难问题。8月中旬，央行又将劳动密集型中小企业小额贷款的最高额度从100万元提高到200万元。2009年年初，国务院提出全年M2增长17%左右，新增贷款5万亿元以上。房贷条件也予放宽。③调减公开市场对冲力度。相继停发3年期中央银行票据、减少1年期和3个月期中央银行票据发行频率，同时中央银行票据发行利率适当下行。④央行继续大力购汇形成大量货币发行。

中国货币政策的实施的作用主体体现在：

（1）对消费投资有一定的短暂拉动作用。扩张性的货币政策似乎拉动了内需。特别对于房地产行业而言，放宽贷款条件，利率下降及打折，在通胀预期背景下，数据表明更多的人通过贷款来购买房子，使商品房销售显著增长。

中国的货币供应量显著增长（见图4－7），原因是中国没有发生经济危机，相对于美国企业。中国企业市场销路更大，而且中国企业投资冲动异常强烈，政府投资也数量巨大，因而贷款需求十分强劲，在央行通过购买外汇大量增加基础货币的基础上，

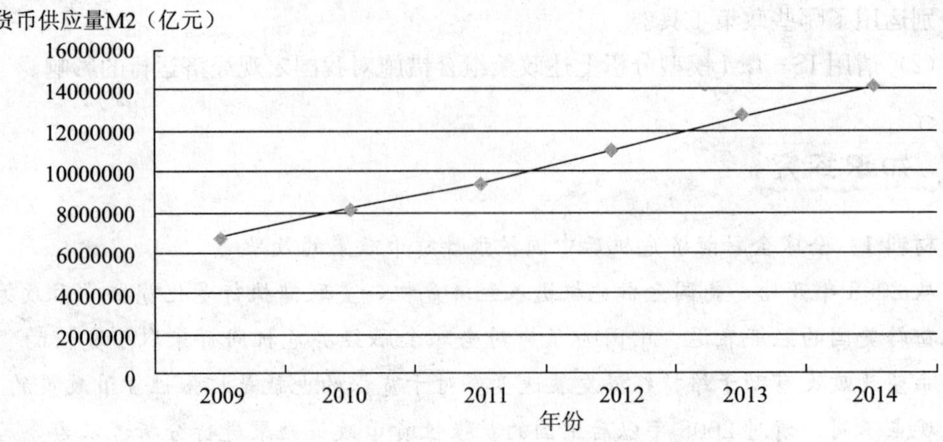

图 4-7　2009—2014 年中国货币供应量曲线图

派生存款创造了大量的 M2。这说明扩张性的货币政策可能在非萧条状态容易发挥作用。但 2008 年的扩张性货币政策未能维持 2009 年 GDP 保持原有增速，2010 年我国 GDP 增速虽较 2009 年有所提高（见图 4-8），但主要不是货币政策的贡献。虽然央行采取的增加贷款等措施有助于经济的增长。但主要是因为采取了积极的财政政策。2008 年 11 月 8 日，在出口、投资、工业增加值等一系列指标出现全面下滑的情况下，国务院宣布了两年总计 4 万亿元的投资计划，预计未来两年每年拉动 GDP 1 个百分点，同时地方上报投资项目投资额度很快超过了 20 万亿元。而 2007 年中国全社会固定资产投资总额只有 13 万亿元左右。实际上当时我国采取了多项财政等方面的政策来促进经济的发展。如推进结构调整和发展方式的转变，增加中央财政预算对地方税收返还和转移支付，落实推动区域协调发展的各项税收政策，实施消费补贴，加大对科技创新的支持，改善民生和发展社会事业等。同时，中央银行还采取措施增加中小企业的资金渠道，如发行中小企业短期融资券、中小企业信贷资产支持证券，加大对中小企

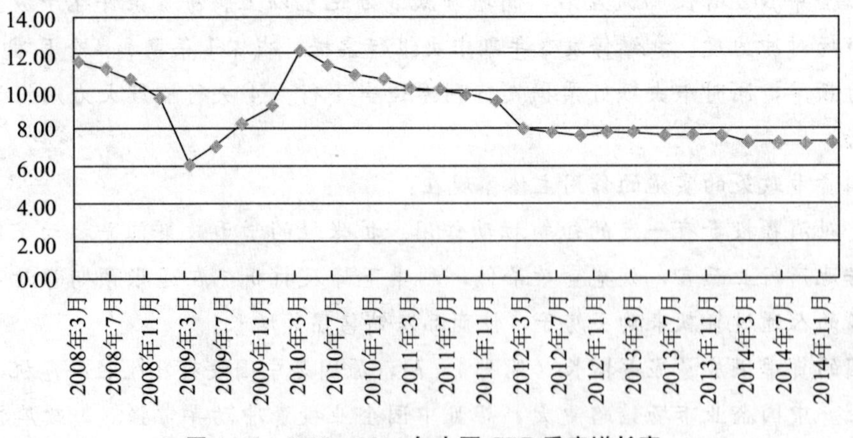

图 4-8　2008—2014 年中国 GDP 季度增长率

业的贷款支持力度等。

（2）难以持续刺激经济增长。在2008年金融危机后。虽然我国积极采取措施应对其带来的负面影响，但是近几年我国经济增速在逐渐减缓。到2012年第一季度GDP同比增长8.1%，增幅5个季度连降（见图4-8）。

（3）造成部分产业产能严重过剩。2009年施行扩张性的货币政策之后，贷款超速增长。2009年金融机构各项贷款比2008年增长了33.83%，2010年比2009年又增长了31.46%，而2008年只增加11.29%。

信贷总量过快增长及不合理的信贷结构加速了部分产业的产能过剩。增加的贷款和政府数万亿元投资，涌入经济的各个方面，包括房地产及基础设施领域。现在，中国商品房大量闲置。房地产市场调控进退两难，基础设施方面的投资也显得过多甚至发生许多不必要的大拆大建。雄心勃勃的地方政府希望通过大力开展基础设施建设及加大工业产能加快地方经济增长。一个典型的事例是钢铁工厂在需求严重不足的情况下继续扩大投资。郎咸平估计，2012年我国产能过剩钢铁21%，汽车12%，水泥28%，电解铝35%，不锈钢60%，农药60%，光伏95%，玻璃93%。此外像甲醛、农药、造船、高速公路等都严重过剩，国家发改委产业协调司司长在2010年曾发出警告，到2015年，中国的汽车年产能将达到3100万辆，接近当前国内市场规模的两倍，并且远超过当前美国市场规模的两倍。根据IMF报告，中国目前的产能利用率只有60%，美国当前的全工业利用率为78.9%，而在金融危机高峰期这个比率是66.8%。产能严重过剩意味着放宽信贷得不偿失。此外，促进出口政策造成的严重顺差，使产能过快增长、资源外用与货币超发相伴随。严重的产能过剩实质上是经济危机的一种形式，并可能导致剧烈的经济危机。

材料2：

表4-1　2008年以来我国历次法定准备金率的调整

序号	时间	调整前	调整后	调整幅度	调整机构与原因
1	2008年1月25日	14.5%	15%	0.5%	
2	2008年3月25日	15%	15.5%	0.5%	
3	2008年4月25日	15.5%	16%	0.5%	
4	2008年5月20日	16%	16.5%	0.5%	
5	2008年6月15日	16.5%	17%	0.5%	
6	2008年6月25日	17%	17.5%	0.5%	
7	2008年9月25日	17.5% 16.5% 17.5%	16.5% 14.5% 17.5%	-1% -2% —	（限汶川地震重灾区地方法人金融机构）（工、农、中、建、交、邮行暂不调整）

续 表

序号	时间	调整前	调整后	调整幅度	调整机构与原因
8	2008年10月15日	16.5%	17%	0.5%	
9	2008年12月5日	17% 14%	16% 13.5%	−1% −0.5%	（工、农、中、建、交、邮行等大型存款类金融机构）（中小型存款类金融机构）
10	2008年12月22日	16% 14%	15.5% 13.5%	−0.5% −0.5%	（工、农、中、建、交、邮行等大型存款类金融机构）（中小型存款类金融机构）
11	2010年1月18日	15.5%	16%	0.5%	为增支农资金实力支持春耕备耕，农村信用等小型金融机构暂不上调
12	2010年2月25日	16.00%	16.50%	0.5%	（大型金融机构、中小金融机构不上调）
13	2010年5月10日	16.50%	17.00%	0.5%	农村信用社、村镇银行暂不上调
14	2010年11月16日	17.00%	17.50%	0.5%	存款类金融机构
15	2010年11月29日	17.50%	18.00%	0.5%	加强流动性管理、适度调控货币信贷投放
16	2010年12月20日	18.00%	18.50%	0.5%	抑制通胀
17	2011年1月20日	18.50%	19.00%	0.5%	抑制通胀
18	2011年2月24日	19.00%	19.50%	0.5%	抑制通胀
19	2011年3月25日	19.50%	20.00%	0.5%	抑制通胀
20	2011年4月21日	20.00%	20.50%	0.5%	抑制通胀
21	2011年5月18日	20.50%	21.00%	0.5%	抑制通胀
22	2011年06月14日	（大型金融机构）21.%	21.50%	0.5%	抑制通胀
		（中小金融机构）17.5%	18%	0.5%	抑制通胀
23	2011年12月5日	（大型金融机构）21.5% （中小金融机构）18%	21.00% 17.50%	−0.5% −0.5%	稳定经济、补充流动性
24	2012年2月24日	（大型金融机构）21.00% （中小金融机构）17.50%	20.50% 17.00%	−0.5% −0.5%	稳定经济、补充流动性

续　表

序号	时间	调整前	调整后	调整幅度	调整机构与原因
25	2012年5月18日	（大型金融机构）20.50% （中小金融机构）17.00%	20.00% 16.50%	−0.5% −0.5%	稳定经济、补充流动性
26	2015年2月5日	（大型金融机构）20.00% （中小金融机构）16.50%	19.50% 16.00%	−0.5% −0.5%	稳定经济、补充流动性

任务四　两种政策的混合使用

知识目标

1. 了解财政政策和货币政策的特点，理解两种政策混合使用的效果；

2. 理解并掌握财政政策和货币政策搭配使用的主要类型及其适应条件。

应用目标

能根据两种政策混合使用理论解释近年来政府相关宏观经济政策实践。

探究目标

探究近年来中国财政政策和货币政策搭配实施的实践及其现实依据。

新课导入

材料：20世纪80年代的“滞胀”与美国政策组合的应对

20世纪80年代初，美国面临“滞胀”（经济停滞，通货膨胀）和国际收支逆差及由此带来的美元疲软。为了走出困境，美国政府采取了扩张性财政政策和紧缩性货币政策的政策组合：

(1) 大规模削减联邦税收和调整公共支出，即为“松”的财政政策，其目的是保持工商企业的活力从而促进经济增长。

(2) 实行高利率即“紧”的货币政策，目的是压缩通货膨胀，稳定国内物价，使大量的短期国际游资涌入，为改善其国际收支以助一臂之力，也为国内经济的发展提供了大量的资金。

(3) 这种政策组合的最后结果是，美国经济状况明显好转，1983—1984年GDP实际增长4%～5%，通货膨胀1983—1984年稳定在3%，这对于一直不振的美国经济来说很不容易。

美国的这种政策组合无疑取得了很大的成功，每个国家面临的经济情况和环境是不尽相同的，一个国家如何进行政策组合的选择无疑是我们要学习的内容。

那么，美国应对“滞胀”采取宏观经济政策组合为什么能取得巨大成功呢？

一、财政政策和货币政策的特点

财政政策与货币政策两者具有不同的特点。这主要体现在如下方面：

(1) 作用领域上，财政政策通过税收、国债、公共支出、政府投资等手段调节社会分配；货币政策则通过信贷规模增减使得货币供给量变动来调节货币流通。

(2) 透明度上，采取何种财政政策是根据国民经济运行状况并及时了解政府预算收支表情况而定，透明度较好；而货币供给量指标只能从永久平衡的中国人民银行资产负债表中反映，易掩盖经济矛盾，透明度较差。

(3) 调节的弹性上，财政政策工具调节经济较为直接，弹性差；货币政策工具（贴现率、准备金率、公开市场业务等）则具有伸缩性、灵活性特征，对经济调节作用较为间接，弹性好。

(4) 政策时滞上，财政政策调整有严格的法定程序和规范的审批手续，内部时滞较长，但可控性强，外部时滞较短；货币政策一般有中央银行根据经济运行实际态势自行调整，内部时滞较短，但其政策工具操作施加的影响向市场主体传递经过的中间环节多，外部时滞较长。

(5) 调节重点上，财政政策重在结构，货币政策重在总量。国民经济运行中可能出现总量和结构双失调，因此，两种政策必须配合运用。

财政政策和货币政策是当代各国政府进行宏观调控的最主要的两种政策，他们都有较强的调节能力，但也有其局限性。仅靠某一项政策很难全面实现宏观调控的目标，所以需要两者相互协调，密切配合，充分发挥综合优势。

二、财政政策和货币政策的搭配使用

根据不同的经济状况和政府想要达到的不同目的，财政政策和货币政策的组合是多种多样的，其基本组合及其相应的效应，如表 4 - 2 所示。这些混合的政策效应，有的可以事先预料，有的则必须根据财政政策和货币政策效应的大小，进行比较后才能确定。

表 4-2　财政政策和货币政策的混合使用效果

	财政政策和货币政策效果			
	IS 移动	LM 移动	产出变动	利率变动
税收增加	左	无	下	下降
税收减少	右	无	上	上
支出增加	右	无	上	上
支出减少	左	无	下	下
货币供给增加	无	下	上	下
货币供给减少	无	上	下	上

1. 扩张性财政政策和扩张性货币政策结合

在经济处于严重萧条状态，社会总需求低迷时，为达到强有力地扩大社会总需求，促使经济复苏的目的，可以将扩张性财政政策和扩张性货币政策混合使用，将使产出增加。

2. 扩张性财政政策和紧缩性货币政策结合

在经济增长缓慢以至停滞而通货膨胀压力又很大，或者经济结构失调与通货膨胀并存的情况下，可以采取扩张性财政政策和紧缩性货币政策配合使用。此时，在刺激总需求的同时又能抑制通货膨胀扩张，因为扩张性财政政策尽管会引起挤出效应，但对总需求还是有一定刺激作用的，而紧缩性货币政策减少货币供给量会抑制由于货币量过多而引起的通货扩张。

表 4-3　财政政策和货币政策的不同组合和适合条件

序号	政策组合	产出	利率	适用条件
1	扩张性财政政策 紧缩性货币政策	不确定	上升	经济萧条不严重，扩张性财政政策刺激总需求，紧缩性货币政策抑制通货膨胀
2	紧缩性财政政策 紧缩性货币政策	下降	不确定	严重通货膨胀，紧缩性财政政策提高利率，降低总需求。紧缩性财政政策，以防止利率过高
3	扩张性财政政策 紧缩性货币政策	不确定	下降	不严重的通货膨胀，紧缩性财政政策抑制总需求，扩张性货币政策降低利率，一面财政过度紧缩而衰退
4	扩张性财政政策 紧缩性货币政策	上升	不确定	经济严重萧条，扩张性财政政策增加总需求，扩张性货币政策降低利率

3. 紧缩性财政政策和紧缩性货币政策结合

当经济过度繁荣，通货膨胀严重时，则可以把紧缩性财政政策和紧缩性货币政策混合使用。因为紧缩性财政政策使总需求减少，从需求方面抑制了通货扩张；而紧缩性货币政策使货币供给量减少，从货币供给方面抑制了通货膨胀。另外，紧缩性财政政策在抑制总需求的同时又会使利率下降，而紧缩性货币政策则会使利率上升，这就不会使利率下降，防止了因利率下降而刺激总需求。

4. 紧缩性财政政策和扩张性货币政策结合

在财政赤字较大与总需求不足的状况下，可以采用紧缩性财政政策和扩张性货币政策配合使用。紧缩性财政政策可以消除财政赤字，而扩张性货币政策可以刺激总需求，这时对国民收入增加的影响不一定大，但将使利率下降。

知识应用

1. 假定经济处于充分就业的状态，现在政府要改变总需求构成，增加私人投资而减少消费支出，但不改变总需求水平，应当实行一种什么样的政策组合？

2. 试根据近几年我国经济运行的状况，分析未来我国经济发展趋势与宏观经济政策组合选择的可能。

知识探究

材料：IS－LM 模型与我国宏观经济政策组合的选择

近几年，尤其是 2002 年之前，我国在对宏观经济的调控上，倾向实行积极的财政政策，即加大基础设施投资，扩大政府支出，刺激经济的增长。这与我国当时的经济增长速度和经济形势是相适应的。不过，从 2003 年开始，经济形势开始发生变化，2003 年我国 GDP 增长速度达到 9.3%，2004 年，全年国内生产总值达到 13.7 万亿元，增长 9.5%。在这种变化下，我国实施了 7 年的积极财政政策在 2005 年开始转变。从抑制潜在通货膨胀，防止经济过热，保证经济稳定的目的出发，中国在 2005 年实行了稳健的货币政策和稳健的财政政策。即货币政策和财政政策的“双稳健”。可运用 IS－LM 曲线来讨论这一“双稳健”的宏观经济政策。

1. “双稳健”的政策含义。

“双稳健”的财政政策和货币政策，实质上都是经济学意义上的中性宏观经济政策。所谓“中性”的宏观经济政策，是相对于扩张性政策和紧缩性政策而言的，是一种有保有压，有紧有缩，上下微调，松紧适度的政策。笔者个人认为，“稳健”是相对于“积极”而言，我国的财政政策和货币政策应该说是稳中趋于紧缩的，尤其从理性预期的角度，反映在公众的心理预期上，这种政策调整反映了我国经济形势的变化和应运而生的整个宏观政策态度。虽然，稳健政策并不等同于紧缩，但在经济主体的预期中，“稳健”在某种程度上被认为近似于紧缩。

2. 我国“双稳健”政策的着力点。

“双稳健”政策的着力点是经济稳定而非经济增长。IS－LM 模型探讨的是国民收入与利率水平的水平关系，没有讨论经济稳定的问题。而“双稳健”政策，作为宏观的经济政策，更多考虑的是预防经济过热，推动社会公平和减少失业，调整行业结构，应付经济垄断等各个方面。这一政策通过对经济的发展速度和各项经济指标的分析，落脚于经济平稳，致力于在经济过热和增长缓慢中间寻找平衡点。

3. “双稳健”政策应加大市场调控的力度。

我国的IS－LM模型没有确定的形状，用定量分析的方法无法精确拟合。因为利率没有市场化等原因，一些变量实际上是政策性的，而定性分析存在许多无法克服的障碍，不能精确描述 IS－LM 曲线的形状。所以，随着经济形势的变化，我国的 IS－LM 模型（笔者把它看作是在经典理论中加入一些条件的定性模型）是不精确的。尽管长期趋势十分明确，但在短期内，或者在一定的时期内，模型的形状和趋势并没有准确的界定。在不精确的 IS－LM 模型下，稳健的政策，即中性政策，应该说很好地配合了这种不精确性。因为稳健政策意味着政府干预的谨慎，意味着留给市场更充分的发展空间，意味着由市场机制的完善和市场力量的出清来实现商品市场和货币市场的双均衡，从而通过市场的培育，使我国的 IS 曲线、LM 曲线由理论上的陡峭趋向正常，由实践上的不精确趋向可计量的稳定。“双稳健”政策是比较谨慎的政策选择。这一政策应在确保经济稳步增长的同时，更多地致力于经济发展各方面的协调性，以提供公共物品、解决外部性等市场失灵问题为主，并在此基础上，谨慎地实行其他配套的政府干预，加大培育市场的力度，引导市场的完善，使市场的调控更加灵敏有力，从而促进市场经济的更加有效。

搜集相关数据资料，评析近年来中国双稳健的宏观经济政策组合。结合本章理论和中国实际探索更适合中国经济发展现状的宏观经济政策。

项目五 经济增长理论

任务一 经济增长的决定因素

知识目标

1. 了解经济增长的含义和新时期特征；
2. 理解决定经济增长的四个因素及其作用；
3. 能够用数学函数形式表达四个因素对经济增长的作用。

应用目标

能运用决定经济增长的四个因素分析各国GDP变化的原因。

探究目标

探究中美两国近20年来GDP增长的差异及其原因。

新课导入

从表5-1和图5-1可以看出，1994—2014年，中国经济一直在高速增长，GDP的平均增长率为9.73%，是世界上经济增长最快的国家之一。那么，为什么中国会有高于其他国家的经济增长率？推动中国经济高速增长的主要因素是什么呢？从表5-1可以看出，中国GDP在20世纪90年代中期和21世纪前十年的后期都有超过10%的增长率，从2011年起而中国经济开始下滑，这是否章意味着中国GDP增长率会有进一步减慢的趋势呢？

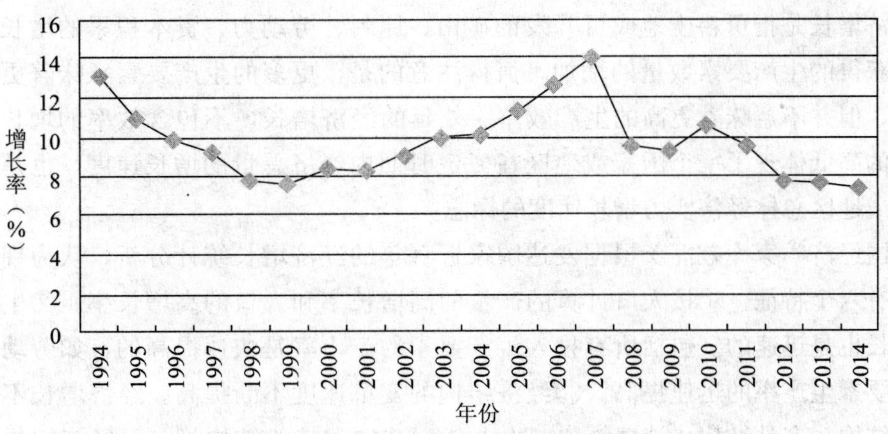

图 5-1　1994—2014 年中国 GDP 增长速度

表 5-1　1994—2014 年中国 GDP 增长速度

年份	2014	2013	2012	2011	2010	2009	2008
GDP 增长率（%）	7.4	7.7	7.7	9.5	10.6	9.2	9.6
年份	2007	2006	2005	2004	2003	2002	2001
GDP 增长率（%）	14.2	12.7	11.3	10.1	10	9.1	8.3
年份	2000	1999	1998	1997	1996	1995	1994
GDP 增长率（%）	8.4	7.6	7.8	9.2	9.9	11	13.1

知识解读

一、经济增长的含义

经济增长是一个复杂的经济和社会现象，它代表一个国家或地区潜在的 GDP 或国民产出的增加，是一个国家或地区一定时期内实际产出水平或人均实际产品和劳务的增长。经济增长在一个国家的经济发展中占据着十分重要的地位，它决定着一定时期某个国家的国力和这个国家的人民生活水平，它对一个国家的诸多方面具有广泛的影响，反映着一个国家一定时期生产能力及其扩张的速度。

经济增长可分为内涵的经济增长和外延的经济增长。内涵的经济增长是指在不增加生产要素数量的情况下，通过改进生产要素的生产率，从而提高生产力水平。内涵的经济增长总是促进生产标准的提高，它不在于资本存量和高质量的劳动力的增加，不需要消耗非再生资源或者再生的但开发利用成本较高的资源。与外延的经济增长相比，内涵经济增长可以利用现有的经济资源来满足人们无止境的欲望，可以使社会以同样数量的资源获得更多的令人们满意的物品，是社会与稀缺做斗争的有利武器。外延的经济增长是指可耕土地或可开发的矿山、原料、劳动力、资本积累的增长，即经济中可获得的生产要素数量的增加。值得注意的是，更多的生产要素意味着更大的生产能力，但并不意味着更高的生产效率。外延的经济增长，不包含效率的增长，经济增长率的高低体现了一个国家或地区在一定时期内经济总量的增长速度，也是衡量一个国家或地区总体经济实力增长速度的标志。

美国经济学家库兹涅茨根据发达国家近百年的经济增长统计分析，认为现代经济增长具有六个特征：①按人口计算的产量的高增长率和人口的高增长率。②生产率本身的增长也是迅速的。包括所有投入生产要素的产出率是快速提高的，如劳动生产率和其他要素生产率的迅速提高。③经济结构的变革速度不断提高。经济增长不断改变着产业结构、产品结构、消费结构、收入分配结构和就业结构等。而经济结构的变化又反过来推动着经济更快的增长。④社会结构与意识形态的迅速改革。经济增长使传统的、僵化的社会结构变得灵活，使传统的思想观念不断更新，如城市化、传统风俗习惯的改变等。⑤经济增长在世界范围内迅速扩大，成为各国追求的目标。经济发达国家凭借其技术力量，尤其是运输和通信，通过各种方式向世界其他地方延伸，掠夺其他国家的市场和资源，使世界卷入增长之内，成为一个统一体。⑥世界各国经济增长的情况是不平衡的。发达国家与不发达国家之间的人均产出水平有很大差距，贫富差距在国际间拉大。

衡量经济增长的主要指标是 GDP。它对反映经济增长的状况和程度是有意义的，但有两个缺陷：一是不能反映社会问题及其变化状态，比如社会保障问题，甚至还会掩盖收入分配差距这样的重要社会问题；二是不能反映经济增长的成本，特别是资源消耗和对环境带来的负面影响。为弥补这一指标的不足，联合国研究机构提出了两个新指标，一个是综合发展指标，包括 16 项内容，反映得比较全面，但过于复杂；另一个是联合国开发署在每年人类发展报告中使用的人类发展指数，包括三个小指标：预期寿命、社会教育水平和人均收入，虽不完整，但在一定程度上反映了经济增长和社会发展。

二、决定经济增长的因素

经济增长是现代社会各国所面临的共同问题。虽然各国的发展道路不同，但可供人类生存和发展所需的产品和劳务都是在现有生产技术条件下利用各种资源生产出来的。这些资源主要包括自然资源、劳动力、资本和技术水平。因此，无论是发展中国家还是发达国家，决定经济增长的因素或源泉包括四个因素：人力资本或劳动力、资本、自然资源、技术变革和创新。

1. 人力资本

人力资本在经济增长过程中是一个至关重要的因素。它存在于人口群体中每一个体身上。除个体身上与生俱来的自然体力外，现代社会的人力资本还应包括后天获得

的具有经济价值的知识、技能及健康等质量元素。

人力资本具有下列基本特性：①人力资本具有依附性。人力资本的载体是人，是通过人力投资形式形成的价值在劳动者身上的凝固，与其所有者不可分离，一切体能、知识、智能、技能、情感、价值观念、思想道德都依附于活生生的人而存在。同时，人力资本的价值量和新增价值的创造，必须在劳动和劳务过程中才能得以体现。人不参与劳动和劳务，只是一个纯粹消费者，其资本价值量无从体现。②人力资本具有能动性。人力资本是经济发展过程中最具能动性的因素。一方面，物质资本、货币资本价值量的实现和创造必须通过人力资本的操作；另一方面，人力资本可以创造出超出自身价值量的经济效益。在一个企业中，人力资本水平在一定程度上决定着企业的兴衰。美国当代管理学家杜拉克说："人是我们最大的资产，企业或事业唯一的真正资产是人，管理就是充分开发人力资源。"一个国家或地区的强弱与贫富也取决于其人力资本状况。今天，富国和穷国之间的根本差距是知识差距、人力资本差距。③人力资本具有时效性。人力资本与物质资本不同，它具有一维性。若不适时开发和利用，随着岁月的流逝将逐渐降低直至消失殆尽。通过教育、培训等方式进行投资而形成一定的人力资本存量，将其投入社会再生产过程，就可以产生收益，发挥效用，而未及时开发或再造的人力资源，不仅难以成为社会发展的有生力量，而且还会成为拖累经济发展和社会进步的累赘或"包袱"。④人力资本具有变动性。随着科技发展和社会进步，人力资本的存量、增量及其构成要素的价值都将处于不断变动之中。从主观上看，劳动者刻苦学习，勇于实践，在潜心钻研中有所发现和创新，其存量和增量就会不断增大，价值量就会不断增值。

人力资本在现代经济增长中具有普遍而重大的意义。第二次世界大战后日本、美国等发达国家的实践证明了这一点。重视人才培养是日本能够成为世界经济大国的根本所在；美国是一个非常重视人才的国家，历史上美国从世界各国吸引了大量的一流人才，美国今天能成为头号经济和科技强国，与其成功的人才战略密切相关。可以说，人力资本是促进现代经济增长的重要"引擎"，是经济增长的根本动力和关键因素。

2. 自然资源

经济增长的第二大要素是自然资源。自然资源亦称天然资源，是指在其原始状态下就有价值的货物。一般来说，假如获取这个货物的主要工程是收集和纯化，而不是生产的话，那么这个货物是一种自然资源。自然资源可分为有形自然资源（如土地、水体、石油天然气、动植物、矿产等）和无形的自然资源（如光资源、热资源等）。采矿、采油、渔业和林业因此一般被看作获取自然资源的工业，而农业则不是。

自然资源对一国的经济增长具有基础性作用。一些国家就是凭借其丰富的资源获得较快的经济增长。如加拿大、挪威凭借其在农业、渔业和林业等方面丰富的自然资源获得高产出而得到发展；美国拥有广袤的良田所以才成为当今世界上最大的谷物生产和出口国；中东一些国家凭借其丰富的石油资源跻身世界富裕国家行列。但现代社会，拥有自然资源并不是经济增长的必要条件。美国纽约的繁荣主要源于它高度发展的服务业，缺乏自然资源的日本通过大力发展劳动密集型和资本密集型产业而获得了高速经济增长；香港这块弹丸之地在领土面积上与俄罗斯不可同日而语，但在国际贸易中的份额却远远大于俄罗斯。

3. 资本

除了劳力和自然力这两种基本的和普遍的生产要素外，还有另一种生产要素，若没有它，工业便只能处于最初的原始而简陋的状态，而不可能进行任何其他生产活动。这就是以前劳动产物的积累。这种劳动产物的积累称为资本。

很多人都认为资本就是货币。但是，货币本身并不能执行资本的任何职能，因为它不能向生产提供任何帮助。为了向生产提供帮助，必须把货币换成别的东西。而任何能与其他东西交换的东西，都能在相同程度上对生产做出贡献。资本为生产所做的事情，是提供工作所需要的场所、保护、工具和原料，以及在生产过程中供养劳动者。这些是当前的劳动向过去的劳动，向过去劳动的产物要求提供的服务。无论什么东西，只要用在这方面，即用来满足生产性劳动所必需的以上各种先决条件，就是资本。因此从这个角度讲，资本就是用于生产的一种基本生产要素，即资金、厂房、设备、材料等有形或无形的资源。

当然，从更广泛意义上讲，资本不应局限于厂房、设备等直接进入生产领域的有形或无形的资源。事实上，企业生产离不开政府提供的公路、铁路、灌溉和引水工程、公众医疗保健等基础设施，这些投资被称为社会基础资本。

积累资本需要牺牲许多当前消费。现代社会经济增长快速的国家一般都在新资本品上大量投资，诸如股票、债券等资本市场是非常发达的。如多数经济高速发展的国家，10%～20%的产出都用于净资本的形成。许多经济学家认为，中国近 30 年来经济高速增长与中国人的高储蓄率是密不可分的，相反，美国国民储蓄率低是其主要的经济问题，一般仅为产出的 4%左右。

4. 技术变革和创新

除了以上讨论的传统因素外，经济快速增长还依赖于第四个因素：技术进步。历史上使欧洲、北美和日本的生产潜力获得巨大提高的正是永无止境的发明和技术创新。技术进步是通过技术变革和创新来实现的。技术变革和创新是现代经济增长的源泉，创新越活跃经济增长速度就越快，创新不足现代经济是难以增长的。世界经济发展的中心总是伴随技术变革和创新中心的转移而转移。没有新发明和技术革新，在边际收益率递减规律作用下，人们生产积极性会减弱，企业就不愿意再继续增加投资，使经济呈现出衰落趋势。人类几千年来的经济发展史正是通过几次大的技术变革和创新来推动的。青铜器和铁器工具的发明，大幅度提高了农业劳动生产率，促使了农业和手工业的分离；18 世纪蒸汽机的发明使人类进入工业革命时代，劳动生产率的提高解放了大量的劳动力，也加速了资本的进一步扩张和深化，促进了经济总量的迅速增长；

19 世纪 70 年代以新能源、新机器和新产品为标志的第二次技术革命促进了资本主义经济的迅猛发展和经济结构、社会结构的极大变化；20 世纪 40 年代开始的以微电子技术、生物技术、新材料技术和航空技术等高新技术为标志的第三次技术革命极大地推动了世界各国经济增长、产业结构升级；进入 21 世纪以来，以多媒体计算机技术和网络通信技术为主要标志的信息技术已经渗透到社会的各个领域，对当代社会经济发展产生了巨大的影响。

三、总生产函数

虽然各国经济发展的途径各不相同，但所有曾经快速发展的国家都有一个共同点：经济增长的发动机必定安装在人力资本、自然资源、资本积累和技术进步这四个轮子上。这四个轮子就是决定经济增长的四个因素。

通常，经济学家用总生产函数来表明这四个因素之间的关系。总生产函数将国民总产出、总投入和技术联系在一起。它的数学表达式为：

$$Q=Af\ (K,\ L,\ R)$$

其中，Q=产出，K=资本对产出的贡献，L=投入的劳动力，R=投入的自然资源，A 代表经济中的技术水平，f 是生产函数。一般来说，随着资本、劳动力、资源等投入要素的增加产出也增加，但随着生产要素的不断增加，产出的增加会出现收益递减现象。也就是产出与资本、劳动力、资源等投入要素之间的一阶导数大于 0，二阶导数小于 0。一般来说，技术进步是企业本身不能控制的，是外部因素。但技术进步可以使相同投入水平条件下生产出更多的产品。这可以用生产率来衡量。生产率是指产出与投入的加权平均值的比例。由于新发明的出现或对国外先进技术的引进，技术水平（A）得到提高，生产率也会得到提高。

四、经济增长核算理论

我们已经知道，经济增长依赖于劳动力、资本的增长、技术进步和自然资源。由于自然资源是既定的，可以忽略不计。那么劳动力、资本和技术进步对经济增长的相对贡献是多少呢？这就需要掌握经济增长核算理论，这个理论是经济增长数量分析的第一步，它可以区分不同因素对经济增长所起的不同作用。

根据总生产函数 $Q=Af\ (K,\ L,\ R)$，在不考虑自然资源情况下，总产出 Q 的增长可分为三个部分：劳动 L 的增长乘以它的权数、资本 K 的增长乘以它的权数和技术进步本身，即：

$$\frac{\Delta Y}{Y}=\frac{\Delta A}{A}+\alpha\frac{\Delta L}{L}+\beta\frac{\Delta K}{K}$$

这一公式被称为新古典经济增长公式。根据这一公式，经济增长可分解为三部分：技术进步的贡献、劳动增长的贡献、资本增长的贡献。其中 α 为劳动增长的贡献率、β 为资本增长的贡献率。根据分配理论和规模报酬不变的假设，应有 $\alpha+\beta=1$。

从这一公式中还可推导出技术进步的贡献率：

$$\frac{\Delta A}{A}=\frac{\Delta Y}{Y}-\alpha\frac{\Delta L}{L}-\beta\frac{\Delta K}{K}$$

一般性地将技术进步理解成“所有投入要素”效率的提高，也就是“全要素生产率”。它代表了技术进步对经济增长的贡献率。

例如，根据以上公式，利用1978—1996年中国资本、劳动的投入和产出的时间序列数据做出这一段时间劳动增长的贡献率和资本增长的贡献率分别为：

$$\alpha=0.52 \qquad \beta=1-\alpha=0.48$$

当劳动投入增长为2.71%，资本增长为10.36%时，劳动增长所引起的经济增长为0.52×2.71%=1.41%，资本增长所引起的经济增长为0.48×10.36%=4.97%。如果环比经济增长率为10.3%，那么技术进步所引起的经济增长为10.3%－（4.97%＋1.41%）=3.92%。

知识应用

1. 根据表5-1中提供的中国20年来GDP增长数据，结合本节知识和相关知识分析中国GDP增长的基本走势，并分析引起中国GDP快速发展的主要因素。

2. 结合以下材料和本节知识，分析自然资源对中国经济增长的制约作用。

能源问题一直是我国经济发展中的焦点和热点问题。我国作为世界上经济增长最快的国家之一，同时也是一个能源生产和消费的大国。最新资料表明，中国已经成为全球第二大能源消费国，一次能源消费增长率也较2003年上升15.5%。2005年，我国能源生产总量20.6亿吨标煤，能源消费总量为22.2亿吨标煤，能源的消费速度较2004年同比增长9.5%，远高于当年全球2.7%的增长率，是世界上能源消费增长最快的国家。

据国家统计局2007年2月28日最新发布的公报显示，2006年，我国实现国内生产总值209407亿元，比上年增长10.7%。能源生产与消费方面，实现一次能源生产总量为22.1亿吨标准煤，较2005年同比增长7.3%；发电量为28344亿千瓦小时，增长13.4%；原煤23.8亿吨，增长8.0%；原油1.84亿吨，增长1.7%。同期，我国能源消费总量为24.6亿吨标准煤，同比增长9.3%。其中，煤炭消费量为23.7亿吨，增长9.6%；原油3.2亿吨，增长7.1%。2006年我国万元GDP能源消耗为1.21吨标准煤，实现了单位GDP能耗3年来的首次下降，但同比仅下降了1.23%，与年初预定的4%左右下降目标相去甚远。特别是，我国GDP总量只占世界GDP总量的5.5%，但是，消耗的能源却占全世界的15%，其中，消耗的钢材占了30%，消耗的水泥占了54%。从环境污染角度看，当年全国化学需氧量（COD）排放总量为1431万吨，比上年增长1.2%；二氧化硫（SO_2）排放总量达2594万吨，比上年增长1.8%。可见，尽管我国的经济保持了高速、强劲的发展，但经济增长方式仍然十分粗放，资源和能源消耗高、

利用率低、环境污染大的现状仍然是不争的事实。

资料来源：赵进文，范继涛．经济增长与能源消费内在依从关系的实证研究［J］．经济研究，2007（8）：31-42.

1. 从国家统计局网站和互联网上搜集相关美国和中国近20年来的储蓄率和GDP的增长率，探究中美两国储蓄对各自经济增长的贡献率，并比较中美两国近20年来GDP增长的差异及其原因。

2. 从国家统计局网站上搜集相关数据资料，根据经济增长的四个因素：人力资本或劳动力、资本、自然资源、技术变革和创新，分析中国近20年来这四个因素对GDP贡献率。

任务二　经济增长模型

知识目标

1. 了解哈罗德-多马模型、新古典增长模型和内生增长理论的假设条件及其基本内容；

2. 理解哈罗德-多马模型、新古典增长模型的局限，在此基础上理解内生增长理论的产生逻辑；

3. 掌握新古典增长模型和内生增长理论中资本深化和技术进步对经济增长的内涵。

应用目标

能根据新古典增长模型中资本深化理论，分析一些国家的资本积累及其贡献率。

探究目标

运用新古典增长模型和内生增长理论，探究中国自1994年以来，资本积累和技术进步对GDP的贡献率。

新课导入

宏观经济学诞生以来，经济学家们一直致力于研究经济增长理论。比较有影响的研究出现主要体现在三个时期：20世纪40年代、20世纪50年代后期和整个60年代、20世纪80年代后期与90年代初期，期间分别产生了三种最有代表性的经济增长理论：

哈罗德-多马模型、新古典增长模型和内生增长理论。

那么，哈罗德-多马模型、新古典增长模型和内生增长理论的主要内容是什么，它们都有什么区别呢?

一、哈罗德-多马模型

20世纪40年代，英国经济学家R. 哈罗德和美国经济学家E. 多马提出了两种基本相同的经济增长理论，人们把这两种理论合称为哈罗德-多马模型。

这一模型以严格的假设条件为前提。这些假设有：第一，社会只生产一种产品，这种产品既可以是消费品，也可以是投资品；第二，社会生产过程中只使用劳动力和资本两种生产要素，且两种要素之间不能相互替代，它们在生产中的比例是固定的；第三，资本—产出比不变，或规模收益不变，也就是说生产规模扩大时不存在收益递增或收益递减的情况；第四，技术状态既定，不存在技术进步且不考虑资本折旧；第五，储蓄能够有效地转化为投资。

在这些假设条件下，国民收入的增长率可表示为：

$$G=S/C$$

这一公式为哈罗德—多马模型的基本公式。其中，G表示国民收入增长率，即经济增长率；S表示储蓄率，即储蓄量在国民收入中所占的比例；C表示资本—产量比率，即生产一单位产量所需要的资本量，因为资本与劳动配备比例是固定的，从而资本—产量比率也是不变的。因此，从公式可看出，经济增长率主要取决于储蓄率：在资本—产量比率不变的条件下，储蓄率越高，经济增长率越高；储蓄率越低，则经济增长率越低。显然，这一模型强调的是资本对经济增长的作用，分析的是资本增加对经济增长之间的关系。

哈罗德将经济增长率分为实际增长率、均衡增长率和自然增长率。实际增长率就是社会实际达到的经济增长率。值得注意的是：在一般情况下，实际增长率不能用哈罗德模型的基本公式来计算，这是因为实际经济状况并不满足哈罗德的前提假设。比如储蓄不等于投资或总需求与总供给不一定相等。

均衡增长率（G_W）就是哈罗德提出的有保证的增长率。它所对应的是投资者满意的储蓄率（S_D）和投资者满意的资本—产出比率（C_R），因此，在实现均衡增长率的情况下，由于实现了充分就业的有效需求水平，且形成的生产能力得到充分利用，所以，就各年情况而言，产量或收入达到最大值时，社会上既无失业又无通货膨胀。用公式表示就是：

$$G_W=S_D/C_R$$

自然增长率（G_N）是在人口和技术都不发生变动的情况下，社会所允许达到的最大增长率，它由最适宜的储蓄率（S_0）和满意的资本-产出比率（C_R）的决定，即：

$$G_N = S_0 / C_R$$

哈罗德-多马模型认为，长期中实现经济稳定增长的条件是：实际增长率、均衡增长率与自然增长率相一致，即：

$$G = G_w = G_N$$

当实际增长率和均衡增长率发生偏差时，会导致经济短期波动。具体来说，若 $G > G_w$，则实际资本-产出比低于投资者意愿的资本—产出比，投资会进一步增加，经济继续扩张，实际经济增长率进一步提高，直至达到劳动供应的极限，即直到资本增长率＝劳动力增长率＝自然增长率。

若 $G < G_w$，则实际资本－产出比高于投资者意愿的资本-产出比，投资会降低，实际经济增长率降低，经济紧缩，出现失业。

若 $G_w > G_N$，则资本增长率超过了劳动力增长率，投资者会减少投资，导致实际增长率 G 小于均衡增长率 G_w，经济则可能长期处于紧缩状态。

若 $G_w < G_N$，则表明投资资本被充分利用，形成了高额利润，这将刺激投资者增加投资。长期中会使经济持续扩张以致出现长期通胀。

当均衡增长率和自然增长率发生偏差时，就会导致经济长期波动，而且一旦偏差发生，就有自我加强的趋势，要实现实际增长率等于均衡增长率并等于自然增长率的长期均衡增长几乎是不可能的，这种经济增长形象地称为“刃锋式”的经济增长。

哈罗德-多马模型突出了发展援助在经济增长中的作用：通过提高投资（储蓄率）来促进经济增长，即通过资本转移（发展援助）能够促进发展中国家的经济增长。但这一模型的局限在于忽视了技术进步在经济增长中所起的巨大作用，另外其否定生产要素的可替代性，也是不合理的。

二、新古典增长模型

为理解资本积累和技术变革对经济增长的影响，必须要了解新古典增长模型。20 世纪 50 年代美国麻省理工学院的罗伯特·索洛等人沿用新古典经济学的假设和分析方法等思路，提出了一个新的经济增长模型，被称为新古典经济增长模型。索洛因为这一理论和他对经济增长研究的贡献，获得了 1987 年诺贝尔经济学奖。

新古典增长模型修正了哈罗德-多马模型的生产技术假设，采用了资本和劳动可替代的新古典科布-道格拉斯生产函数，从而解决了哈罗德-多马模型中经济增长率与人口增长率不能自发相等的问题。

新古典增长模型假设：①社会储蓄函数 $S = sY$，s 为储蓄率，并且储蓄全部转化为投资，即储蓄－投资转化率假设为 1；②投资的边际收益率递减，即投资的规模收益保持不变，为常数；③劳动力按一个不变的比率增长；④不存在国际贸易，政府部门被

忽略。

1. 没有技术进步的经济增长

新古典增长模型中强调的是资本和技术变革。先假设技术保持不变条件下，集中考察经济增长中资本所起的作用。

假定只有一种资本品，其全部价值为 K，L 是工人的数量，那么（K/L）等于人均资本量，或称为“资本—劳动比率”。这样总产出方程为：

$$Q=F(K, L)$$

在经济增长过程中，索洛强调了资本深化的必要性。资本深化是指人均资本量随时间而增长的过程。如：银行业务中计算机与信息交换系统的增多；铁路运输、高速公路运输与航空运输的增多；农业灌溉系统与农业机械的增多等。在这些产业中，由于社会投入了大量的资本品，人均资本量得到提高，结果银行业、运输业和农业中的人均产出也有了大幅度的提高。

在技术既定条件下，资本深化过程中的资本报酬率会降低。现实生活中，最有价值的投资总是最先实施，越是后面的投资其价值越小。如完整的铁路网或通信系统建立起来后，新的投资只能向人口较少的落后地区发展，这些靠后的投资的收益率会低于人口密集的发达地区之间最初线路的收益率。

随着资本的深化，资本的收益率虽然会降低，但工人的工资率会上升。因为每个工人都有更多的资本可供在工作中利用，其边际价值会提高。结果，竞争性的工资率会随劳动边际产品价值的提高而相应提高。从事银行业的工人、运输业的工人和农业工人的工资率得到提高的原因，就在于这些部门的人均资本量的增加，从而导致边际产品的提高。

这样，我们可把新古典增长模型中资本深化的影响总结如下：

如果资本存量的增加大大快于劳动的增加，就会发生资本的深化。在没有技术变革的条件下，资本深化会引起人均产出的增长，劳动边际产品和工资率的上升，同时还会带来资本收益率的降低。

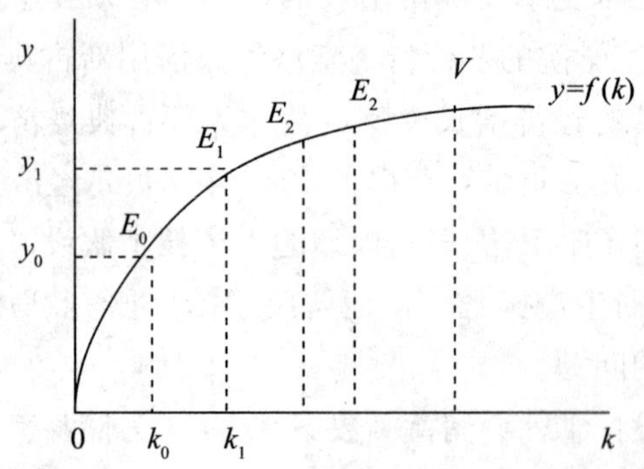

图 5-2　由资本深化引发的经济增长

图 5－2 反映了这种资本深化的效应。图中的曲线为总产出方程曲线，函数形式为 $y=f(k)$，其中，$y=Q/L$ 表示人均产出，$k=K/L$ 表示人均资本。这里的诸如土地数量、自然资源及经济使用的技术水平都为常量，保持不变。由于投资的边际收益率递减，使得总产出方程曲线斜率递减。

社会资本的积累使得每个工人与越来越多的资本相搭配，整个经济开始上升。如图 5－2 中，资本一劳动比率 k 上升，从 k_0 增加到 k_1，那么人均产出量 y 也上升，从 y_0 增加到 y_1。随着资本的深化，资本和劳动力价格会发生变化：一是资本的收益递减规律会起作用，资本的收益和实际利率下降；二是每个工人可利用的资本增多后，工人的边际生产率提高，实际工资率也会上升。当然，如果每个工人的资本使用量由于某种原因下降了，则会出现相反的情形。

没有技术变革的新古典增长模型中的长期均衡是怎么实现的呢？长期来看，由于资本深化的停止，实际工资停止增长，资本收益率和实际利息率也保持稳定，经济就会进入一种稳定状态。如图 5－2 所示，随着资本继续积累，资本一劳动比率会沿着图中 E_1 点上升到 E_2 点，再到 E_3 点，直到资本一劳动比率不再增长的 V 点。在这个点上，人均产出 y 不再变动，实际工资也停止增长。

因此，在没有技术进步的条件下，收入和工资的增长就会停滞。新古典增长模型的长期均衡表明，假如经济增长仅仅靠资本积累，而这种资本积累又不过是依赖现存的生产技术来增加工厂的数目的话，那么生活水平的提高最终会停滞。

2. 具有技术进步的经济增长

前面的新古典经济增长模型在技术水平不变的条件下预言实际工资将逐渐停滞。但在 20 世纪，实际工资并非停滞不动。此外，这一模型既不能解释劳动生产力经过一段时间为什么会有巨大的提高，也不能解释不同国家单位资本收益率的巨大差异。其原因就在于它忽略了技术变革在经济增长中的作用，即生产工艺的改革和新的改良产品及新服务引进的作用。

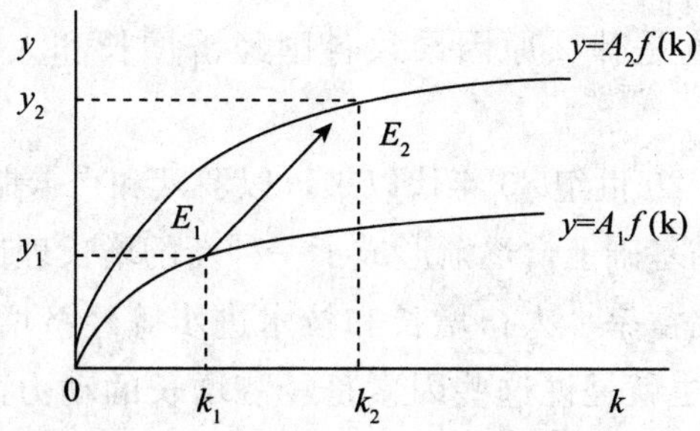

图 5－3　技术进步使总产出曲线向上移动

我们可以将技术创新表示为图 5－3 中总生产函数的上移。由于众多新工艺和新产品的引进，诸如电子技术、计算机、冶金技术的改革和服务技巧的提高等（技术水平由 A_1 提高到 A_2），使得生产率提高了。加上资本积累的作用，使总产出由 y_1 上升到 y_2。经济生活没有停滞不前，而是人均产出增加、工资上升和生活水准提高。图 5－3 中 E_1 点到 E_2 点的箭头实际上反映资本的深化和技术进步的总和作用。

不断变革的技术对于利润率和实际利率产生了影响。发明创造提高了资本生产率，抵销了利润率下降的趋势。当然，并非所有技术或新产品发明都不偏不倚。有些发明偏好资本，另一些则偏好劳动。如，新机器降低了对于劳动力的需求，增加了对资本的需求，因此它们被称为“劳动节约型发明”。这些发明使利润增加的幅度大于工资增长的幅度。另外还有些发明使资本相对于劳动可以减少得更多，如加班制工作日的引入。这些发明被称为“资本节约型发明”。它们使得工资提升的幅度大于利润上升的幅度。处于两者之间的是“中性发明”，它们对不同要素的回报和相关需求并无明显影响。一般来说，现代社会的发明大多数是劳动节约型的发明。

三、内生增长理论

新古典增长理论在 20 世纪 60 年代至 80 年代占据了经济增长理论的主流地位。在这新古典经济增长模型中，劳动的增长与就业水平被认为是由劳动市场决定的，资本的增长是通过储蓄等于投资以及投资使资本存量增加（资本形成）的假设来说明的。但对于如何促进技术进步，新古典模型并没有直接地、正面地做出回答。在这里，技术进步仅仅表现为经济增长率减去资本增长贡献率与劳动增长贡献率的“余项”，又称为“索洛余项”。

因此，随着人们对经济问题认识的深入和经济形势的发展，这一模型暴露出了新的问题。如根据该模型，落后国家的经济增长应该快于发达国家，因为落后国家的人均资本水平较低，单位资本的回报率较高，但近些年来，各国经济发展的实际情况却是，有些落后国家的增长速度反而低于发达国家的增长速度，落后国家与发达国家之间的差距有扩大趋势。由于未能对技术进步做出解释，这一理论难以用于跨国比较分析，因为它不能说明究竟是什么原因导致各国经济增长和人均收入水平有如此大的差异。

正是在这种情况下，20 世纪 80 年代以来，以罗默和卢卡斯为代表的经济学家在反思新古典经济增长理论的基础上，逐渐形成了一种新的增长理论，即内生增长理论。

以往增长理论中将储蓄率、人口增长和技术进步等经济增长重要因素视作外生变量（即一个既定的量），也就是说这些因素是经济增长的动力而不是经济增长的结果，而现实经济中，储蓄率的变化、人口增长率的变化和技术进步不仅是经济增长的动力，同样是经济增长的结果，因而不可能是一个外生变量，而是随着经济增长而变化的量。内生增长理论试图避免这一缺陷，将这些重要因素作为内生变量，用规模收益递增和内生技术进步来说明各国经济如何增长，其显著特点是将增长率内生化。故称为内生

增长理论。

内生增长理论最为集中的是讨论了技术进步因素在经济增长中的作用。这里我们要介绍三种具有代表性的内生技术进步增长理论。

1. 干中学与内生增长理论

干中学是指人们在生产产品与服务的同时也在积累经验，是人类知识的重要来源。通过干中学所获得的知识对经济增长的意义有两个方面：一是经验与知识的积累有助于提高工人的生产效率；二是每个生产者在生产中积累的经验都对知识总量有贡献，而知识总量的增加可使所有厂商生产效率提高。第二方面的意义体现了知识积累的外部经济性，又称为外部溢出效应。

不少经济学家都通过模型证明了干中学作为技术进步的重要因素可以支持长期增长。其中阿罗和罗默最具有代表性。

根据阿罗的思想，技术进步就表现为经验积累和知识增加。因此出现在生产函数中的解释变量除了劳动 L 和资本 K 外，还有全社会经验积累的总量 G。如果把生产函数写成柯布一道格拉斯形式，则：

$$Y = AL^{\alpha}K^{1-\alpha}G^{\beta}$$

这里的 β 是总产出关于经济积累的弹性，它是大于 0 小于 1 的某个常数。这一公式中特殊的地方就是最后一部分描述了经济积累的作用，它扮演了技术进步的角色。

干中学就是经验积累将随着生产的进行而不断增长。每个厂商在生产过程中所生产的经验与知识都对知识总量做出贡献。同时，每个厂商又都可以从这个总量中获得益处，提高他们的生产效率。这样干中学通过其外部经济性或溢出效应对经济增长做出贡献。

阿罗认为，可用积累的总投资或总资本存量来测度经验的积累。这意味着总资本存量的变化一方面表示生产中投入资本的变化，另一方面体现全社会经验的积累或知识的存量。如总资本存量为 K_e，则生产函数又可写为：

$$Y = AL^{\alpha}K^{1-\alpha}K_e^{\beta}$$

对于厂商来说，社会总资本存量 K_e 是给定的，因而它们的生产是规模报酬不变的（$\alpha+(1-\alpha)=1$），资本的边际收益是递减的（$(1-\alpha)<1$）。但从全社会来说，总资本存量是所有私人厂商资本存量之和，因而包含着下列关系：

$$Y = AL^{\alpha}K^{1-\alpha+\beta}$$

当 $\beta \geqslant \alpha$，即 $1-\alpha+\beta>1$ 时，这个生产函数具有资本边际收益不变或增加的性质，这说明干中学可导致资本边际收益不变或增加，从而适当的投资率就能维持长期经济增长。

2. 人力资本与内生增长

卢卡斯使用了人力资本来解释经济增长。在他看来，人力资本是劳动者的一般技能水平。一个人的技能水平为 h，另一个技能比他高一倍的人为 $2h$，人力资本与劳动力概念的不同之处在于它的可积累性。人力资本积累的方式一是受教育，二是干中学。

劳动力仍用 L 表示，那么对应的人力资本应为 hL。设 u 为劳动者用于工作的时间，那么可认为 $1-u$ 是闲暇时间（可用于人力资本投资）。这里投入的生产人力资本为 uhL。关于物质资本与人力资本规模报酬不变的柯布一道格拉斯生产函数是：

$$Y = A(uhL)^{\alpha}K^{1-\alpha}$$

卢卡斯认为，人力资本有外部性，当周围的人都有较高的技术水平时，人们的生产效率会提高。个人人力资本的提高对全社会人力资本的平均水平 ha 提高做出贡献，而全社会平均人力资本水平的提高可使生产效率提高。具有外部效应的生产函数为：

$$Y = A(uhL)^{\alpha}K^{1-\alpha}h^{\beta}$$

这一公式意味着家庭与厂商在给定的平均人均资本条件下决定人力资本投资与物质资本投资；在市场均衡条件下，人们所决定的平均人力资本应与 ha 相等，并且在 $\alpha+\beta\geqslant 1$ 时没有人力资本边际收益递减。

人力资本在生产以及经济增长中发挥作用是以不断积累为条件。卢卡斯认为在校学习的人力资本积累服从如下方程：

$$\frac{\mathrm{d}h}{\mathrm{d}t} = h(t)\cdot\delta\cdot(1-u)$$

其中，δ 为学习生产率参数，这一方程表明，人力资本的增长率由用于学习的时间来决定，当 $u=1$，即全部时间用于工作时，就没有人力资本积累；如果 $u=0$，意味着将全部时间用于在校学习，则人力资本有最大的增长率 δ。

将上述两个方程联合起来就可讨论学校教育在经济增长中的作用。

卢卡斯的另一个考虑是人力资本可通过干中学或在职培训而积累。这种方式的积累与在校学习不同，其人力资本增长率由工作的时间来决定，这时人力资本积累方程是：

$$\frac{\mathrm{d}h}{\mathrm{d}t} = h(t)\cdot\delta\cdot u$$

显然，如果全部时间工作，则有人力资本的最大增长率为 δ；如果不去工作，即 $u=0$，则没有人力资本积累。

3. R&D 与内生增长

R&D 是指企业的研发活动，也就是企业新产品的设计活动。产品新品种特别是体现新技术的新资本品的出现可作为生产要素，罗默在 1990 年的论文中把最终产品的生产函数写成：

$$Y = H^{\alpha}L^{\beta}\sum_{i=1}^{n}X_i^{1-\alpha-\beta} \qquad 0<\alpha<1\,,\,0<\beta<1$$

其中，H 表示投入最终产品的人力资本，X_i 表示投入的中间产品或资本品，n 为已有的产品品种数目，出现新的产品设计意味着产品数目由 n 种变为 $n+1$ 种，可以发现，即使投入的人力资本、劳动力以及中间产品总量不变，中间产品品种增加也可使

总产出增加。

但问题是经济系统中是否存在激励，使投入永不减少，并且能够保证新的产品设计源源不断地出现。这是R&D支持经济增长的关键。为此，罗默提出两个假设：第一，对知识产权的保护或专有技术的垄断，使得R&D产生的新产品具有产权性质，并且能给产权所有者带来收益，其收益来自垄断所获得的租金收入；第二，技术产权可以保障发明人的租金收入，但不能阻止其他研究者利用这些知识去完成别的创新。也就是说，R&D活动具有外部性，它所产生的知识的溢出效应可以使知识生产的效率得到保证。

知识生产需要的投入包括人力资本与知识。知识的度量可用现存产品的品种数目来度量。用n表示产品品种数目，也同时表示由R&D所产生的知识总量。R&D使知识总量增加，R&D活动的生产函数可表示为：

$$\frac{\mathrm{d}n}{\mathrm{d}t}=z\cdot H_n\cdot n$$

其中，H_n为投入在活动中的人力资本，z为知识生产率参数。这个函数具有如下性质：第一，投入在R&D活动中的人力资本越多，新产品设计的生产率就越高；第二，人力资本的边际生产率 $\partial(dn/dt)/\partial H_n$ 与知识总量成正比，所以人力资本边际生产率的上升是知识溢出效应的体现。R&D活动效率随知识总量增长而提高，可防止人力资本收益的下降，从而防止人力资本从研究部门流出和新产品设计变慢，这样也就可说明R&D可支持经济增长。

知识应用

1. 假如某国10年中经济增长率为9.8%，就业增长率为2.5%，资本的增长率为5%，增长公式中的$\alpha=0.45$，试计算全要素生产率的增长。如果资本增长提1%，那么产出增长率提高多少?

2. 假如某一时期，某国资本的增长率为4%，劳动的增长率为2%，真实产出的增长率为5%，根据统计资料资本的国民收入份额$\alpha=0.3$，劳动的国民收入份额$\beta=0.7$。(1) 计算总要素生产率的增长率；(2) 假如一项减少预算赤字的政策使投资增加，资本的增长率上升1%，产出的增长率将上升多少?(3) 假如实行一项减税政策使劳动供给增长1%，真实的产出的增长率会怎样变动?

3. 根据新古典增长理论和资本的深化理论，分析储蓄率变动和人口增长对中国GDP的影响。

知识探究

材料1：孙根紧、丁志帆等学者认为，产业结构、基础设施、制度改革、对外开放等都能促进我国经济效率提升，而科技进步却未能起到促进作用；东部地区的情况与全国类似，但中、西部地区却表现出异质性，表现在中部产业结构优化未能改善技术效率，而科技进步能提高经济增长效率，中、西部地区所有制改革在短期内也无法助推经济效率提高。

资料来源：孙根紧，丁志帆．我国经济增长效率影响因素的实证研究［J］．统计与决策2015（7）：125－128.

材料2：李苗苗、肖洪钧、赵爽等学者认为，金融发展、技术创新与经济增长两两之间存在长期均衡的协整关系；金融发展是引致技术创新的直接原因，即国内金融发展和R&D投入之间具有很强正向关系，但以银行主导的金融发展结构不利于R&D投资；技术创新是显著促进经济增长的直接原因；金融发展是引致经济增长的直接原因，也是间接原因，一方面，在发展水平较低的国家内，银行主导的金融结构对经济增长具有显著的正向作用，而金融发展规模对经济增长具有显著且直接的负向作用，但它可以通过促进R&D投入来间接地促进经济增长。

资料来源：李苗苗，肖洪钧，赵爽．金融发展、技术创新与经济增长的关系研究［J］．中国管理科学，2015（1）：162—169.

问题：材料1和材料2关于技术进步对我国经济增长的影响分析中，出现了两种截然相反的观点，你认为哪种观点正确，请通过搜集数据资料探讨其原因。

任务三　如何促进经济增长

教学与学习目标

知识目标

掌握促进经济增长的基本政策和措施。

应用目标

根据促进经济增长理论，分析一些国家促进经济增长的主要政策。

探究目标

探究中国改革开放以来所采取的宏观调控政策的合理性。

新课导入

近年来，中国经济出现了放缓的态势，通缩压力开始出现。虽然官方公布的2015年上半年的GDP增长率为7%，可从衡量宏观经济的分项数据来看，中国经济面临较为严峻的形势。前7个月，对中国GDP贡献最大的固定资产投资以2000年以来最慢

的速度增长，首要原因是房地产投资崩溃。7月工业产出也只是勉强高于3月触及的4年低点。出口方面，中国1～7月出口同比－0.9%，进口同比－14.6%，贸易顺差1.87万亿元。而根据英国《金融时报》的调查，中国7月劳动力需求出现2012年以来首次萎缩。批发价格已连续40个月下降，7月的下降有所加速。8月新中国制造业采购经理人指数初值（PMI）为47.1%，比上月下降0.7个百分点，创下6年半以来新低。国内需求不足，大宗商品价格走低，7月的PPI降幅扩大至－5.4%，为2009年年底以来最低，通缩形势依旧严峻。

那么，中国经济放缓的原因是什么？又如何改变这种经济放缓的局面呢？

知识解读

任务一、任务二的知识表明，决定经济增长的因素有劳动力、资本、技术进步和自然资源。由于一个国家的自然资源是客观的，是人所决定不了的。因此，政府能够影响的只有劳动力、资本、技术进步这三个因素。政府可以从这三个因素着手努力促进经济增长：促进劳动增长，增加劳动供给；促进资本增长，鼓励资本形成；促进技术进步。同时，制度因素也会影响劳动力和资本的供给以及技术的进步。

一、促进劳动增长，增加劳动供给

增长核算公式表明，增长劳动供给是促进经济增长的基本途径。首先，人口政策是政府促进劳动增长的重要政策之一。中国劳动力资源丰富，改革开放以来经济的高速增长，人口红利起着重要作用，这种劳动力的比较优势极大地增强了中国出口商品的价格竞争力。但随着中国人口控制政策的实施，中国劳动增长趋势已经减慢，劳动力工资在快速增长，比较优势逐步丧失，中国需要通过调整产业结构、推动技术进步来弥补这一优势的丧失。其次，所得税政策也会影响劳动的供给。提高所得税会降低工人的实际所得从而降低他们的劳动积极性；相反，降低所得税率会提高他们的劳动积极性，促使人们努力工作，增长劳动供给。再次，通过人力资本政策来增长劳动供给。与物质资本一样，人力资本提高了一个国家生产物品和劳务的能力。经济学家的研究表明，在解释各国生活水平差异中，人力资本与物质资本同样重要。因此，政府促进经济增长的一项政策就是提供良好的教育、培训体系，并鼓励人们利用这样的体系去增加人力资本。

二、促进资本增长，鼓励资本形成

资本存量的增加会促进经济的增长。首先，资本可以理解成是被生产出来的生产要素，因此一个社会可以改变它的资本量，通过生产可形成大量的新资本品，形成新的资本积累，从而促进新的经济增长。其次，通过储蓄和投资活动也可促进资本存量的增加。

因此，政府实施合理的鼓励储蓄和投资的政策对推动经济增长也具有重要意义。

借鉴司春林（2002）提供的以下中美两国经济增长的公式可以看出，资本对经济增长的贡献，中国比美国大，对于美国，资本存量增加 1%，经济增长仅为 0.3%，而对于中国，资本增长 1%，能使经济增长 0.48%。因此在中国，资本更能促进经济的增长。

$$\frac{\Delta Y}{Y}=\frac{\Delta A}{A}+0.7\frac{\Delta L}{L}+0.3\frac{\Delta K}{K}$$

$$\frac{\Delta Y}{Y}=\frac{\Delta A}{A}+0.52\frac{\Delta L}{L}+0.48\frac{\Delta K}{K}$$

虽然，增加投资能促进经济增长，而且对于中国这样的发展中国家比起发达国家更有效。但要长期依赖投资来维持调整增长的政策是不现实的。因为投资来源于储蓄，增加投资意味着减少消费、减少净出口，长期来说这都是难以做到的。其次，随着投资积累的增加，资本存量也会增加，而资本的边际效益是递减的，也就是说，要维持 1%的经济增长，所需要增加的资本是不断增加的，而这会严重影响人们的消费，反过来又阻碍经济的增长。

三、鼓励技术变革和创新

新古典经济增长模型表明，人均收入持续增长来自技术进步。美国经济学家索洛等人应用这一模型研究发现，美国经济增长的绝大部分来自技术进步的贡献。可以说，美国等西方国家的经济增长主要是通过进步来实现的。

美国政府在改善技术进步方面一个重要领域是教育。美国的州和地方政府提供了对小学、中学和大学支持的大部分。美国政府长期以来在创造和传播技术知识方面发挥着重要作用。如美国政府很早就资助耕作方法，并建议农民如何最好地利用自己的土地。近年来，美国政府通过空军和国家航空航天技术支持空间发展，国家科学基金这样的政府机构持续直接资助大学的基础研究，这些政策极大地促进了美国技术变革和创新。

在中国，技术进步在经济增长中的地位也越来越受到重视。“科学技术是第一生产力”“科教兴国”的理念已经深入人心。技术变革和创新将是未来推动经济增长的最重要动力。

四、建立良性制度、创造优良的增长环境

制度是指能支配企业和个人行为的一套规则、体制或惯例。例如，专业专利制度给新发明或新产品以暂时垄断的权力。按照这一制度，企业或个人发明了一生中新产品或新技术，就可申请专利。一旦获得这一权力，企业或发明人就可在规定的年限内排他性生产该种产品，使其获取垄断利润。这一制度提高了个人和企业从事研究和发明的积极性，通过推动技术进步促进经济增长。

可以说，影响经济增长最基础、最根本的制度是产权制度，即对财产的保护，以免被他人占用。只有经济当事人有了产权，才有动力去投资或发明。否则他们的成果有可能轻易被别人占有。维护产权的基本方式是法制。如彼此有合同关系的企业需要依靠法院来强制执行这些合同。发明需要依靠专利法来维护自己的正当权益。私人财产的所有者需要依靠法院和警察来保护他们的财产权。

因此，良性制度能够创造出优良的经济增长环境，对促进经济增长也是十分重要的。美国经济学家诺斯说："社会没有能力形成一套有效的、低成本执行合同的体系，这是第三世界国家过去的经济停滞和现在经济不发达的最主要根源。"

制度因素与经济增长

在传统经济学的分析框架中，经济学家们用生产要素投入的增加和生产技术的改进来解释经济增长的原因，但是当代很多著名的经济学家却把注意力放到了制度因素上，认为制度是经济增长的重要因素。

道格拉斯诺斯对1600年至1850年间的海洋运输生产率进行了研究，结果发现这一期间海港运输生产率有显著提高，但与此同时，海洋运输并没有发生重大的技术进步，用汽船代替帆船运输发生在19世纪后半期。那么是什么因素导致海洋运输生产率的大幅度提高呢?

诺斯的解释是，这段时间内，虽然海洋运输技术方面没有重大变革，但制度因素却对生产率的提高起着巨大作用。具体来说，制度因素在这里体现为"海洋安全因素"和"市场经济因素"。由于海运比过去安全多了（海盗受到打击），保险费用下降了，商船上配备的武装保护人员少了，从而每个船员担负的实际货运吨位提高了。此外，船上的武器装备减少后，船的速度加快了。从市场因素来看，这段时间内，由于市场经济的扩大，待运输的货物数量增加了，于是减少了空返，减少了船只在港口停泊的时间，并且由于港口可以雇用装卸工，所以船上只保留了必要的船员，从而减少了海上航行期间的劳动成本，提高了每位船员担负实际货运吨位。诺斯的结论是：尽管技术上并无重大进步，但只要制度因素充分发挥作用，同样可以促进经济增长。

诺斯和托马斯一道，将上述分析方法运用于整个西方经济史的研究，出版了著名的《西方世界的兴起：新经济史》一书，他们认为，经济增长的关键因素在于制度因素，而制度因素中，财产关系的明确至关重要，一种提供适当的个人刺激的有效产权制度是促进经济增长的关键因素。

这些学者对经济增长的制度分析受到了当代经济学的重视和承认。1993年，道格拉斯诺斯和另一位新经济史学者罗伯特福格尔分享了当年的诺贝尔经济学奖。

资料来源：狄俊锋．西方经济学概论［M］．北京：中国传媒大学出版社，2009：221-222.

知识应用

1. 假定某一时期，资本的增长率为 4%，劳动的增长率为 2%，真实产出的增长率为 5%，由统计资料知道资本的国民收入份额 α 为 0.3，劳动的国民收入份额 β 为 0.7。

(1) 计算总要素生产率的增长率；

(2) 如果一项减少预算赤字的政策使投资增加，资本的增长率上升 1%，产出的增长率将上升多少？

(3) 如果实行一项减税政策使劳动供给增长 1%，真实产出的增长率又将如何变动？

2. 在有技术进步的情况下，仍有可能存在均衡产出下降，请用增长公式解释这一现象产生的原因。

3. 案例分析：

中国人民银行决定，自 2015 年 8 月 26 日起，下调金融机构人民币贷款和存款基准利率，以进一步降低企业融资成本。其中，金融机构一年期贷款基准利率下调 0.25 个百分点至 4.6%；一年期存款基准利率下调 0.25 个百分点至 1.75%；其他各档次贷款及存款基准利率、个人住房公积金存贷款利率相应调整。同时，放开一年期以上（不含一年期）定期存款的利率浮动上限，活期存款以及一年期以下定期存款的利率浮动上限不变。

自 2015 年 9 月 6 日起，下调金融机构人民币存款准备金率 0.5 个百分点，以保持银行体系流动性合理充裕，引导货币信贷平稳适度增长。同时，为进一步增强金融机构支持"三农"和小微企业的能力，额外降低县域农村商业银行、农村合作银行、农村信用社和村镇银行等农村金融机构准备金率 0.5 个百分点。额外下调金融租赁公司和汽车金融公司准备金率 3 个百分点，鼓励其发挥好扩大消费的作用。

问题：为什么这里中国央行要宣布降息降准？请结合现实用宏观经济政策相关理论做出解释。

知识探究

1. 根据新课导入中的材料，2015 年以来，中国经济增长存在下行压力，稳增长、调结构、促改革、惠民生和防风险的任务还十分艰巨，请结合本任务中的知识和理论，探讨稳增长的政策措施。

2. 依据下列材料，探讨财政部深入推进财税体制等改革的原因。

据中国新闻网（2015 年 9 月 8 日）报道：财政部今日晚间发布《财政支持稳增长的政策措施》，财政部表示将深入推进财税体制等改革，适时推进营改增试点，推进消费税改革，研究全面实施资源税费改革方案，研究个人所得税改革方案。

财政部表示，为实现全年经济增长目标，财政部将按照党中央、国务院决策部署，密切跟踪分析形势发展变化，更加精准有效地实施定向调控和相机调控，加快落实和完善积极财政政策相关措施，及时进行预调微调，加快推进有利于稳增长的改革措施，促进经济持续健康发展。

财政部表示将深入推进财税体制等改革：

——深化预算管理制度改革。制定出台全面推进预算公开工作意见、中央国有资本经营预算管理办法及配套政策，继续推进中期财政规划管理、盘活财政存量资金等工作，逐步扩大政府购买服务范围和规模。

——加快税制改革。适时推进营改增试点，推进消费税改革，研究全面实施资源税费改革方案，研究个人所得税改革方案。

——积极推进财政体制改革。研究提出理顺中央与地方事权和支出责任划分的指导意见。此外，开展国有资本运营公司和投资公司试点，积极支持投融资、农业、养老、教育、科技、金融等重点领域改革。

资料来源：http：//finance. ifeng. com/a/20150908/13961369＿0. shtml

项目六　国际贸易与汇率

任务一　国际贸易概述

知识目标

1. 掌握国际贸易产生的基本原因及其发展趋势；

2. 理解绝对优势理论、比较优势理论、资源禀赋理论和规模经济理论对国际贸易问题解释的基本内容及其局限；

3. 了解国际金融体系的演变历程。

应用目标

能运用国际贸易基本理论解释当代世界上一些主要国家之间的贸易关系。

探究目标

中国改革开放以来对外贸易的比较优势及其这种比较优势的走势。

新课导入

欧洲联盟（简称欧盟，European Union，EU）是由欧洲共同体（European communities）发展而来的，是一个集政治实体和经济实体于一身、在世界上具有重要影响的区域一体化组织。1991 年 12 月，欧洲共同体马斯特里赫特首脑会议通过《欧洲联盟条约》，通称《马斯特里赫特条约》（以下简称《马约》）。1993 年 11 月 1 日，《马约》正式生效，欧盟正式诞生。欧盟现有 25 个成员国和 4.56 亿人口（2004 年 1 月），总部设在比利时首都布鲁塞尔。

欧盟共有 25 个成员国，法国、德国、意大利、荷兰、比利时、卢森堡（创始成员国），丹麦、爱尔兰和英国（1973 年），希腊（1981 年），西班牙和葡萄牙（1986 年），奥地利、芬兰、瑞典（1995 年）。2002 年 11 月 18 日，欧盟 15 国外长会议决定邀请塞浦路斯、匈牙利、捷克、爱沙尼亚、拉脱维亚、立陶宛、马耳他、波兰、斯洛伐克和斯洛文尼亚 10 个中东欧国家入盟。2003 年 4 月 16 日，在希腊首都雅典举行的欧盟首脑

会议上，上述10国正式签署入盟协议。2004年5月1日，这10个国家正式成为欧盟的成员国。

欧盟的宗旨是“通过建立无内部边界的空间，加强经济、社会的协调发展和建立最终实行统一货币的经济货币联盟，促进成员国经济和社会的均衡发展”“通过实行共同外交和安全政策，在国际舞台上弘扬联盟的个性”。

那么欧盟的成立对国际贸易产生了什么样的影响呢？

据统计，美国人所消费的汽车有1/4来自国外，所消费的石油有一半是靠进口，为什么美国能从中获利？美国、加拿大和墨西哥建立自由贸易区有什么好处？中国希望与东盟国家建立自由贸易区对谁最有利？欧洲国家决定统一货币明智吗？为什么美国成为世界上最大的债务国？推动国际贸易发展的经济力量究竟是什么？

学完本部分的知识你就有可能找到这些问题的答案。

一、国际贸易的经济基础及其发展趋势

现实生活中，尽管我们消费的绝大部分商品都是自己国家生产出来的，但包括食品、手机、汽车、飞机、计算机等很多商品都是来自国外那些被遗忘了的人的聪明才智。这就是国际贸易带给我们的好处。

1. 国际贸易产生的基本原因

推动国际贸易生产的基本经济因素主要有三个方面：包括自然资源在内的各国生产条件的差异、各国偏好的不同、生产成本的递减。

(1) 各国生产条件的差异

商品贸易促进了专业化生产。由于各国生产条件的差异，国家之间存在着进行贸易的可能性，而国际贸易促进了国际间专业化水平及其劳动生产率的提高，从而进一步形成了这些国家之间的生产条件的差异，进而使国际间的商品贸易不可避免，如美国的计算机生产条件和中国的高铁生产条件是不同。另外，这些生产条件的差异也反映在自然资源的禀赋上：一国可能有石油，而另一国有大量肥沃的土地；一个多山的国家可以大量用水力发电，再卖给邻国，而拥有一深水港的国家可以成为航运中心。

(2) 各国偏好差异

即使所有地区的生产条件相同，但因国家间公民偏好的差异，国与国之间也可能进行贸易。如挪威和瑞典两个国家从海里捕的鱼和在陆地上生产的肉类食品在数量上差不多，但瑞典人非常喜欢吃肉，而挪威人偏爱吃鱼。那么挪威出口肉到瑞典，瑞典出口鱼到挪威，这种对双方都有利的贸易就会出现，两国都可从贸易中获利，人们的总体满足感提高了。

(3) 生产成本的递减

各国在生产成本上的差异是国际贸易产生的最重要原因。如制造业具有规模经济优势，即当产出量扩大时，生产成本降低。当某个国家在某一产业具有先发优势时，它就可以成为该产业高产量、低成本的制造者。规模经济使得它的成本和技术方面都比其他国家占有明显的优势，其他国家会发现，从领先的厂商那里购买比自己制造更便宜。

以 20 世纪 90 年代的家电产品为例，美国通用电气和 IBM 公司完全可以制造出录像机。但它造不出便宜得可与索尼这样的日本制造商相竞争的产品，因为这些日本厂商在制造家用电器的数量及经验方面占有优势。所以那时美国的录像机几乎全部是进口的。

民用航空则不同。在这个市场上，美国居全球主导地位。波音，美国的第一大飞机出口商，拥有长期的飞机产品安全可靠的纪录，对竞争者来说，这并不容易赶上。因为飞机制造工艺非常复杂精密，要学会在令人接受的价格上制造安全可靠的飞机，需要大量的时间和实践。作为世界上领先的飞机制造商，波音公司可将设计、开发和检测新飞机的巨额成本分摊到某销售的大量产品上，这意味着，它可以比那些销售量小的竞争者以更低的价格出售飞机。波音唯一真正的竞争对手是欧洲的空中客车，它是由于可以从几个欧洲国家获得研究与开发补贴，才开始上马运营的。

2. 国际贸易与国内贸易的区别

国际贸易与国内贸易的区别主要体现在三个方面：

(1) 扩展了的贸易机会

国际贸易的主要好处是它拓宽了贸易的范围。如果我们只消费本国的商品，那么世界在物质和精神上都会变得贫乏不堪。加拿大人会没有酒喝，美国人吃不到香蕉，世界上大部分地区的人将欣赏不到爵士乐和好莱坞电影。

(2) 主权国家的存在

跨国界的贸易涉及不同国家的公民和厂商。每个国家都是一个主要实体，都对跨国界的人口、商品和资金流动进行管制，这与国内贸易明显不同。在国内贸易中，只有一种货币，商品和货币可在境内自由流动，人口很容易迁移以寻求新的机会。有时，某些受到影响的集团会抵制对外贸易，国家对贸易实施关税和限额，从而设立起贸易壁垒。这类行为称为贸易保护主义。

(3) 汇率

大多数国家有自己的货币，想用美元购买一辆日本汽车，但丰田公司可能希望购买者用日元。国际金融体系必须保证美元、日元及其他货币的顺利流动，否则贸易将面临搁浅。

3. 国际贸易的发展趋势

参与国际贸易的经济称为开放经济。随着国际贸易的发展，各国逐渐意识到开放

自己的经济是通向繁荣的最佳之路。20 世纪四五十年代以来，国家与国家之间通过相互的贸易协定，形成了众多的自由贸易区，如 1947 年产生的关贸总协定（GAGG），1994 年发展成为全球性的世界贸易组织（WTO）；1994 年正式成立的北美自由贸易区；1993 年由原来欧洲共同体发展而来的欧洲联盟（EU）；东盟国家等。虽然，国家与国家之间的贸易壁垒政策还相当突出，但当今世界国际贸易一体化趋势表现得十分明显。

衡量一个国家国际贸易的程度指标就是开放度，可用这个国家的进口或出口占 GDP 的份额来反应。很多国家，尤其是西欧和东亚一些国家，是高度开放的经济，其进口占其 GDP 的 50%以上。表 6 - 1 是中国 1991—2014 年对外贸易总额及占 GDP 的份额表，从中可以看出，中国的开放程度是逐年提高的（2010—2014 年除外），这表明对外贸易对中国经济增长变得越来越重要。

表 6 - 1　　中国 1991—2014 年对外贸易总额及占 GDP 的份额

年份	进出口总额（亿元）	进出口总额/GDP	年份	进出口总额（亿元）	进出口总额/GDP
2014	264334.58	0.415318	2002	51378.20	0.424606
2013	258168.89	0.439049	2001	42183.60	0.382547
2012	244160.21	0.457124	2000	39273.20	0.393613
2011	236401.99	0.488309	1999	29896.20	0.331489
2010	201722.15	0.493325	1998	26849.70	0.316312
2009	150648.06	0.435866	1997	26967.20	0.339511
2008	179921.47	0.568021	1996	24133.80	0.337195
2007	166863.70	0.622581	1995	23499.90	0.384426
2006	140974.00	0.64769	1994	20381.90	0.420596
2005	116921.80	0.628964	1993	11271.00	0.317276
2004	95539.10	0.594465	1992	9119.60	0.336911
2003	70483.50	0.516118	1991	7225.80	0.330013

数据来源：根据同花顺数据库的数据整理而成。

二、国际贸易理论概述

1. 绝对优势理论

英国经济学家亚当·斯密在《国富论》中较早对国际贸易进行了解释，这一种理论被称为古典贸易理论，又称绝对优势理论。

亚当·斯密认为，各国应当集中生产本国具有绝对优势的产品（即生产成本低、劳动生产率高的产品），然后用这种产品去交换本国的劣势产品（即生产成本高、劳动生产率低的产品），可从中获利。

例如，如果美国每小时生产小麦 6 千克、生产布匹 4 米，英国每小时生产小麦 1 千克、生产布匹 5 米，则美国在生产小麦上劳动生产率较高，具有绝对优势；而英国在布匹上劳动生产率较高，具有绝对优势。按照绝对优势理论，美国应专业生产小麦，英国专业生产布匹，然后进行交换。假设交换的比例为 1∶1，则美国以 6 千克小麦换取英国 6 米布匹，美国获利 2 米布匹（比国内交易多得 2 米布匹），或节约 1/2 劳动小时。英国用 6 米布匹换取国内 6 小时劳动的小麦产品，国内 6 小时劳动可以生产 30 米布匹，贸易获利 24 米布匹，相当于节约 5 个劳动小时，只要两个地方的商品的价格之间差异大于其间的运输成本，就存在获利机会，就可通过贸易获利。

这一绝对优势理论揭示了国际贸易产生的根本原因在于贸易双方劳动生产率上的绝对差异，对国际贸易理论的进一步发展奠定了基础。但它存在一定的局限。现实中，有些国家比较先进，有可能在各种产品的生产上都具有绝对优势，而一些国家可能不具有任何生产技术上的优势，但贸易仍然在这两种国家之间发生，绝对优势理论不能解释这一点。

2. 比较优势理论

鉴于绝对优势理论的局限，英国的另一位经济学家大卫·李嘉图在其代表作《政治经济学及赋税原理》一书中提出了比较优势理论。

大卫·李嘉图认为，各国应该按照“两利相权取其重，两害相权取其轻”的原则进行分工和交换，即每个国家都集中生产并出口其具有比较优势的产品，进口其具有比较劣势的产品。这样可以增加世界产出，提高劳动生产率，参与交换的国家也可以节约社会劳动，增加产品消费。

例如，如果美国每小时生产小麦 6 千克、生产布匹 4 米，英国每小时生产小麦 1 千克、生产布匹 2 米，则美国在生产小麦和布匹上相对于英国都有更高的劳动生产率，都具有绝对优势。由于美国小麦劳动生产率是英国的 6 倍，布匹上是英国的 2 倍，相对来说，美国小麦劳动生产率优势更大（6∶1＞4∶2），即具有相对优势。英国劳动生产率在生产小麦和布匹上相对于美国均具有绝对劣势，然而，英国劳动生产率在小麦上仅是美国的 1/6，而在布匹上是美国的 1/2，英国在生产布匹上的绝对劣势要小些（2∶4＞1∶6），具有在生产布匹上的相对优势。美国可以多生产小麦，英国可以专业生产布匹，如果美国以 6 千克小麦换取英国 6 米布匹，美国获利为 2 米布匹（比国内交易多得 2 米布匹），或节约 1/2 个劳动小时。英国用 6 米布匹换得国内 6 小时劳动的小麦产品，国内 6 小时劳动可以生产 12 米布匹，获利 6 米布匹，节约 3 个劳动小时。两国均可获利。

当然，这不是唯一的交换比率，只要美国以 6 千克小麦换取英国的布匹多于 4 米，

美国就会获利；只要英国换取美国6千克小麦付出的英国布匹小于12米，英国就会获利。互惠贸易交换比率的范围是：英国的布匹4米小于美国6千克小麦小于英国布匹12米。12米布匹与4米布匹相差的8米布匹就是交换6千克小麦时两国可以分配的总利益。

大卫·李嘉图将国际贸易的基础由各国都拥有绝对优势放宽到各国相对优势，将贸易理论向前推进了一步。比较优势理论不仅在理论上论证了国际贸易的基础，在实践上也部分地解释了先进国家与落后国家之间进行贸易的可能性。但比较优势理论仍然有其局限性：没有确定国际贸易的交换价格机制；揭示的比较优势是静态的、短期的，而一个国家经济贸易发展的长期战略既要以比较成本为基础，又不能被短期和静态利益观念所束缚。

3. 要素禀赋理论

1919年瑞典经济学家埃利赫克尔发表了《国际贸易对收入分配的影响》一文，提出了要素禀赋的观点。后来这些观点被另一位瑞典经济学家俄林接受，俄林结合这些观点于1933年出版了《区际贸易与国际贸易》一书，书中探讨了国际贸易产生的深层原因，创立了要素禀赋理论，又被称为赫克歇尔-俄林理论或H-O理论。

要素禀赋理论认为商品之间的价格差异是国际贸易生产的直接原因。而各国商品价格比例不同是由要素价格比例不同造成的，而要素价格比例不同是由要素供给比例不同决定的，即国际贸易产生的根本原因是各国的要素禀赋不同决定的。因此，他们认为一国应当出口该国相对丰裕和便宜的要素密集型商品，进口该国相对稀缺和昂贵的要素密集型商品。

该理论从一个国家最基本的人力、土地、资本等经济资源出发，解释国际贸易产生的原因，在一定程度上反映了经济的客观实际。同时将价格理论引入国际交换领域，对商品的货币价格进行分析，与古典贸易理论相比，更接近国际贸易理论的实际。但按照该理论，贸易只是在资本密集的国家和劳动力密集的国家的不同行业之间发生，在同类型国家、同行业之间不会有贸易发生，显然与实际不符，这也是该理论的局限所在。

4. 规模经济理论

20世纪60年代以来，国际贸易出现了新倾向：一是发达的工业国家之间的贸易量大大增加。二是同类产品之间的贸易量大大增加。这种新倾向不能用资源配置理论来解释，因为发达国家的资源结构很多是相似的，都属于资本相对充裕的国家，并且同类工业产品之间的生产技术更具有相似的要素密集性。为了解释相似资源储备国家之间的同类工业产品之间的双向贸易，美国经济学家克鲁格曼提出了规模经济的贸易学说，并发展成为当代贸易理论。

该理论认为，在现代化社会大生产中，许多产品具有报酬递增的特点，即随着生产规模的扩大，每单位生产要素的投入会有更多的产出。尤其是现代化的工业，大规模的生产反而会降低单位产品的成本。

规模经济分为内部规模经济和外部规模经济。前者指公司通过自身规模的扩大使其平均成本下降所生产的规模经济。如大型公司可以通过使工人在更大程度的专业化、采用更为先进的机器，将一些固定成本分摊到更多单位的产出来降低平均成本。后者指当某个地区的产业扩大时，使典型厂商的平均成本下降而达到规模经济。如企业在地理上的聚集导致了更良好的投入品市场，包括产业所需的专业化服务或专业化劳动力市场，便会产生外部规模经济。当产品和生产技术知识通过企业的直接接触或高技能劳动力在企业间的流动而在某一地区的公司中迅速扩散时，也会产生外部规模经济。

为了利用规模经济，每个国家必须集中生产有限类别的产品。如果每个国家只生产几类产品，那么每种产品的生产规模均能比其他国家生产时都大，世界各国也能生产出更加丰富多样的产品。消费者希望能消费花色繁多的商品形成了进口的需求拉动力。因此，规模经济、产品差异化和需求多样化形成了产业内贸易的发展动力。国际贸易在这一过程中起到重要作用，它使各国既能利用规模经济来生产有限类别的产品，同时又不牺牲消费者的多样性。

三、国际金融体系的演变

开放经济不仅涉及国际贸易问题，还会涉及一个重要的国际金融体系问题。纵观历史，这一体系经历了从金本位制、布雷顿森林体系到欧洲货币体系的演变。

1. 金本位制

第一次世界大战前，世界经济是在金本位制这样一种金融体系下运转的。在这一体系下，大多数国家的通货可以直接兑换成黄金。把各国通货用黄金联系在一起，形成了各国之间的固定汇率。只要各国遵守金本位制下的规则，保持各自的通货用黄金来担保并可兑换黄金，汇率就可保持固定。

金本位制具有以下优势：①由于固定汇率，消除了汇率波动产生的不确定性，有利于促进世界贸易。②由于金本位内在的对称性，该体系中没有一个国家拥有特权地位，都必须承担干预外汇的义务。③由于世界各国的中央银行必须固定其货币的黄金价格，所以它们不会允许其货币供给比实际货币需求增长得更快，因为过快的货币增长最终会抬高包括黄金在内的所有产品和劳务的货币价格。因此，金本位自然地能够对中央银行通过扩张性货币政策引起国内价格水平上涨的做法予以限制。这种限制使一国货币的实际价格更加稳定和更具有可预测性。

金本位制的局限在于：①大大限制了使用货币政策对付失业问题的能力；②只有当黄金与其他产品和服务的相对价格稳定的情况下，将货币与黄金挂钩的做法才能确保总体价格水平的平衡；③当各国经济增长时，除非能不断地发现黄金，否则中央银行无法增加其持有的国际储备；④金本位制给了主要的黄金产出国通过出售黄金来影响世界宏观经济的巨大能力。

2. 布雷顿森林体系

布雷顿森林体系是指第二次世界大战后以美元为中心的国际货币体系协定。这一体系是该协定对各国货币的兑换、国际收支的调节、国际储备资产的构成等问题共同做出的安排所确定的规则、采取的措施及相应的组织机构形式的总和。

布雷顿森林体系的核心内容主要由以下几个方面构成：①美元与黄金挂钩，成员国货币与美元挂钩，实行可调整的固定汇率制度。②取消经常账户交易的外汇管制等。③建立两大国际金融机构即国际货币基金组织（IMF）和世界银行（WORD BANK），前者负责向成员国提供短期资金借贷，目的为保障国际货币体系的稳定；后者提供中长期信贷来促进成员国的经济复苏。凡参加世界银行的国家必须首先是国际货币基金组织的成员国，现在国际货币基金组织从 1945 年的 30 个创始成员方，发展到 2008 年的 185 个成员方。

布雷顿森林体系建立了以美元和黄金挂钩的固定汇率制度，结束了混乱的国际金融秩序，为国际贸易的扩大和世界经济的增长创造了有利的外部条件。美元作为储备货币和国际清偿手段，弥补了黄金的不足，提高了全球的购买力，促进了国际贸易和跨国投资。

但布雷顿森林体系有着它基本的缺陷：首先，美元的清偿能力对美元的信心构成矛盾，表现为美元的国际货币储备地位和国际清偿力的矛盾，储备货币发行国与非储备货币发行国之间政策协调的不对称性以及固定汇率制下内外部目标之间的两难选择等。其次，汇率体制僵硬，无法通过汇率浮动实现国际收支平衡，调节国际收支失衡的责任主要落在非储备货币发行国一方，牺牲了它们的经济发展目标。

20 世纪 70 年代，爆发了多次美元危机，其后以 1971 年 12 月《史密森协定》为标志，美元对黄金贬值，同时美联储拒绝向国外中央银行出售黄金，至此美元与黄金挂钩的体制名存实亡；1973 年 2 月美元进一步贬值，世界各主要货币由于受投机商冲击被迫实行浮动汇率制，至此布雷顿森林体系完全崩溃。但直至 1976 年国际社会才达成了以浮动汇率合法化、黄金的非货币化等为主要内容的“牙买加协定”。布雷顿森林体系崩溃以后，国际货币基金组织和世界银行作为重要的国际组织仍然存在，并发挥重要作用。

3. 欧洲货币体系（EMS）

1979 年 3 月，欧洲经济共同体的八个成员国（联邦德国、法国、意大利、荷兰、比利时、卢森堡、丹麦和爱尔兰）建立了欧洲货币体系，这些国家同意固定任意两国之间的汇率，并对美元联合浮动。此后，西班牙、英国和葡萄牙也先后加入 EMS，EMS 创立了新的货币单位 ECU，其价值与一揽子欧洲货币的特定数额相连。EMS 的每一成员国都将其持有的黄金及美元的 20％交给欧洲货币合作基金组织，挽回待客的 ECU。

欧洲货币体系规定，每两个参与国货币之间的汇率只能在固定的汇率上的一个窄幅内波动，当两国货币间的汇率超出这一范围时，两国中央银行必须干预外汇市场。当一国货币贬值超出了下限时，欧洲货币体系要求进行对称干预，即软货币国家放弃国际储备，而硬件货币国家获得国际储备。即使汇率变动处于可允许的范围之内，中央银行通常也进行干预，但在这种情况下，如果一国中央银行进行了干预的话，不要求其他国家中央银行也同时进行干预。

1. 如果葡萄牙生产 1 台计算机需要 60 小时的劳动，生产 1 桶酒需要 30 小时的劳动；而英国生产 1 台计算机需要 100 小时的劳动，生产 1 桶酒需要 40 小时的劳动。在两商品的自足自给经济中，两国的价格水平分别是多少？两国的比较优势产品各是什么？如果交换价格是 1 台计算换 2.2 桶酒，两国进口每单位商品可节约多少劳动时间？如果交换价格是 1 台计算机换 2.4 桶酒，结果又如何？比较一下贸易收益在两国是如何分配的？

2. 用 Excel 办公软件绘制中国进出口总额趋势图，并运用比较优势理论等对外贸易的相关理论分析表 6-1 中中国对外贸易不断扩大的原因。

知识探究

1. 搜集相关文献资料，探究布雷顿森林体系崩溃的原因。
2. 搜集相关文献资料，探究欧元产生的历史及其原因。
3. 搜集相关数据资料，探究中国改革开放以来对外贸易的比较优势及其未来走势。

任务二　汇率

知识目标

1. 了解汇率概念、浮动汇率、实际汇率、净出口函数的基础知识；
2. 理解并掌握汇率决定和形成的原理；
3. 理解影响汇率的主要因素：国际贸易、国际信贷和投机。

应用目标

能运用汇率理论解释国际生活中的一些投机现象。

探究目标

探究全当前的人民币对美元汇率的变化规律及其发展趋势。

新课导入

2008 年 6 月 26 日刚刚创下的人民币对美元汇率汇改以来新高纪录，27 日又被改写。来自中国外汇交易中心的最新数据显示，6 月 27 日人民币对美元汇率中间价报 6.8610，创下年内 49 个新高。

中国人民银行授权中国外汇交易中心公布，2008 年 6 月 27 日银行间外汇市场美元等货币对人民币汇率的中间价为：1 美元对人民币 6.8610 元，1 欧元对人民币 10.833 元，100 日元对人民币 6.1472 元，1 港元对人民币 0.8794 元，1 英镑对人民币 13.6342 元。

尽管周四美国公布的成屋销售和第一季度 GDP 修正值等数据符合市场预期，但由于美联储维持联邦基金利率水平不变的决议弱化了市场对其加息的预期，美元仍然受压走低。

与此同时，周四国际原油价格和现货金价格大幅上涨。商品价格的走高引发了美元的卖盘。在上述因素影响下，人民币对美元汇率再度创出新高。

至此，2008 年以来人民币对美元汇率累计升值幅度已经接近 6.5%。

20 世纪 90 年代以来，经济全球化浪潮席卷世界。时至今日，已经没有一个国家和地区能够置身事外。在经济全球化的冲击下，国际贸易的格局与环境发生了很大的变化，一大批发展中国家开始登上世界经济与贸易的大舞台。尤其是中国，在世界经济与贸易中迅速崛起，凸显出大国的实力和影响。进入到 21 世纪，中国终于跨进了世界贸易组织的大门。加入世贸组织，是中国改革开放 30 多年进程中的一件大事。意味着中国将进一步参与到全球经济一体化的进程中去，中国与世界各国之间的相互依存关系将越来越密切。

那么：经济全球化的根本原因是什么？此汇率是由什么来决定的？它对一国的经济有什么影响？

知识解读

一、汇率基础知识

1. 什么是汇率

在国际贸易中，汇率是一个十分重要的概念。汇率又称汇价，是一国货币单位同他国货币单位兑换的比率。它表示两个国家货币之间的互换关系。

两种不同货币的比价或者说一国货币用另一国货币表示的价格就是汇率。

2. 汇率的两种标价方法

直接标价法。是用单位的外国货币作为标准，以一单位外国货币折算为一定数量的本国货币来表示汇率。用这种标价方法时，单位外币折算的本国货币量减少，表示汇率上升，即外国货币贬值或本国货币升值；反之，单位外币折算的本国货币量增加，表示汇率下降，即外国货币升值或本国货币贬值。例如，1999 年 4 月 20 日，每 100 美元兑 827.83 元人民币；到了 2009 年 11 月 6 日，每 100 美元可兑 682.76 元人民币。这说明现在的人民币升值了。

间接标价方法。是用单位的本国货币作为标准，以一单位本国货币折算为一定数量的他国货币来表示汇率。用这种标价方法时，单位本国货币折算的外货量增加，表示汇率上升，即本国货币升值或外国货币贬值；反之，单位本国货币折算的外货量减少，表示汇率下降，即本国货币贬值或外国货币升值。例如，1999 年 4 月 20 日，每 100 元人民币兑 12.08 美元；到了 2009 年 11 月 6 日，每 100 元人民币兑 14.6 美元。这种比价上升，说明了人民币升值了。显然直接标价的倒数就是间接标价。

3. 汇率制度

汇率制度是指一国货币当局对本国汇率变动的基本方式所做的一系列安排或规定。传统上，按照汇率变动的幅度，汇率制度被分为固定汇率制度和浮动汇率制度。固定汇率制度指一国货币同他国货币的汇率基本固定，其波动仅限于一定的幅度之内。由一国的中央银行来控制。当国际收支盈余时购入外汇，当国际收支有赤字时售出外汇，以维持固定的汇率。浮动汇率制度指一国中央银行不规定本国货币与他国货币的官方汇率，听任汇率由外汇市场自发地决定。实际浮动汇率制度的国家对外汇市场的干预主要是根据外汇市场的供求情况出售或购入外汇，以通过对外汇供求的影响来影响汇率。

对于西方国家来说，在国际金融史上，共出现了三种汇率制度：1880 年至第二次世界大战前金本位体系下的固定汇率制度、第二次世界大战后至 1973 年布雷顿森林体系下的固定汇率制度、1973 年以后的浮动汇率制度。目前，世界上有 80 多个国家仍然采用固定汇率制度，60 多个国家则采取不同程度的浮动汇率制度。

二、自由浮动制度下汇率的决定

从经济学角度来讲，货币也是一种商品，其价格就是汇率，也就是两种货币之间兑换的比率。这一价格正好使货币市场上某种的货币的供给和需求达到均衡。下面以人民币和美元为例，来说明自由浮动制度下汇率的决定。

假设人民币和美元的兑换实行浮动汇率制度，在完全竞争市场上，以一元人民币所标的美元货币价格为汇率。图 6 - 1 给出了人民币兑换美元的需求曲线和供给曲线。

S 表示人民币的供给曲线，其主体是想用人民币兑换美元的人，想用人民币兑换美元有三方面的原因：想买美国货、想在美国投资、想投机。S 向右上方倾斜说明，如果人民币可以兑换更多的美元，将有更多的人民币持有者愿意供给人民币，构成对人民币的更多供给。D 表示人民币的需求曲线，其主体是想用美元兑换人民币的人，想换人民币有

三方面的原因：想买中国货、想在中国投资、想投机。D 向右下方倾斜说明，人民币的价格越低，就会有越多的美元持有者愿意将美元兑换成人民币。两条曲线的交点 E 为市场均衡点，该点给出了供求双方在均衡时的人民币的数值和以美元所表示出来的汇率 Pe。因此，在浮动汇率制度下，外汇市场上汇率是由供给与需求双方共同决定。

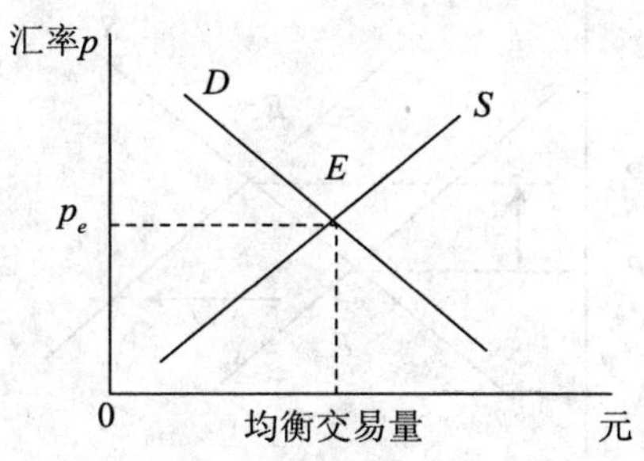

图 6－1　汇率的决定

根据比较静态分析方法，由于某种原因，对人民币的需求增加，即需求曲线 D 向右移动，则均衡汇率会提高，这时人民币会升值（美元会贬值）；另外，由于某种原因，对人民币的供给增加，即供给曲线向右移动，则均衡汇率会下降，这时人民币会贬值（美元升值）。

三、影响汇率的因素

一般来说，影响外汇供求的因素主要有进出口的供给与需求、国际间的借贷和投机三个方面。

1. 进出口对汇率的影响

当中国进口需求增加时，中国进口商需要以人民币兑换美元，外汇市场上人民币供给增加，人民币的供给曲线向右移动，均衡汇率小于原来的汇率，这时人民币贬值（或美元升值）。如图 6－2 所示。

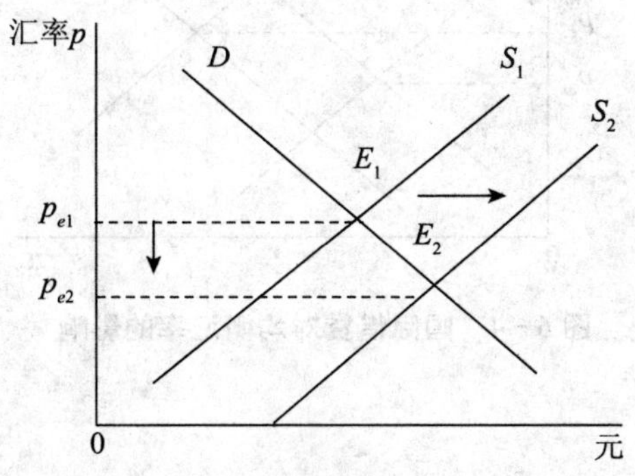

图 6－2　进口增加对均衡汇率的影响

当中国商品出口增加时，美国进口商需要以美元兑换人民币需求增加，外汇市场上人民币的需求增加，需求曲线向右移动，均衡汇率大于原来的汇率，这时人民币升值（美元贬值）。如图 6－3 所示。

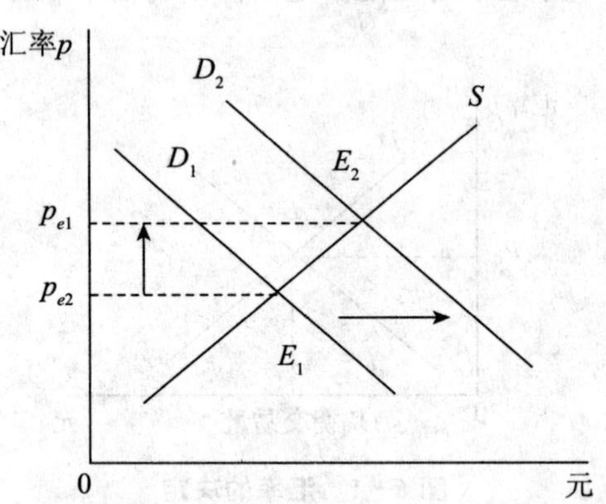

图 6－3　出口增加对均衡汇率的影响

2. 国际借贷

国际借贷是指国际之间的资本流动。当今世界存在着巨大的国际资本流动。国际资本不断在全球范围内寻找回报最高投资机会。当引入国际借贷时，其决策会影响汇率。如图 6－4 所示，当外国资本进入中国时，需要将美元兑换成人民币以便购买中国的资产，这将导致外汇市场上人民币的需求增加，需求曲线向右移动（由 D_1 移到 D_2）。这时均衡汇率由 p_{e1} 移到 p_{e2}。如果中国同时到美国投资，需要用人民币兑换成美元，则在外汇市场上人民币的供给增加而向右移动（由 S_1 移到 S_2），这时均衡汇率最终变成 p_{e3}。

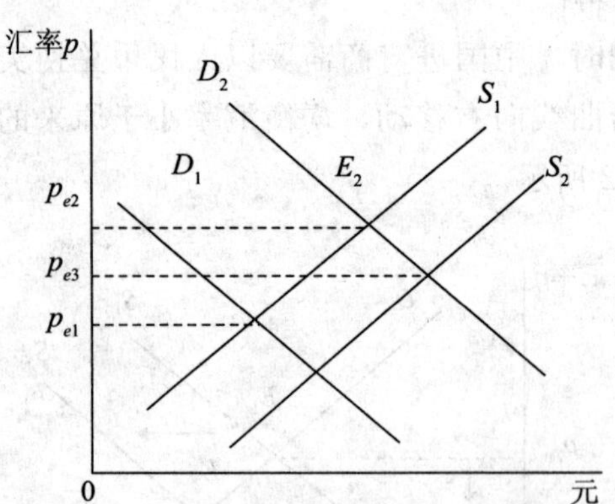

图 6－4　国际借贷对均衡汇率的影响

3. 投机

投机是一种套利行为，它取决于对汇率的预期。如果人们相信美元会升值，人们

就会愿意购买大量美元，期待未来获利，这时在外汇市场上，人民币的供给曲线就会向右移动，汇率价格就会下降；相反，如果人们相信人民币会升值，人们就会愿意购买大量人民币，期待未来获利，这时在外汇市场上，人民币的需求曲线会向右移动，汇率价格相应上升。

四、固定汇率制度的运行

在固定汇率制度下，一国中央银行会随时准备按照事先承诺的价格从事本币与外币的买卖。假定美联储宣布把汇率固定在每 1 美元兑换 100 日元，为了有效实行这种政策，美联储要有美元和日元的储备。

一般来讲，固定汇率的运行会影响一国的货币供给。如果联储宣布把汇率固定在每 1 美元兑换 100 日元的话，由于某种原因外汇市场上均衡汇率为 1 美元兑换 150 日元。这时存在套利机会，套利者用 2 美元购买 300 日元，然后将这 300 日元卖给美联储，从中获利 1 美元。而美联储从套利者手中购买这些日元时，向他们支付的美元自动地增加了美国货币的供给。货币供给以这种方式继续增加直到均衡汇率降到美联储所发布的水平。

相反，如果外汇市场上的均衡汇率为 1 美元兑换 50 日元，则市场的套利者通过用 1 美元向美联储购买 100 日元，然后在外汇市场上以 2 美元卖出这些日元而获利。而当美联储卖出这些日元时，它所得到的 1 美元就自动地减少了美国的货币供给，货币供给继续下降直到均衡汇率上升到所宣布的水平为止。

五、实际汇率

前面所讲的汇率实际是指名义汇率，因为它没有考虑到两个国家商品的价格水平。例如，假定一辆美国汽车值 1 万美元，而一辆日本汽车值 200 万日元。比较两个国家汽车的价格，必须把它们转变为一种共同的货币。如果 1 美元值 100 日元，那么美国汽车价格是 100 万日元，从中可知，美国汽车价格为日本队汽车价格的一半。因此，在现期价格下可用 2 辆美国汽车换 1 辆日本汽车。

这时为了反映两个国家的物价水平，需要用实际汇率来体现。根据上述案例，可得出实际汇率的计算方法：

$$\text{实际汇率}=\frac{(100\text{ 日元/美元})\times(1\text{ 万美元/美国汽车})}{200\text{ 万日元/日本汽车}}=0.5\text{（日本汽车/美国汽车）}$$

也就是：

$$\text{实际汇率}=\frac{\text{名义汇率}\times\text{国内产品价格}}{\text{国外产品价格}}$$

可把这种单一产品实际汇率计算方法推广到一篮子产品的实际汇率的计算。设 e 代表名义汇率，P 代表美国的总体价格水平，P_f 代表日本的总体价格水平，则实际汇率 ε 就是：

$$\varepsilon = \frac{e \times P}{P_f}$$

因此，可根据两个国家的名义汇率和总体物价水平来计算两个国家之间的实际汇率。如果实际汇率高，外国产品就相对便宜，而国内产品相对昂贵；反之，如果实际汇率低，外国产品就相对昂贵，而国内产品相对便宜。

六、净出口函数

一个国家的对外贸易包括出口（X）和进口（M），两者的余额就是净出口（NX）。如果 NX 是正值，则这个国家存在贸易顺差；如果是负值，则存在贸易逆差。

影响一个国家进口贸易的因素一般是本国的国民收入和实际汇率。当国民收入增加时，需要进口更多国外商品来满足国内不断增加的消费需求、投资需求和政府支出；当国民收入减少或增加缓慢时，对国外商品的需求会减少，因而进口会相应减少。因此，进口与国民收入成正相关关系。

当实际汇率上升，那么外国商品在本国市场上的价格会下降，即变得便宜，这显然有利于进口的增加；反之，如果实际汇率下降，即本国货币贬值，那么外国商品在本国市场上将变得相对昂贵，进口就会减少。因此，进口与实际汇率亦呈正相关关系。

影响出口贸易的因素一般是外国的国民收入和实际汇率。如，当美国的经济增长较快，产出水平增加，需要从中国进口更多的商品，以支撑美国较高的经济增长速度，这里中国的出口就会增加；反之，如果美国的经济不景气，产出减少或增加缓慢，就会相应减少从中国的进口，从而使中国的出口减少。因此，进口与外国的国民收入呈正相关关系。

当实际汇率下降即本国货币贬值后，本国商品在世界市场上会变得相对便宜，因而会有利于出口的增加；反之，当实际汇率上升即本国的货币升值后，本国商品在世界市场上会变得相对昂贵，因而出口会减少。

因此，宏观经济学中，通常将净出口函数表示为：

$$NX = g - mY - n\frac{e \times P}{P_f} = g - mY - n\,\varepsilon$$

式中，g、m 和 n 被称为净出口参数，其中，m 为边际进口倾向，即净出口变动与引起这种变动的收入变动的比率；n 是对实际汇率的敏感性，它表示实际汇率每变动一个百分点，净出口将会变动的数量。为了强调实际汇率对净出口的影响，常将这一函数简单表示为：

$$NX = NX(\varepsilon)$$

图 6－5 反映了净出口与实际汇率之间的关系：实际汇率越低，净出口越大；反之，实际汇率越高，净出口越小。

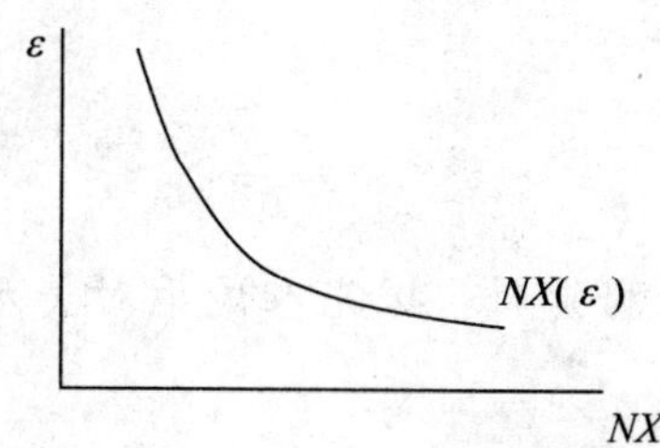

图 6-5　净出口与实际汇率

知识应用

1. 根据本节知识分析汇率变动与净出口之间的相互影响关系。

2. 美元与人民币的汇率由 1∶4 变成 1∶6 后，计算：

（1）中国出口到美国的某产品原人民币价格为 1200 元，汇率变动前后的美元价格各为多少？

（2）美国出口到中国的某产品原美元价格为 400 美元，汇率变动前后的人民币价格各为多少？

（3）这种变动是有利于增加美国向中国的出口，还是有利于中国向美国的出口？

3. 运用本节知识解释下列两个案例中的现象。

案例 6-1：醉醺醺地赚大钱——跨国喝啤酒之谜

在一个位于墨西哥和美国边界某处的镇子上，存在着一种奇特的货币制度。在墨西哥，1 美元仅值墨西哥比索 90 分，而在美国，1 墨西哥比索（=100 分）却仅值 90 美分。

一天，一位牛仔走进一家墨西哥小酒吧要了 10 分钱的啤酒，他付了 1 墨西哥比索，吧台服务员找给他在墨西哥值 90 分的一个美元。喝完啤酒后，这位牛仔又跨过边界，走进一家美国酒馆要了 10 美分的啤酒，他付了刚刚得到的 1 美元，被找给一个墨西哥比索（在美国值 90 分）。他不断地重复这一过程，进而高高兴兴地喝了一整天啤酒。到晚上，他兜里的钱仍是早晨时的一个比索。

案例 6-2：2010 年，一美国人到中国旅游，用 10 万美元兑换到 68 万人民币。在中国吃喝玩乐了一年，花了 18 万人民币。2011 年，他要回去了，到银行去，因为人民币兑美元升值到 1∶5，这位美国人用剩下的 50 万人民币换到了 10 万美元。白玩了中国一回，高高兴兴地回家了……

另一美国人也到中国旅游，也拿 10 万美元换了 68 万人民币，花 50 万买了套房子，吃喝玩乐花了 18 万，想回去了，房子不能带走只好卖了，净得 100 万元，兑换了 20 万美元，白玩了中国一回不说，还倒挣了中国人 10 万美元，也高高兴兴地回家了！

中国政府和统计局也很高兴，因为 GDP 增长了……

1. 搜集近20年的相关数据资料，探究人民币对美元汇率的变化规律及其发展趋势。

2. 阅读下面材料，搜集相关数据，探究中国改革开放以来人民币汇率变化对中国进出口贸易的实质性影响。

人民币汇率变动对进出口贸易的影响

一、货币贬值对出口的影响

1. 原材料价格降低情况下

原材料价格降低，生产成本降低的情况下，出口商品的价格下降，产品的外币价格下跌。这可造成两方面的影响，一方面，提高了本国商品的国际竞争力，吸引更多外国人购买中国制造；另一方面，相对应的进口商品价格会增加，这会影响本国国民选择国产产品，同时进口替代产品的产量会增加，刺激国内相关产业的发展，进而对进口起到一定的抑制作用。

2. 原材料价格不变情况下

原材料价格不变，生产成本不变，商品的本币价格不变，但由于汇率下降，本币贬值，这同样会造成商品外币价格下跌，同上分析，同样也会增强出口产品的市场竞争力。

3. 原材料价格提高的情况下

原材料价格提高，导致生产成本提高，出口商品的本币价格提高，但在汇率下降的情况下，要考虑外币的汇率变化情况，外币的汇率变化情况与本币贬值的幅度共同决定了最终结果。若商品价格上涨的幅度与本币贬值的幅度相同，则出口产品的外币价格不变；若商品价格上涨的幅度大于本币贬值的幅度，则出口的产品外币价格上涨；若价格幅度小于本币贬值的幅度，则商品的外币价格下降。

二、货币贬值对进口的影响

货币贬值只针对自己国家，并不会影响外币的价格。但在人民币贬值的情况下，进口商品的外币价格折算成人民币后则会显示商品价格上涨，从而导致进口产品的减少，对国内相关产业的带动作用也将凸显。

三、货币升值对出口的影响

人民币升值会使进口商品的人民币价格下降，将导致进口商品数量的增加，对国内相关产业的发展产生抑制作用。

四、货币升值对进口的影响

人民币升值会使出口产品的外币价格上升，导致商品的出口量下降。此外，本文着重分析人民币升值多进出口贸易的正面影响，以期对我国进出口贸易有一定的指导

意义。

1. 有利于提高产业制造水平和生活水平

人民币增值，中国人的购买力会随之增强，同时中国可进口国外高质量的生产设备或引进先进技术，为国内制造业升级转型提供契机，进而提高我国各个产业的国际竞争力。

2. 有利于提高国外投资能力

现阶段，随着我国与国际市场的融合，我国注重引进外资，中国企业将不断增加海外投资，人民币的升值有利于提高国外投资能力，促进中国企业“走出去”，进一步加快国际化步伐。

3. 人民币小幅升值能有效解决我国对外经济政策压力

近些年，我国国际贸易一直处于顺差状态，积累了越来越多的贸易顺差，近几年频繁出现的针对中国的反倾销诉讼或一些贸易争端都与这一背景有关，同时这也成为一些欧美国家抨击中国经济问题的一大原因。因此，人民币小幅增值，可以减少贸易纠纷，缓解对外经济政策压力。

4. 有利于抑制通货膨胀

人民币升值，进口商品的价格会降低，最终会带动整个社会的价格下降，进而抑制了通货膨胀现象。尤其在通货膨胀期间，人民币升值是抑制恶性通货膨胀的有效武器。

5. 有利于偿还外债

人民币的小幅升值，外债还本付息的压力减轻，同时，随着我国人民币交易面的扩大，人民币的升值增强了本国抵御经济风险的能力。同时，还可以减少过多的外汇储备，对于中国这样的发展中国家，外汇储备应把握好度，大量的外汇储备是一种资源闲置，将产生极大的浪费，人民币的小幅升值，提高了人民的购买力，不可否认这是消化外汇储备的重要途径。

资料来源：王欣蕾．人民币汇率机制改革与进出口贸易问题探索［J］．金融经济，2015（4）：38－45.

任务三　蒙代尔-弗莱明模型

知识目标

1. 了解蒙代尔-弗莱明模型的基本假设；

2. 理解开放经济中的 IS 和 LM 曲线的基本内容，掌握 IS^*-LM^* 模型；

3. 理解开放经济条件下宏观经济政策的效果。

应用目标

能运用 IS^*-LM^* 模型解释开放经济中的一些经济现象。

探究目标

根据 IS^*-LM^* 模型探讨中国改革开放以来一些宏观经济政策的效果。

新课导入

材料 1：美国经济学家蒙代尔和弗莱明深入研究了美国宏观经济政策困境的基础上发现，财政政策和货币政策对于国内、国外经济均衡都有不同程度的影响，这种不同主要表现在利率变动对资本流动的影响方面。比如，我们知道，较紧的货币政策趋向于提高利率和降低总需求，而较松的财政政策也会提高利率，但同时增加总需求。利率的提高会导致资本的流入。这样，如果能够控制货币紧缩和财政扩张的相对规模，就能确保总需求在实现所希望的变动的同时也改善国际收支状况。

在固定汇率和资本流动的条件下，一国无法完全控制国内货币供给，因此货币政策就丧失了独立性，对于实现内部目标是无能为力的。但它可以有效地影响国际收支；相反，财政政策在影响国内需求和就业方面具有比较优势。由此，蒙代尔提出了著名的指派准则：让货币政策承担对国际收支状况做出反映的任务，而让财政政策承担控制国内总需求的任务。

那么，为什么汇率制度会影响货币政策和财政政策的效果呢？通过本节的学习会找到答案。

知识解读

一、蒙代尔-弗莱明模型的假设

蒙代尔-弗莱明模型是一个把经济总需求的分析扩展到有国际贸易的开放经济中的分析模型，其关键假设是经济处于一个资本能够完全流动的小型开放经济体中。小型所考察的经济体只是世界经济市场的一小部分，从而其本身对世界某些方面，特别是利息率的影响微不足道。这里的资本完全流动，是指该国居民可以完全进入金融市场，特别是，该国并不阻止国际借贷。

因此，所考察的小型开放经济中的利率 r 必定等于世界利率 r_w，即 $r=r_w$。因为小型开放经济中的居民绝不会以任何高于 r_w 的利率借贷，他们总可以以 r_w 的利率从国外得到贷款。同样，他们也不必以低于 r_w 的利率借贷，因为他们总可以通过向国外借款获得 r_w 的收益。在这样一个开放经济体中，国内利率在短期可能会有上升，但一旦出

现这种情况，外国人就会因较高的利率而向这个国家贷款，资本的流入又会使利率回到 r_w。同样，短期内国内利率下降，资本就会流出该国而使利率回到 r_w。因此，国际资本流动迅速足以使国内利率等于世界利率。

二、开放经济中的 IS 曲线

开放经济中，由于增加了净出口，产品市场的模型为：

$$y = c(y) + i(r) + g + nx(\varepsilon)$$

该式表明，总产出是由消费、投资、政府购买和净出口构成的。消费正向取决于可支配收入 y，投资反向取决于利率 r，净出口反向取决于汇率 ε。

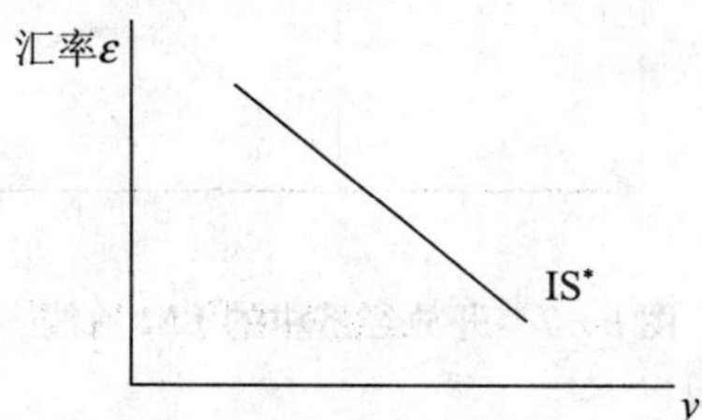

图 6-6　开放经济中的 IS 曲线

在假设国内物价水平和国外物价水平固定的条件下，实际汇率与名义汇率是同比例的。因此，当名义汇率上升时，相对于国内产品来说，外国的商品变得便宜，从而引起出口减少和进口增加。因而可把 nx（ε）改写成 nx（e）。另外，由于 $r=r_w$，因此可得到：

$$y = c(y) + i(r_w) + g + nx(e)$$

这就是开放经济中的 IS 曲线，为了与封闭经济中的 IS 曲线相区别，另标为 IS* 曲线，也就是利率保持在不变的世界利率 r_w 水平上的 IS 曲线。其形状如图 6-6 所示。

IS* 曲线之所以向右下方倾斜，是因为在汇率较高时，净出口会减少，从而使总产出减少；反之，在汇率较低时，净出口会增加，总产出增加。另外，在其他因素不变时，政府购买增加，IS* 曲线右移；政府购买减少，IS* 曲线左移。

三、开放经济中的 LM 曲线

LM 曲线反映的是封闭经济体中货币市场均衡时国民收入和利率之间的关系，其均衡条件为：

$$\frac{M}{P}=L\ (r,\ y)$$

也就货币供给 M/P 等于货币需求 L（r，y）。实际货币需求是利率的减函数、国民收入的增函数；而货币供给 M 是中央银行控制的外生变量。

在开放经济中，假定短期的物价水平保持不变，由于利率等于世界利率，即 $r=r_w$，因此可得：

$$\frac{M}{P}=L\ (r_w,\ y)$$

这就是开放经济中的 LM 曲线，为了与封闭经济中的 LM 曲线相区别，另标为 LM* 曲线，也就是利率保持在不变的世界利率 r_w 水平上的 LM 曲线。其形状如图 6－7 所示。

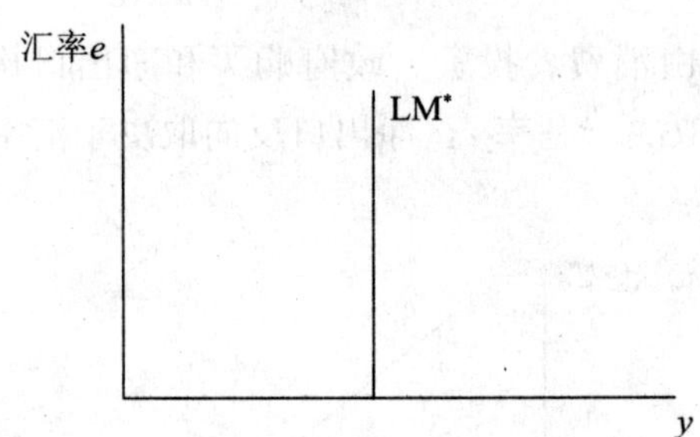

图 6－7　开放经济中的 LM 曲线

LM* 曲线之所以垂直是因为汇率没有进入该方程。在给定世界利率条件下，无论汇率如何变动，国民收入都处于利率为 r_w 时的水平上。因此，在货币市场均衡条件下，国民收入取决于外生的货币供给：当货币供给增加时，LM* 曲线右移，当货币供给减少时，LM* 曲线左移。

四、IS*－LM* 模型

把 IS* 曲线和 LM* 曲线合在一起就形成了 IS*－LM* 模型，由于这一模型是蒙代尔和弗莱明两位经济学家建立的，因此，这一模型被称为蒙代尔-弗莱明模型。显然，它是由下列两个方程构成的：

$$y = c(y) + i(r_w) + g + nx(e) \qquad (IS^*)$$

$$\frac{M}{P} = L(r_w, y) \qquad (LM^*)$$

IS* 描述了产品市场均衡条件下国民收入和汇率之间的关系；LM* 描述了货币市场均衡条件下国民收入和汇率之间的关系。在这里，政府购买 g、名义货币供给 M、物价水平 P 以及世界利率 r_w 都是外生变量。

把 IS* 曲线和 LM* 曲线合在一起就可得到产品市场和货币市场同时均衡时的均衡国民收入水平和汇率水平。如图 6－8 所示。

蒙代尔-弗莱明模型揭示了开放经济中政府宏观经济政策的理论依据。

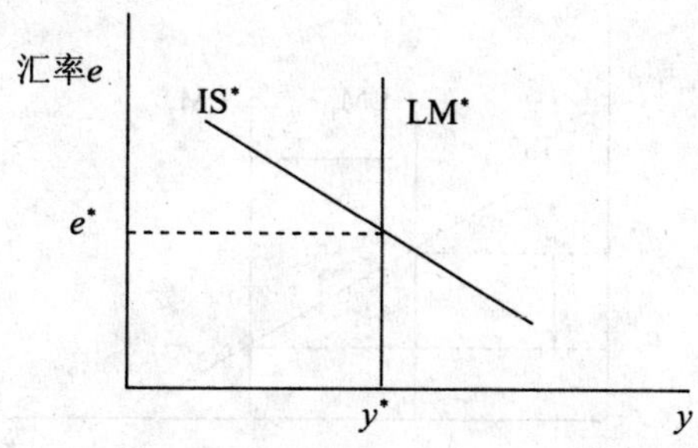

图 6-8　蒙代尔-弗莱明模型

五、小型开放经济中宏观经济政策的效果

蒙代尔-弗莱明模型为研究开放经济中政府宏观经济政策提供了理论依据，被称为"研究开放经济财政政策和货币政策的主导政策范式"。在该模型的假设下，这一模型可研究不同汇率制度下国民收入和汇率对不同政策变动的反映。

1. 浮动汇率制度下的宏观经济政策

首先分析浮动汇率制度下财政政策的影响。假设政府实行增加政府购买或减税等扩张性的财政政策。这会导致 IS* 曲线向右移动，结果如图 6-9 所示，汇率上升，而国民收入不变。而在封闭经济中，扩张性的财政政策引起均衡利率上升而让均衡国民收入增加；但在小型开放经济中，因资本的国际流动使利率固定在世界利率水平上，扩张性的财政政策使国外资本流入引起本币需求增加，从而使汇率提高，净出口减少，扩张性的财政政策对收入的扩张作用被抵销，使收入保持不变。

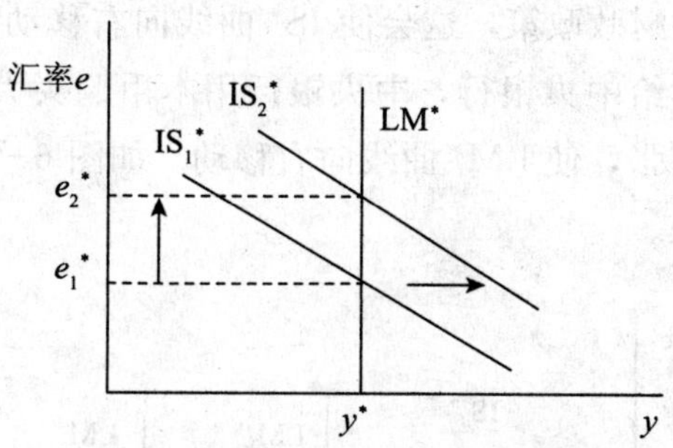

图 6-9　浮动汇率制度下的财政扩张

再分析浮动汇率制度下货币政策的影响。假定中央银行实行扩张性的货币政策，增加货币供给。由于假设物价水平不变，货币供给的增加会导致 LM 曲线向右移动，从而使汇率降低、国民收入增加。如图 6-10 所示。

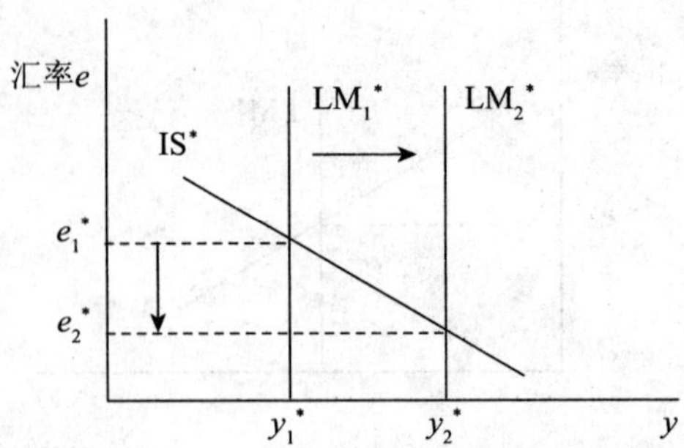

图 6－10　浮动汇率制度下的货币扩张

虽然货币政策在封闭经济与在开放经济中都一样影响国民收入，但传递机制是不一样的。封闭经济中货币供给的增加因引起利率下降刺激投资而使国民收入增加。但在开放经济中利率保持在世界利率水平，这一传递机制并不存在。小型开放经济中货币政策的效果是由于国际资本流动及其对国内经济的影响而形成的。货币供给增加给国内利率以向下的压力，投资者会把资金投放到其他地方寻求更高的收益，资本流出该经济体。这一方面阻止了国内利率下降的趋势，另一方面因资本流出增加了外汇市场上国内通货的供给，使本币贬值，汇率下降，从而刺激净出口，增加国民收入。因此，小型开放经济中的货币政策是通过改变汇率而不是改变利率来影响国民收入的。

2. 固定汇率制度下的宏观经济政策

在固定汇率制度下，中央银行为了把汇率保持在某一个水平上，需要通过买卖本币来实现。

首先，分析财政政策对固定汇率制度下小型开放经济的影响。假设政府实行增加政府购买或减税的扩张性财政政策，这会使 IS^* 曲线向右移动，汇率存在上升的压力，套利者的反应是把外币卖给中央银行，中央银行用本币购买大量外币使得本国货币供给增加，自动引起货币扩张，使 LM^* 曲线向右移动。如图 6－11 所示，这种扩张性的财政政策增加了国民收入。

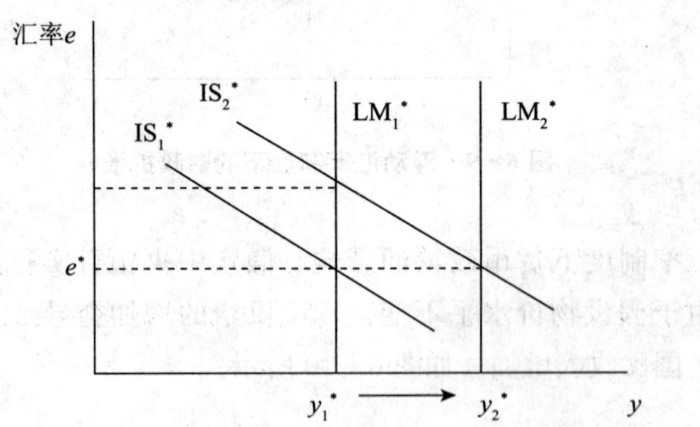

图 6－11　固定汇率制度下扩张性的财政政策效果

其次，分析货币政策对固定汇率制度下小型开放经济的影响。假定中央银行希望采取扩张性的货币政策，如购买债券。这会使 LM* 曲线右移从而降低汇率，但套利者会向中央银行出售本国货币，使 LM* 曲线又回到原来的水平。因此，固定汇率制度下货币政策没有对经济产生影响，这如图 6－12 所示。虽然如此，采用固定汇率制度的国家有时为了影响净出口，可以实行官方的货币升值或货币贬值政策。如政府希望扩大净出口，增加国民收入可实施官方的货币贬值政策，使 LM* 曲线右移，起着类似于浮动汇率制度下的货币供给增加的作用。

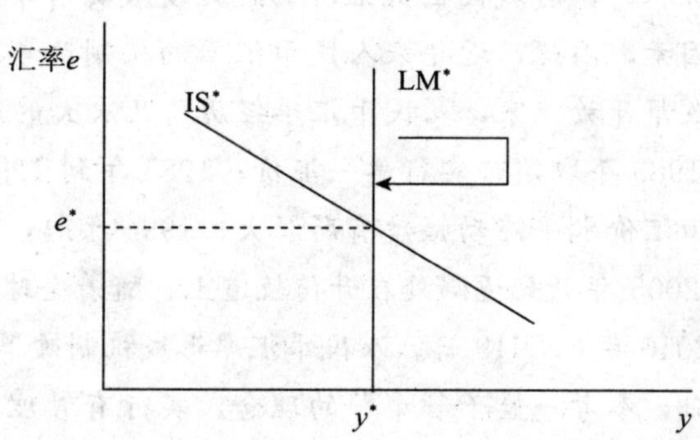

图 6－12　固定汇率制度下扩张性的货币政策效果

3. 两种政策效果的总结

根据蒙代尔-弗莱明模型，在小型开放经济体中，政府财政政策和货币政策效果取决于汇率制度。如表 6－2 所示，在浮动汇率制度下，扩张性的财政政策效果因通货价值的上升和净出口的减少而被抵消，但扩张性的货币政策会使收入增加；在固定汇率制度下，扩张性的货币政策没有效果，因为货币供给的增加使汇率固定在所宣布的水平上，但扩张性的财政政策能增加收入。

表 6－2　　开放经济中扩张性财政政策和货币政策效果总结

政策	汇率制度					
	浮动汇率制度			固定汇率制度		
	政策效果					
	国民收入	汇率	净出口	国民收入	汇率	净出口
扩张性财政政策	—	上升	下降	增加	—	—
扩张性货币政策	增加	下降	上升	—	—	—

资料来源：高鸿业：《西方经济学》（宏观经济学第六版），第 546 页，北京，中国人民大学出版社，2014。

知识应用

1. 如果一个开放的“小国”容易受到内部冲击，也就是国内支出需求和货币需求经常反复变动，那它应该选择什么样的汇率制度，才可避免或减缓内部冲击对国内经济造成的影响，为什么？如果该国容易受到外部冲击，它又如何选择汇率制度呢？

2. 案例分析

稳定持续的进出口贸易发展是一个国家实现内外部经济均衡增长的重要保证。人民币汇率这一重要经济杠杆，对我国国民经济的稳健发展具有举足轻重的作用，是影响进出口贸易的重要因素，因此，近年来人民币汇率的机制改革对进出口贸易的影响也成了关注的焦点。改革开放以来，人民币汇率经历了几次大的变革，1981 试行人民币贸易内部结算价到 1985 年取消，实行单一汇价；1985 年到 1994 年前，官方汇率与调剂汇率并存，人民币汇价水平浮动幅度有所扩大；1994 年起，人民币汇率的市场化程度进一步扩大，从 2005 年开始逐渐处在升值轨道上；随着全球经济的回暖，中国经济基础进一步巩固，2010 年 6 月 19 日，人民币汇率形成机制改革再次进行，继续坚持了“以市场供求为基础，参考一篮子货币”的理念，实行有管理的浮动汇率制度，人民币汇率的市场化程度得到明显提高。

资料来源：王欣蕾．人民币汇率机制改革与进出口贸易问题探索［J］．金融经济，2015（4）：38-45.

那么，为什么改革开放以来，中央政府要逐步对人民币汇率制度进行市场化改革？人民币汇率机制改革对进出口贸易和政府宏观经济政策产生了怎样的影响？请结合本节知识进行分析。

知识探究

1. 根据蒙代尔-弗莱明模型，搜集相关资料，探究自 2014 年以来中国经济进入新常态、中国经济增长放缓情况下，应该选择怎样的汇率制度。

2. 搜集数据资料，根据 IS^*-LM^* 模型探讨 2008 年中国十项扩大内需政策的效果。

3. 阅读下列资料，回答后面问题：

人民币汇率问题近年来已经成为中国乃至全世界关注的热点问题之一。自 2005 年汇率改革以来，人民币一直处于升值通道，尤其在 2007 年升值速度显著加快，汇率对中国进出口贸易的影响也随之显现。进入 2010 年，伴随美国经济的缓慢回升，人民币汇率问题再次成为中美双方关注的焦点。采用 2002—2011 年国际货币基金组织公布的实际有效汇率指数 REER 和中美贸易额实际汇率变动数据对中美贸易相对差额的影响进行实证分析发现：人民币兑美元的升值初期会引起中国对美国贸易收支的短期改善，

但经过一段时间后由于我国对美国进口数量增加，贸易盈余趋于稳定，中国对美元贸易存在汇率升值的反J曲线效应。

经过对2002—2011年人民币实际有效汇率指数、我国外贸季度数据（指数形式）存在的相关关系进行实证分析发现：目前在我国反J曲线效应是明显存在的，人民币升值将会在短期内进一步加大我国的贸易顺差，并且在长期贸易顺差中有下降的趋势。我国自2002年加入世贸组织并于2005年进行人民币汇率改革之后，人民币汇率一直处于稳定持续的升值状态，尤其在2010年6月以后，升值速度加快。反观贸易数据，从2009年开始，我国对外贸易的顺差额已经开始缓慢下降，尤其是2010年，仅仅与上一年相比，贸易顺差就明显下降了。至2011年，中国贸易顺差占GDP的比重，已经从2010年的3.07%下降到了2.13%。因此可以看出，反J曲线效应的第一个货币合同阶段已经结束，我国现在已经进入了反J曲线效应的第二个阶段，即传导阶段。

资料来源：尚祎祎．人民币升值的反J曲线效应研究［J］．青海师范大学民族师范学院学报，2014（2）．

问题：什么是人民币升值的反J曲线？你同意上述材料中的观点吗？请说明你的理由。

参考文献

[1] 蒋萍，等 . SNA 研究的最新进展：中心框架卫星账户和扩展研究［J］. 统计研究，2013，30（3）.

[2] SNA 的修订与中国国民经济核算体系改革课题组 . SNA 的修订及对中国国民经济核算体系改革的启示［J］. 统计研究，2012，29（6）.

[3] 李金华 . 中国国民经济核算体系的扩展与延伸［J］. 经济研究，2008（3）.

[4] 中国统计局 . 2014 年国民经济和社会发展统计公报 .

[5] 雷敏，等：资源型城市绿色 GDP 核算研究［J］. 自然资源学报，2009，24（12）.

[6] 吴殿廷 . 区域经济学［M］. 北京：科学出版社，2003.

[7] 徐思佳 . 民生幸福应与 GDP 同增长［N］. 中华工商时报，2011（3）：14.

[8] 李济广 . 国际金融危机后美国与中国扩张性货币政策效果分析［J］. 现代经济探讨，2012（12）：27 - 31.

[9] 李文娟 . 从 IS - LM 模型分析我国的"双稳健"的货币政策和财政政策［J］. www. docin. com/p - 747223116. html.

[10] 夏伦 . 中国经济增长与失业的实证研究——对奥肯定律的检验［J］. 湖南财政经济学院学报，2014（2）：35 - 39.

[11] 陈莉花，叶成徽 . 我国经济增长下的失业现状及成因实证分析［J］. 改革与战略，2011（8）：159 - 161.

[12] 王海成 . 失业对主观幸福感影响研究进展［J］. 经济学动态，2013（11）：135 - 142.

[13] 黄婧 . 凯恩斯的失业理论对破解当前我国失业难题的启示［J］. 经济研究导刊，2012（2）：1 - 2.

[14] 高鸿业 . 西方经济学（宏观经济学）［M］. 6 版 . 北京：中国人民大学出版社，2014.

[15] 赵昕东，耿鹏 . 中国通货膨胀成因分解研究［J］. 数量经济技术经济研究，2010（10）：78 - 89.

[16] 何启志，范从来 . 中国通货膨胀的动态特征研究［J］. 经济研究，2011（7）：91 - 101.

[17] 张同斌．中国通货膨胀的形成机制与时变转换特征研究［J］．经济学动态，2014（6）：78－86.

[18] 单鹏，黄秋彬．中国通货膨胀监测预警体系的构建与实证分析［J］．东北财经大学学报，2015（2）：47－53.

[19] 黎德福，唐雪梅．劳动无限供给下中国的经济波动［J］．经济学（季刊），2013（4）：823－846.

[20] 郑挺国，王霞，苏娜．通货膨胀实时预测及菲利普斯曲线的适用性［J］．经济研究，2012（3）：88－101.

[21] 彭方平，樊海潮，连玉君，等．我国通货膨胀类型的甄别［J］．经济研究，2012（8）：70－80.

[22] 丁守海，蒋家亮．中国是否存在失业回滞现象［J］．管理世界，2013（10）：56－66.

[23] 陈彦斌．中国新凯恩斯菲利普斯曲线研究［J］．经济研究，2008（12）：50－64.

[24] 多恩布什，费希尔．宏观经济学［M］．北京：经济科学出版社，2002.

[25] 萨缪尔森，诺德豪斯．经济学［M］．北京：华夏出版社，2002（16）.

[26] 吴宏，张梦林．汇率波动对国际贸易的影响综述［J］．经济与管理，2015（4）：38－45.

[27] 王欣蕾．人民币汇率机制改革与进出口贸易问题探索［J］．金融经济，2015（4）：38－45.

[28] 尚祎祎．人民币升值的反J曲线效应研究［J］．青海师范大学民族师范学院学报，2014（2）：13－18.

[29] 陈其安，杜方舟．外汇储备与人民币汇率的联动影响机制［J］．经济问题探索，2014（7）：162－170.

[30] 章强．人民币升值对中美贸易的影响实证研究［J］．经济研究导刊，2013（3）：183－184.

[31] 王哲，苏彩和，詹可军．西方经济学［M］．成都：西南财经大学出版社，2012.

[32] 司春林，王安宇．宏观经济学［M］．上海：上海财经大学出版社，2002.

[33] 赵进文，范继涛．经济增长与能源消费内在依从关系的实证研究［J］．经济研究，2007（8）：31－42.

[34] 萨穆尔森，诺德豪斯．经济学［M］．16版．北京：华夏出版社，2002.

[35] 孙根紧，丁志帆．我国经济增长效率影响因素的实证研究［J］．统计与决策2015（7）：125－128.

[36] 李苗苗，肖洪钧，赵爽．金融发展、技术创新与经济增长的关系研究［J］．

中国管理科学，2015（1）：162-169.

[37] 狄俊锋．西方经济学概论［M］．北京：中国传媒大学出版社，2009：221-222.

[38] 袁月，陈英．大学生毕业生失业成因探究［J］．改革开放，2013（2）．